JN435601

사회복지실천론

송유미 · 송인욱 · 이선자 · 최형임

KNOWLEDGE COMMUNITY 공동체

머리말

사회복지실천은 사회복지사가 인간의 삶의 질을 향상시키기 위해 개인, 집단, 가족, 지역사회를 대상으로 각자의 문제와 욕구를 스스로 해결할 수 있도록 돕는 전문적인 사회복지실천 활동이다. 최근 사회복지 현장은 급속한 변화와 관련하여 중요 사항들이 늘어나고 있으며 또한 사회복지사들의 현장에 대한 이해와 실천의 기반이 되는 다양한 내용들이 요구되고 있다.

사회복지실천론은 이러한 요구들을 반영하여 사회복지사들이 사회복지실천의 개념과 관점을 정립하고 실천의 토대가 되는 '실천과목의 개론서'로서의 성격을 가진다. 즉, 사회와 현장에 대한 이해, 사회복지전문직과 자신에 대한 이해를 바탕으로 도움을 필요로 하는 사람들에 대하여 다양한 관점을 기반으로 한 통합적 접근을 통해 전문적인 서비스를 제공할 수 있는 사회복지사들의 이론서이다. 따라서 사회복지실천론은 현장이 요구하는 사회복지실천가들의 역량을 갖출 수 있도록 교육 가이드가 되어야 하며, 이에 기반하여 교과목의 목표와 내용을 구성해야 할 것이다.

본 서는 한국사회복지교육협의회의 기준에 충실하려 했다. 또 공동 저자들의 각자 전문성을 바탕으로 각 장별 분담을 하였고, 사회복지실천현장에서 요구하는 유능한 사회복지사의 역량이 무엇인지를 논의하고 합의하여 각 장별 내용을 작성하였다. 그뿐만 아니라 다양한 대학에서 활용하고 있는 교재들과 사회복지사 1급 시험 기출문제들을 분석하면서 본 서의 독자들이 사회복지사로서 업무에 필요한 역량을 실제적으로 갖출 수 있는 종합적인 능력을 갖추게 하는 데 열의를 표하고자 했다.

본 서의 내용들은 크게 총 12장으로 구성되었다. 1장부터 4장은 사회복지실천의 기본적인 토대가 되는 내용들을 다루면서 사회복지실천의 이해를 높이고자 하였다. 1장은 사회복지실천의 개념, 사회복지실천의 이념과 철학, 사회복지실천의 분류와 속성 등으로 구성되었다. 2장에서는 사회복지실천의 역사적 발달과정을 서구와 한국으로 나누어 살펴보면서 사회복지실천이 전문화되기 이전 가장 중요하고 많은 영향력을 미쳤던 자선조직협회와 인보관운동을 시작으로 해서 최근까지의 흐름을 큰 변화를 중심으로 사회복지실천의 발달사와 변화의 흐름을 파악하였다. 3장에서는 사회복지사들이 사회복지서비스를 직접 또는 간접적으로 제공하는 분야나 장소를 소개하며 이러한 현장에서 이루어지는 사회복지사의 다양한 역할들을 소개하였다. 4장은 사회복지실천에서 가치와 윤리를 비교하면서 사회복지실천의 가치와 윤리에 대한 개념 및 특성, 사회복지실천현장에서 일어나는 갖가지 윤리적 갈등과 그 원인, 전문직 윤리강령의 기능 및 한국 사회복지사 윤리강령의 구조와 내용에 대해 살펴보았다.

5장부터 8장은 사회복지실천의 접근방법으로서, 사회복지실천의 방향성을 제시하고 사회복지사가 직접적으로 실천하는 데 방법적인 내용들을 소개하였다. 5장에서는 사회복지전문직은 과학적인 실천지식을 기반으로 하고 있음을 강조하면서 사회복지실천을 위한 지식기반과 사회복지실천을 위한 관점과 실천모델을 소개하였다. 6장에서는 사회복지실천의 대상들이 경험하는 다양한 문제들과 상황에 대응하기 위하여 이전에 행해지던 전통적인 방법론을 조합할 필요성에 의해 통합적 접근을 통한 다양한 실천의 모델들을 제시하였다. 또 사회복지실천에서 중요한 실천방법인 사례관리를 소개하면서 사례관리의 개요에 있어 등장, 개념과 목적, 기능, 과정 등을 살펴보았다. 7장에서는 사회복지실천현장에서 사회복지사가 클라이언트의 문제를 파악하고 원조개입을 하는 데 가장 기본적인 의사소통 방식이며 실천을 위한 정보수집의 도구이기도 한 면접을 소개하면서 면접의 정의와 목적, 면접의 유형, 면접을 위한 준비, 면접을 위한 기초이론, 면접기술들을 살펴보았다. 8장은 사회복지실천에서 관계 형성의 이해와 중요성을 강조하면서 전문적 관계 형성의 요소, 관계 형성의 원칙, 관계 형성의 장애요인과 그에 대한 사회복지사의 대처방안을 익힐 수 있는 내용을 소개하였다.

마지막 9장부터 12장까지는 사회복지실천과정으로서, 각 단계를 초기단계, 사정 및 계획단계, 실행단계, 종결단계로 나누어 각 단계별 사회복지사가 현장에서 직접적으로 적용할 수 있는 실제적인 내용을 다루었다. 특히 실행단계에서는 수준별 개입 및 실천의 과정을 제시하여 독자들이 사회복지실천 능력을 갖추는 것을 돕고자 하였다.

본 서를 집필하는 과정에서 4명의 집필진들은 여러 차례 회합을 갖고 서로의 집필내용을 교환, 검토, 수정하는 등 좋은 내용의 책을 만들고자 많은 정성을 기울였다. 이러한 정성과 노력에도 불구하고 아직도 개선이 필요한 부분이 있으리라 본다. 독자 여러분들의 아낌없는 충고와 격려를 바란다. 앞으로 우리 저자 일동은 이 책이 보다 간결하고 쉬운 내용으로 바뀔 때까지 지속적인 노력을 아끼지 않을 것임을 약속드린다.

끝으로 사회복지실천론 공동 집필은 오래전에 기획되었으나 집필진의 바쁜 일정들로 인해 여러 해를 거쳐 오게 되었고 어려움도 많았다. 끝까지 지지하고 독려해 주신 도서출판 공동체 사장님 이하 그 가족 여러분께 죄송함과 감사함을 동시에 전하고 싶다.

2021년 3월

저자 일동

차 례

▌머리말 / 3

PART 01 사회복지실천의 이해

CHAPTER 01 사회복지실천에 대한 이해 ······ 10
1. 사회복지실천의 개념 / 10
2. 사회복지실천의 이념과 철학 / 15
3. 사회복지실천의 분류와 속성 / 18

CHAPTER 02 사회복지실천의 역사 ······ 25
1. 서구 사회복지실천의 역사 / 26
2. 우리나라 사회복지실천의 역사 / 38

CHAPTER 03 사회복지실천현장의 이해 ······ 45
1. 사회복지실천현장 / 45
2. 사회복지사의 역할 / 51

CHAPTER 04 사회복지실천의 가치와 윤리 ······ 56
1. 사회복지실천의 가치와 윤리 / 57
2. 사회복지실천현장의 윤리적 갈등 / 61
3. 사회복지사 윤리강령 / 66

PART 02 사회복지실천의 접근방법

CHAPTER 05 사회복지실천의 관점 ······76

1. 사회복지실천의 지식기반 / 76
2. 생태체계관점 / 82
3. 강점관점 / 91

CHAPTER 06 사회복지실천의 통합적 접근 ······97

1. 통합적 접근의 등장 / 97
2. 통합적 접근의 실천모델 / 100
3. 사례관리실천 / 110

CHAPTER 07 사회복지실천 면접 ······123

1. 사회복지실천에서의 면접 / 123
2. 사회복지실천에서 면접의 종류 / 126
3. 사회복지실천에서 면접을 위한 준비 / 128
4. 사회복지실천의 면접 기술 / 131
5. 사회복지실천의 면접 기록 / 139

CHAPTER 08 사회복지실천관계론 ······145

1. 사회복지실천관계의 개념과 특성 / 145
2. 사회복지실천관계의 기반 / 149
3. 사회복지실천관계의 원리 / 153
4. 사회복지실천관계의 장애 / 165

차 례

PART 03 사회복지실천과정

CHAPTER 09 초기단계 ············172

1. 접 수 / 172
2. 자료수집 / 181

CHAPTER 10 사정 및 계획단계 ············187

1. 사 정 / 187
2. 계 획 / 205

CHAPTER 11 실행단계 ············213

1. 개인수준의 개입 / 213
2. 가족수준의 개입 / 221
3. 집단수준의 개입 / 227
4. 지역사회수준의 개입 / 234

CHAPTER 12 종결단계 ············239

1. 평 가 / 239
2. 종 결 / 248

▌참고문헌 / 253

▌찾아보기 / 255

PART 1

사회복지실천의 이해

제1장 사회복지실천에 대한 이해

제2장 사회복지실천의 역사

제3장 사회복지실천현장의 이해

제4장 사회복지실천의 가치와 윤리

01 CHAPTER 사회복지실천에 대한 이해

개 요

이 장은 사회복지실천에 대한 기본적인 개념과 사회복지실천에 영향을 미치는 이념과 철학은 무엇인지, 사회복지실천에는 어떤 특성이 있는지 등 세 영역으로 구성되었다. 사회복지실천의 개념과 목적, 기능에 대해 살펴보고 사회복지실천 수준에 따른 구분, 사회복지실천에 영향을 미친 이념에 대해 살펴보고자 한다.

학습목표

- 사회복지실천의 개념 정의를 주요 학자들과 단체별로 구분해서 살펴보고, 이를 통해 사회복지실천의 의미를 설명할 수 있다.
- 시대와 역사가 변함에 따라 조금씩 다르게 정의되어 온 사회복지실천의 다양한 정의를 비교하여 설명할 수 있다.
- 사회복지실천을 클라이언트 수준, 개입방식에 따라 구분해 보고, 사회복지실천의 과학적 속성과 예술적 속성에 대해 이해할 수 있다.
- 사회복지실천의 전문성을 이해하고, 전문직의 속성에 대해 설명할 수 있다.

1. 사회복지실천의 개념

1) 사회복지실천의 개념

사회복지실천(social work practice)은 사회복지학 분야에서 상대적으로 새로운 개념이다. 1970년대 이전에는 개별사회사업(social casework)이라는 용어가 더 우세하게 사용되어 왔으며 1970년대 이후부터 사회복지실천이라는 용어가 사용되었다. 사회복지실천은 개별사회사업, 임상사회복지 등과 유사한 개념으로 사용되고 있고 사회복지를 실현하기 위한 구체적인 방법과 기술 및 사회복지사의 전문적인 실천 활동을 강조하는 개념으로 대표적으로 사용되고 있다.

사회복지실천에 관하여 리치몬드(Richmond, 1922)는 『개별사회사업이란 무엇인가?(What is Social Case Work?)』에서 개별사회사업이란 "개인 대 개인, 그리고 인간과 그의 사회환경 사이에서 의식적 조정을 통해 개개인의 인격 발달을 도모하는 여러 가지 과정"으로 정의하였다.

사회복지실천이 무엇인지 한마디로 정의하기는 어렵다. 왜냐하면 시대와 상황에 따라 조금씩 다르게 정의되었기 때문이다. 그 다양한 정의는 다음과 같다.

① 사회복지사가 클라이언트의 욕구와 문제 해결을 돕기 위해 일정한 개입목표를 설정하고, 일련의 과정을 통해 활동하는 것이다.
② 정부의 제도 안에서 개인, 집단, 지역사회를 대상으로 이들의 욕구와 문제를 해결해 주기 위해 펼치는 전문적인 사회복지활동이다.
③ 사회복지사가 사회적 안녕 상태를 이루기 위해 필요한 구체적 서비스들을 그 서비스가 필요한 현장에서 실천에 옮기는 활동이다.
④ 개인, 집단, 가족, 그리고 지역사회를 대상으로 이들의 문제와 욕구를 스스로 해결하도록 도와주어 사회적 기능을 향상시키고 나아가서는 이들의 삶의 질을 높이는 데 목적을 둔 종합적이고 전문적인 활동이다(NASW, 1982).
⑤ 개인, 집단, 지역사회로 하여금 그들 각자의 사회적 기능을 증진, 복구시키며, 그러한 목적에 합당한 사회적 조건들을 스스로 만들어 갈 수 있도록 돕는 전문적인 활동이다.

2) 사회복지실천의 목적

사회복지실천에 대한 정의가 시대에 따라 달라졌듯이 사회복지실천의 목적도 사회나 문화, 시대의 가치 등에 영향을 받아서 조금씩 달라져 왔다. 그러나 사회복지실천의 궁극적 목적인 '인간의 삶의 질 향상'은 시대나 사회가 변해도 달라지지 않는다. 사회복지실천의 목적은 사회구성원 대다수가 동의하는 내용으로 구성되어야 한다. 즉, 사회복지실천은 개인의 사회적 기능을 향상시켜 개인이 환경에 적응하도록 도움을 주거나 환경적 상황을 수정하여 변화시키는 데 초점을 둔다. 다시 말해 개인, 집단, 가족, 지역사회가 다양한 환경 안에서 보다 효과적으로 기능할 수 있도록 하는 것을 목적으로 한다. 사회적 기능을 향상시키기 위해서는 적어도 다음과 같은 하위목적을 달성해야 한다.

① 개인의 문제해결능력과 대처능력을 향상시킨다.
② 개인과 환경 간 불균형이 발생할 경우 문제가 감소되도록 돕는다.
③ 개인과 환경 간의 상호작용에 초점을 두고 사회정책을 개발한다.
④ 개인과 환경 간의 상호 유익한 관계를 증진시킨다.

핀커스와 미나한(Pincus & Minahan, 1973)은 사회복지실천의 목적을 다음과 같이 설명하고 있다.

① 개인, 집단, 가족의 문제를 돕고 대처능력을 향상시키는 것이다.
② 인간이 필요로 하는 사회자원, 서비스, 기회 등의 환경체계가 원활하게 상호작용하도록 돕는 것이다.
③ 자원과 서비스를 제공하는 다양한 사회복지기관이나 조직이 클라이언트에게 보다 나은 서비스를 제공할 수 있도록 효과적이고 효율적인 운영을 추구하는 것이다.
④ 새로운 사회정책의 개발과 향상에 기여하는 것이다.

한편 미국사회복지사협회(NASW, 1981)는 사회복지실천의 목적을 "모든 개개인의 삶의 질을 향상시키기 위해 개인과 사회 간의 상호 유익한 관계를 증진시키거나 복귀(회복)시키는 것"이라고 밝혔다. 즉, 개인과 사회 간의 상호성을 인정한 것이며, 개개인의 삶의 질 향상과 사회 간의 상호 유익한 관계, 사회구성원의 사회적 기능 증진(사회관계의 조정)에 궁극적인 초점을 맞추고 있다.

3) 사회복지실천의 기능

사회복지실천의 기능은 다양하다. 그중에서 클라이언트의 사회적 기능 증진과 사회정의 향상이 대표적인 기능이다.

(1) 클라이언트의 사회적 기능 증진

사회적 기능이란 인간의 기본 욕구를 충족하는 데 필요한 과업과 활동을 완수하고, 지역사회에서 요구하는 주요 사회적 역할을 수행하는 개인의 능력을 의미한다. 따라서 사회복지실천이 클라이언트의 사회적 기능을 증진시킨다는 것은 예방, 재활, 치료 활동을 통해 욕구가 있는 개인들의 사회 기능을 높여준다는 것을 의미한다. 즉 개인, 집단, 지역사회의 손상된 능력을 회복하도록 도와준다는 것이다.

예를 들면, 가출청소년의 거리상담, 자아존중감 향상을 위한 집단상담, 가족기능 회복을 위한 가족치료 등이 해당된다.

(2) 사회정의 향상 기능

'정의'는 인간의 사회적 관계에서 실현되어야 할 궁극적인 가치를 말한다. 이에 따라 사회정의는 사회제도가 모든 사람들의 기본적인 인권을 인정하고 지원하는 공정성과 도덕성을 발휘하는 것을 말한다. 사회복지사는 클라이언트가 권리를 찾도록 도와주는 활동, 즉 옹호활동을 하며, 공정하고 정의롭게 모든 사람들의 권리가 인정되도록 사람들을 촉구하고, 권리를 박탈당하거나 무시당하는 사람들을 위해 대변자 역할을 한다. 따라서 사회복지실천이 사회정의를 향상시키는 기능을 갖는다는 것은 사회복지사가 옹호활동을 하면서 사회정의를 향상시킨다는 의미이다. 예를 들면, 임금체불 노동자를 위한 옹호활동이나 다문화 가족에 대한 인식개선 활동 등을 말한다.

한편 미국사회복지사협회(NASW)는 사회복지실천의 기능을 좀 더 구체화하여 다음과 같이 제시하였다.

- 클라이언트의 역량을 확대하고, 문제해결능력과 대처능력을 향상시키도록 돕는다.
- 클라이언트가 필요로 하는 자원을 획득할 수 있도록 돕는다. 각종 자원에는 주거, 음식, 최소한의 생활필수품 등 유형의 서비스는 물론 의료, 법률 등 무형의 서비스까지 포함된다.
- 조직이 사람에게 반응하도록 한다. 이는 조직이 클라이언트의 인간적 존엄성을 존중하면서 적절한 절차와 기준에 의해 서비스를 제공하는지 모니터하고 문제가 있으면 시정을 요구한다는 의미이다.
- 개인과 환경 내의 다른 사람 및 조직과의 상호관계를 촉진한다. 예를 들어, 가출청소년의 문제를 해결하기 위해 청소년과 가족 부모, 친구들과의 상호작용이 원만하게 이루어질 수 있도록 중개자 역할을 하기도 하고 촉진자 역할을 하기도 한다.
- 조직과 제도 간의 상호 관계에 영향력을 행사한다. 클라이언트에게 복합적인 욕구 및 서비스를 충족시켜 주고, 도움을 필요로 하는 클라이언트를 위해 조정·중재하는 기능을 한다.
- 사회정책과 환경정책에 영향을 미친다. 물리적·사회적 환경을 개선하거나 물질적 서비스를 확보하는 데 필요한 정책 수립과 법 제정을 위해 활동한다.

2. 사회복지실천의 이념과 철학

사회복지실천에 영향을 미친 이념과 철학은 다양하다. 사회복지실천은 한편으로는 사회를 통제하는 성격을 띄기도 하고, 다른 한편으로는 사회를 변화시키는 성격을 띄기도 하므로 이념과 철학이 상충되기도 한다. 사회복지실천에 영향을 미친 이념과 철학적 배경을 살펴보면 다음과 같다.

1) 인도주의와 박애사상

인도주의(humanitarianism)는 모든 인간은 인간이라는 점에서 동등한 자격을 갖추고 있다는 생각을 바탕으로 인류의 공존을 꾀하고 복지를 실현시키려는 이념이다.

박애사상(philanthropy)은 모든 사람을 차별 없이 두루 사랑해야 한다는 사상으로 인간의 인격과 인간성을 존중하고, 평등사상에 입각하여 인종, 종교, 관습, 국적 등을 초월한 인간애를 발휘하는 것을 말한다.

인도주의와 박애사상은 자선조직협회(COS)에서 실시한 우애방문원 활동의 기본 철학이 되었는데, 우애방문원은 인도주의와 박애사상의 영향을 받아 빈민 등 취약계층에게 인도주의적 서비스를 제공했다. 인도주의와 박애사상 혹은 이타주의는 '타인을 위하여 봉사하는 정신'으로 실천되었다. 근대적인 박애정신은 산업혁명에 의해 발생한 사회문제에 대한 대응책으로 이루어진 사회개량의 기본 정신이다.

2) 사회진화론

사회진화론은 19세기에 나타난 사회발전 및 사회변동을 설명하는 이론 가운데 하나로서 다윈의 진화론에 영향을 받았다고 알려져 있다. 이 이론에 의하면 사회적합계층은 살아남고, 사회부적합계층은 자연 소멸된다. 부자는 우월해서 부유층으로 살아남고, 빈민은 열등해서 가난하게 살 수밖에 없다는 것이다. 생태계 적자생존의 법칙이 사회에 그대로 적용된 것이다.

사회진화론이 사회복지실천에 미친 영향은 자선조직협회가 사회통제적 성격의 활동을 하도록 한 것이다. 자선조직협회의 우애방문원은 빈민을 방문하여 중산층의 기독교적 도덕을 강요하여 그에 따르도록 했고, 따르지 않는 빈민에게는 최소한의 원조만 제공했다. 즉, 빈민이 사회적합계층에게 위협적이거나 방해가 되지 않는 존재로만 남아 있도록 한 것이다. 이것이 사회통제적인 측면이다.

자선조직협회의 우애방문원 활동은 인도주의와 박애사상의 영향을 받아 인도주의적 서비스를 제공한 측면도 있지만, 한편으로는 사회진화론의 영향을 받아서 빈민이 부자 혹은 사회 주류 계층에 방해가 되지 않는 상태로 남아 있도록 최소한의 도움만 제공하기도 했다.

3) 민주주의

민주주의란 모든 인간은 평등하며 주인이 된다는 생각을 바탕으로 인간존중의 사상에 입각한 이념이다. 이는 평등을 표방하는 이념으로 모든 인간의 평등함을 인정하면서 클라이언트도 동등한 대우를 받을 권리가 있음을 말한다.

민주주의 이념은 클라이언트의 선택권을 강조하였다. 즉, 모든 클라이언트에 대해 주는 사람의 입장에서 무조건적으로 서비스를 제공하는 것이 아니라 복지수혜의 여부를 결정하는 데 클라이언트가 적극 참여해야 한다는 민주주의 사상의 사회적 움직임이 나타났고, 이후에 클라이언트의 자기결정권에 영향을 준 이념이다.

이와 함께 민주주의의 영향으로 클라이언트에 대한 서비스를 결정하는 데 클라이언트가 적극 참여해야 한다는 사회적 움직임이 나타났고, 이는 클라이언트의 자기결정권에 영향을 미쳤다. 민주주의는 빈곤층의 가치를 인정한 인보관운동에서 받아들여 사회개혁으로 이어졌으며, 시민의식의 확산으로 사회복지실천 이념이 '주는 자' 중심에서 '받는 자' 중심의 서비스로 전환되었다.

4) 개인주의

개인주의는 개인의 존엄, 가치, 권리 등을 중요시하는 사상으로 국가나 사회보다 개인을 중요시한다. 따라서 개인의 자유와 권리를 중요시하고 개인을 기초로 하여 모든 것을 규정한다.

개인주의는 개인의 자유와 권리를 중요시하는 만큼 의무와 책임도 중요시한다. 그렇기 때문에 빈곤의 원인에는 개인의 책임도 있다는 점을 고려하여 열등처우의 원칙과 함께 '최소한 수혜자격 원칙'을 낳았다. 즉, 엄격한 자격 요건하에서 최소한의 서비스만 제공한다는 흐름에 영향을 주었다. 개인주의가 사회복지실천에 미친 영향으로는 '개인권리 존중'과 '수혜자격 축소'를 들 수 있다. 개인의 자유와 권리를 중요시하므로 클라이언트의 개인적 특성을 존중하여 클라이언트에 대한 '개별화'의 기반이 되었다.

5) 다원주의(문화적 다양성)

다원주의란 유일한 절대적인 관점이나 가치관에 따라 어떤 일을 주장하는 것이 아니라, 여러 가지 관점과 가치관의 병립과 공존을 인정하고 각각의 관점, 가치관에 따른 다양한 주장을 용인하는 입장을 말한다. 윤리, 관심, 문화, 신념, 종교의 다양성을 존중하는 것은 현대 민주주의의 중요한 원칙 중 하나이다.

사회복지실천에서도 다양한 계층에 대한 수용, 다양한 문제 및 접근 방법에 대해 개방적인 입장을 보이는 등 새로운 경향이 지속적으로 발생하고 있다. 즉, 다원주의의 영향으로 다양한 계층과 문제를 인정하는 계기가 마련되었다. 예를 들어, 우리나라가 다문화사회로 변화하면서 사회복지실천이 문화적 다양성에 따른 실천으로 확대되고 있는 것을 들 수 있다. 결혼이주여성, 외국인 노동자, 새터민(북한이탈주민)에 대한 실천이 이루어지고 있으며, 성적 소수자에 대해서도 사회복지 분야가 관심을 갖고 개입하고 있다. 이러한 대상은 아직까지 사회적으로 소수이며 적극적으로 권리를 주장하거나 옹호받지 못하기 때문에 사회복지실천은 이들이 자신들이 처한 삶의 조건을 향상시킬 수 있는 힘을 가질 수 있도록 역량강화 접근의 필요성을 강조하고 있다. 이러한 측면에서 다원주의는 다양한 계층과 다양한 문제를 인정하는 계기가 되었으며 역량강화 논의를 활발하게 하는 데 영향을 미쳤다.

〈표 1-1〉 사회복지실천에 영향을 미친 이념과 내용

이 념	내 용
인도주의 박애사상	• 자선조직협회의 인도주의적 서비스 제공 • '타인을 위하여 봉사하는 정신'으로 실천됨
사회진화론	• 자선조직협회의 사회통제적 성격의 활동 • 중산층의 기독교적 도덕성 강요 • 사회 주류 계층에 방해가 되지 않는 상태로 남아 있도록 최소한의 원조만 제공
민주주의	• '주는 자' 중심에서 '받는 자' 중심의 서비스로 전환 • 클라이언트에 대한 선택적 봉사철학 강화 • 클라이언트의 자기결정권 강조 • 인보관운동 : 빈곤층의 가치 인정, 사회개혁적 활동
개인주의	• 개인의 권리 존중, 개별화, 수혜자격 축소(=최소한의 수혜자격 원칙) • 빈곤의 원인과 책임을 개인으로 돌림
다원주의 (문화적 다양성)	• 다양한 계층, 다양한 문제 인정 • 역량강화 논의 활발

3. 사회복지실천의 분류와 속성

1) 클라이언트 수준에 따른 사회복지실천 분류

사회복지실천의 개입 대상인 클라이언트 또는 클라이언트체계의 수준에 따라 사회복지실천 수준을 미시 수준의 실천, 중범위 수준의 실천, 거시 수준의 실천으로 나눈다.

사회복지사가 실천현장에서 만나는 클라이언트가 개인이나 가족 같은 가장 작은 크기이면 미시 수준의 실천이라 하고, 클라이언트가 집단이나 조직 같은 중간 크기이면 중범위 수준의 실천이라 하며, 마지막으로 클라이언트가 지역사회나 전체 사회 혹은 국가 같은 큰 크기이면 거시 수준의 실천이라고 한다.

(1) 미시 수준의 사회복지실천개념

① 개념

미시(micro) 수준의 사회복지실천이란 개인이 가장 친밀한 사람과 상호작용하는 과정에 개입하는 실천활동 혹은 개인과 가족이 직면한 문제를 해결하도록 돕는 활동을 말한다.

② 특징

미시 수준의 사회복지실천 활동은 개인의 심리적·사회적 상태, 부모 및 자녀관계나 부부관계 등에 개입하게 되므로 일반적으로 실천 대상은 개인이나 가족이다. 미시 수준은 클라이언트를 직접 만나서 이루어지는 직접 실천이 많기 때문에 사회복지사의 실천 활동도 직접 서비스 제공이나 중개자 역할이 많다.

미시 수준 실천의 예 : 퇴원한 정신장애인을 대상으로 사회기술훈련 제공, 가족치료 실시, 위탁가정 아동 방문, 정신장애인 재활상담

(2) 중범위 수준의 사회복지실천개념

① 개념

중범위(mezzo, 중시적) 수준은 미시 수준과 거시 수준의 중간 수준이다. 가족처럼 친밀한 관계보다는 조금 거리가 있는 관계, 즉 기관이나 조직 내부, 기관이나 조직 간 상호작용 등에 개입하므로 집단, 조직이나 기관 등이 클라이언트가 된다.

② 특징

중범위 수준의 사회복지실천은 일반적으로 체계 간 의사소통 촉진, 중재, 협상을 이끌고 교육시키며 사람들을 참여하게 한다. 사회복지사는 치료집단을 조직하고 운영하는 등의 활동을 하게 된다.

중범위 수준 실천의 예 : 자조·지지·치료집단의 조직 및 운영 직원교육·훈련, 돌봄서비스를 받고 있는 노인과 직원 간 갈등 해결

(3) 거시 수준의 사회복지실천

① 개념

거시(macro) 수준은 클라이언트의 삶에 영향을 미치는 지역사회나 전체 사회, 혹은 국가의 복지체계 같은 수준을 말한다. 따라서 거시 수준의 사회복지실천은 전체 사회의 향상과 변화를 목적으로 하는 활동이라고 할 수 있다.

② 특징

사회복지사는 주로 국가나 사회의 정책 개발, 정책 대안을 발굴하고 제시하는 활동, 취약한 집단을 옹호하는 등의 활동을 수행한다. 미시 수준의 사회복지실천이 클라이언트를 직접 대면하여 활동하는 직접적 실천이라면, 거시 수준의 실천은 클라이언트를 직접 만나서 상호작용하기보다는 간접적인 사회복지서비스 지원 형태로 이루어지기 때문에 간접적 실천이라고 할 수 있다.

거시 수준 실천의 예 : 사회복지 정책 분석 및 평가, 모금활동, 정책 대안의 발굴, 제안된 법 안에 대한 분석, 지역사회자원 개발, 취약계층 옹호, 후원자 개발 및 관리, 노숙인 보호를 위한 모금활동, 직업재활 대상자를 위한 자원개발 등

〈표 1-2〉 클라이언트 수준에 따른 사회복지실천 분류

실천수준	설 명	예
미시 수준	• 개인, 가족이 직면한 문제를 해결 • 개인의 가장 친밀한 상호작용과정에 개입 • 조력자, 중개자, 옹호자, 교사	• 개인 상담, 정보 제공 • 개인에게 사회기술훈련 제공 • 가족치료 • 위탁가정 아동 방문 • 정신장애인 재활상담
중범위 수준	• 기관이나 조직 내부, 기관이나 조직 간 상호작용에 개입 • 촉진자, 중재자, 훈련자	• 자조집단이나 지지집단 운영
거시 수준	• 지역사회나 전체 사회, 국가의 복지체계에 개입 • 계획가, 행동가, 현장개입자	• 사회복지정책 분석 및 평가, 모금 활동, 정책 대안 발굴, 제안된 법안 분석, 지역사회자원 개발, 취약 계층 옹호 • 후원자 개발 및 관리, 노숙인 보호를 위한 모금활동, 직업재활 대상자를 위한 자원개발

2) 개입 방식에 따른 사회복지실천 분류

(1) 직접 실천

직접 실천(direct practice)은 직접 개입이라고도 하는데, 클라이언트를 변화시킴으로써 클라이언트의 문제를 해결하는 실천 방식으로 개인, 집단, 가족을 직접 대면하여 변화를 일으키는 것이다. 일반적으로 클라이언트의 사회적 기능이나 대처능력을 향상시키기 위해 개인, 가족, 소집단체계에 직접적으로 개입한다.

직접 실천의 예 : 장애아동 양육을 위한 부모 상담, 클라이언트가 필요로 하는 정보 제공, 가족치료, 기술교육 제공, 상담

(2) 간접 실천

간접 실천(indirect practice)은 간접 개입이라고도 하는데, 지역사회에서 클라이언트를 둘러싼 환경체계에 개입하여 사회적 지지체계나 자원을 활용하는 실천 방식으로 클라이언트를 둘러싼 환경에 변화를 일으켜 클라이언트의 문제해결을 돕는다. 클라이언트가 겪는 곤란이나 어려움 중에는 클라이언트 개인의 기능에 문제가 생겨 발생하는 것도 있지만 클라이언트를 둘러싼 환경에 문제가 있거나 두 체계 간 상호작용에 문제가 생겨 발생하는 것도 있다. 이런 경우 클라이언트의 변화만으로는 문제가 해결되지 않기 때문에 환경이나 두 체계 간 상호작용의 변화를 도모한다.

간접 실천의 예 : 아동학대 예방을 위한 홍보활동, 학교폭력 예방활동을 위한 자원봉사자 모집, 희귀질환 아동을 위한 모금활동, 공청회 개최, 프로그램 개발, 모금운동, 예산확보 운동, 자원봉사자 확보, 캠페인, 클라이언트 옹호

〈표 1-3〉 개입 방식에 따른 사회복지실천 분류

실천수준	설 명	예
직접 실천	• 클라이언트를 변화시킴으로써 클라이언트의 문제를 해결하는 실천 방식	장애아동 양육을 위한 부모상담, 클라이언트가 필요로 하는 정보 제공, 가족치료, 기술교육 제공, 상담
간접 실천	• 지역사회에서 클라이언트를 둘러싼 환경체계에 개입하여 사회적 지지체계나 자원을 발굴 또는 연계하는 방법을 활용하는 실천 방식	아동학대 예방을 위한 홍보활동, 학교폭력 예방활동을 위한 자원봉사자 모집, 희귀질환 아동을 위한 모금 활동, 공청회 개최, 프로그램 개발, 모금운동, 예산확보운동, 자원봉사자 확보, 캠페인, 클라이언트 옹호

3) 사회복지실천의 과학적 속성과 예술적 속성

사회복지실천은 과학적 지식에 바탕을 두고 개인·가족·집단·조직·지역사회의 사회적 기능 향상을 돕는 활동이며, 사회복지사는 과학적 지식과 사회복지 관련 전문 지식을 사회복지사 개인의 성품이나 가치관, 다른 사람에 대한 감정 등과 통합시키면서 전문적인 활동을 수행하는 사람이다. 이런 측면에서 사회복지실천을 과학과 예술의 조화라고 한다. 과학적 지식에만 의존하는 실천은 기계적인 수행에 그치게 되며 과학성이 결여된 예술성만으로는 효과적인 실천이 이루어질 수 없게 된다. 즉, 과학성과 예술성은 서로 대립되는 개념이 아니라 상호 보완적이며 의존적인 관계에 있다.

(1) 사회복지실천의 과학적 속성

사회복지실천의 과학적 속성(과학적 기반, 과학성)은 효과적인 개입을 위해서 사회현상, 사회적 조건과 문제, 사회정책과 프로그램, 사회복지 전문직, 다양한 실천 이론과 관련된 지식에 바탕을 두고 이를 적용·활용하는 것을 의미한다. 사회복지가 전문 영역으로 기능하고, 사회복지사가 효과적으로 개입하기 위해서는 체계적인 이론과 과학적인 근거가 뒷받침되어야 한다.

사회복지실천의 과학적 속성이 반영된 예 : 단일사례설계를 이용한 클라이언트 효과성 평가, 결식아동 지원 프로그램 과정 평가, 경험적 사실의 수집, 실험적 조사, 이론적 설명, 객관적 관찰, 기술훈련

(2) 사회복지실천의 예술적 속성

사회복지실천의 예술적 속성(예술적 기반, 예술성)은 클라이언트의 정서적 측면에 개입하는 사회복지사의 심리적 특성이나 능력을 적절히 활용하는 것을 말한다.

사회복지실천의 예술적 속성이 반영된 예 : 타인의 고통을 진심으로 이해하고 공감하는 능력, 클라이언트와 의미 있고 효과적인 관계를 맺을 수 있는 능력, 클라이언트의 특수한 상황에 맞게 유연하게 판단하고 적용할 수 있는 능력, 클라이언트와의 전문적 관계를 형성하는 능력, 클라이언트에 대해 감정이 이입된 의사소통능력, 창의적 사고, 적합한 가치, 직관적 능력, 건전한 판단력, 개인적 경험, 진실성, 사회적 관심

4) 사회복지의 전문성

(1) 그린우드가 제시한 전문직의 속성

그린우드(Greenwood)는 「전문직의 속성(Attributes of a Profession, 1957)」이라는 글에서 전문직의 속성을 다섯 가지로 제시했다. 이에 비추어 볼 때 사회복지직은 이미 전문직이라 규정하고 계속 전문직화를 추구해 나가는 과정 속에 있다고 평가했다. 그린우드가 제시한 전문직이 갖추어야 할 속성은 다음과 같다.

① **체계적 이론**(체계화된 지식기반과 기술)

체계적인 이론의 존재 여부와 기술의 사용 여부가 전문직과 비전문직을 구별하는 기준이다. 기술 자체보다는 기술의 근원이 되는 체계적이고 과학적인 이론의 존재 여부가 전문직으로 인정받기 위한 중요한 요소가 된다.

② 전문적 권위

클라이언트와의 관계에서 전문직은 전문적 권위를 갖는다. 권위란 클라이언트에게 전문적인 영향을 미치는 힘이다. 전문가로서의 사회복지사는 사회복지직에 부여된 전문적 권위와 신뢰가 있어야 한다.

③ 사회적 인가(재가)

공동체나 사회의 승인 여부에 따라 전문직에 부여되는 권한과 특권은 달라진다. 사회는 특정 지식과 기술 등을 갖춘 집단에게 전문직이라는 권한을 부여함으로써 사회적으로 승인하게 되는데 일반적으로 자격시험 관장 같은 독점적 권한을 부여한다.

④ 전문직 문화(공유된 전문직 가치와 규범)

전문직은 전문직 자체의 고유한 가치나 규범, 상징을 세워서 공유하고 이를 보존한다. 전문직은 다른 목적을 위한 수단이 되어서는 안 되며 사회복지사는 사명감과 직업의식을 가지고 전문직을 수행해야 한다.

⑤ 윤리강령

전문직은 사회로부터 승인을 받고 전문직으로서 권한과 권위를 가지게 되는데 바람직한 전문직 수행을 위해서 체계화된 윤리강령이 있어야 한다. 윤리강령을 통하여 전문직 수행에 대한 옳고 그름을 판단하여 올바른 실천을 이끌어 내고 전문가와 클라이언트를 보호한다.

02
CHAPTER

사회복지실천의 역사

개 요

이 장의 주요 내용은 사회복지실천의 역사적 발달과정을 서구와 한국으로 나누어 살펴보는 것이다. 어떤 학문이든 그 학문의 발달사를 아는 것은 학문의 성격을 이해하는 기본이 되므로 매우 중요하다. 사회복지실천이 전문화되기 이전 가장 중요하고 많은 영향력을 미쳤던 자선조직협회와 인보관운동을 시작으로 해서 최근까지의 흐름을 큰 변화를 중심으로 사회복지실천의 발달사와 변화의 흐름을 파악하고자 한다.

학습목표

- 서구의 사회복지실천의 역사적 발달을 전문적 사회복지실천 이전 단계와 전문적 사회복지실천 이후 단계로 구분하여 살펴보고, 단계별 이슈와 주요 내용을 설명할 수 있다.
- 우리나라의 사회복지실천의 역사적 발달단계를 이해하고, 사회복지 교육 영역, 의료 영역, 지역사회복지 영역, 공공 영역, 정신보건 영역, 학교 영역, 사회복지인력 자격제도 영역으로 구분하여 발달의 주요 내용을 설명할 수 있다.

1. 서구 사회복지실천의 역사

1) 서구 사회복지실천의 역사적 발달과정

(1) 전문적 사회복지실천 이전(19세기 말 이전)

전문적 사회복지의 실천은 유럽, 특히 영국에서 행해진 교회 중심의 구제활동에서 그 기원을 찾아볼 수 있으며, 1531년 헨리 8세가 법령을 제정하였지만, 이 법은 부랑자와 걸인을 처벌하는 것이 주 목적이었다. 1601년 엘리자베스 구빈법은 예전부터 내려온 영국의 빈민구호에 관한 법률들을 집대성하여 성문화시킨 것으로서 가족과 친족이 부양하지 못하는 빈민을 해당 교구가 책임을 지고 부양하도록 규정하여 교구를 중심으로 한 구제를 시작하였다는 점이 의의라고 볼 수 있다.

(2) 전문사회복지실천의 태동기(19세기 말~1900)

산업혁명 이후(19세기 말) 영국 사회는 질병, 빈곤, 범죄, 비행 등의 증가와 같은 사회문제가 대량으로 발생하게 됨에 따라 이에 대응하기 위해 개인이나 민간 차원의 자선사업과 박애사업이 시작되었고, 인도주의적 사회개량사상과 연계된 민간사회복지가 발달하기 시작했다. 그 결과 자선조직협회가 설립되고 사회복지실천에 있어 새로운 전환점을 맞이하게 되었다.

클라이언트의 문제나 어려움을 개인의 도덕적 결함으로 보았으며, 클라이언트 개인의 도덕성을 교화시켜 가난에서 벗어날 수 있도록 돕는 역할을 강조하는 간섭적 온정주의가 바탕이 되었다. 또한 이 시기의 사회복지실천은 클라이언트의 기본적 권리나 존엄성에 대한 가치는 고려하지 못했으나, 빈민에 대한 조직화된 구제활동과 빈곤문제에 대한 대응방안, 사회복지실천의 전문성을 강조하기 시작했다.

인보관운동이 시작되면서 사회복지실천의 가치는 도덕성에서 사회정의로 변화되어 가기 시작하였다. 즉, 빈민의 도덕성을 강조했던 것과는 달리 주택, 건강,

위생, 교육, 고용, 빈곤과 관련된 광범위한 사회문제를 개선하기 위한 법률적이고 제도적인 개입의 필요성 확대 등 사회제도의 형성을 강조하는 개혁적인 실천이 강조되었다. 또한 가난, 실직, 범죄와 같은 문제는 자본의 결핍, 인종차별, 다양한 억압을 경험하면서 개인적 요인이 아닌 문화 혹은 사회의 산물로 생기는 것이라는 사회구조적 관점에서 사회복지실천을 수행하게 되었다.

아울러 이 시기에는 전문가의 도덕성이 사회복지실천에서 강조되는 시기였으며, 사회복지실천의 실천전략, 개입방안, 실천기술 및 전문가에 대한 교육 내용과 훈련 프로그램 마련에 대한 필요성이 대두되었다.

① 자선조직협회(Charity Organization Society)

세계 최초의 자선조직협회는 1869년 런던에 설립되었으며, 영국에서 최초로 조직된 자선조직협회는 미국으로 건너갔고, 1877년 런던 자선조직협회를 본받아 뉴욕 버팔로(Buffalo)에 설립된 자선조직단체가 그 시작이다. 그 후 1877년부터 1892년까지 15년간 미국 내에는 92개의 자선조직단체가 설립되어 보다 효과적인 원조활동을 전개하였다.

1861년 통계에 따르면, 런던에 640개의 자선단체가 창립되었다. 이 단체들은 공적인 구빈 당국과의 협력이나 연대는 물론이고 각 자선단체들 사이에도 협력과 조정이 이루어지지 않았다. 이 때문에 중복 구제로 인한 자원 낭비와 무분별한 자선으로 사람들의 도덕적 타락이 발생한다는 비판이 따르게 되면서 우애방문원[1]이라고 불리는 자원봉사자를 활용하여 구제신청자에 대한 과학적이고 면밀한 조사를 통해 구제중복을 피하고 효율적 구제활동을 전개하기 위한 등록을 실시하는 동시에 여러 구제기능 간의 연락과 조정 역할을 수행하였다. 우애방문원에 의해 시작된 가정방문, 면담, 기록,

1) 우애방문원(friendly visitor)이란 자선조직협회에서 일하는 자원봉사자들로서 주로 중산층의 부인들로 구성되었다. 이들은 빈곤 가족을 방문하여 가정생활, 아동에 대한 교육, 가계경제에 대한 조언을 제공했고, 가족들을 도덕적으로 꾸짖기도 하였으며, 중산층의 도덕적 우월을 유지한 채 빈곤층에게 친절을 제공하였다. 무급으로 일하는 자원봉사활동의 형태로 활동하였으며, 이후 자선조직협회 직원을 지칭하는 호칭이 되었고, 사회복지사의 효시가 되었다고 보는 입장도 있다. 주 활동내용은 빈민층 교화를 위한 활동, 욕구조사, 문제원인의 규명, 문제해결 방법을 알려주는 일 등이었으며, 우애방문은 개별사회사업으로 대체되어 점차 전문화되었다.

사례연구(case conference) 등의 활동들은 개별사회사업 실천기술의 기초를 이루고 사회복지조사 및 지역사회조직의 기반이 되었다.

이후 영국의 자선조직화운동은 미국으로 건너가 더욱 발전하였는데, 미국 최초의 자선조직협회는 1877년 거틴(Humphreys Gurteen) 목사의 지도아래 결성된 뉴욕 버팔로 자선조직협회였다. 자선조직협회지부는 주로 동북부 대도시 지역에 밀집되어 있었고, 미국 역사상 처음으로 실업이 국가적 문제가 됨에 따라 엘리트 계층이 창설·발전시킨 단체가 자선조직협회였다. 미국의 자선조직화운동은 단순한 구호활동을 넘어 합리적이고 효율적인 자선, 즉 과학적 자선을 지향하였고 최초의 사회복지사를 채용하고 자원봉사자인 우애방문원이 구호 신청자들을 개별적으로 면접하였다.

┃그림 2-1┃ 제인 아담스(Jane Adams)와 헐 하우스(Hull House)

출처/저작권 : Encyclopedia Britannica, Inc

자선조직협회는 빈민의 환경조사를 표명했으나, 실제로는 빈곤을 발생시키는 사회적 요인들에 관한 조사는 제외하였다. 자선조직협회의 이념사상은 사회진화론으로 빈민들의 구호와 의존문제에 관심을 가졌다.

즉, 빈곤을 개인적 관점에서 접근하였으며, 빈민은 수혜자이자 선도의 대상으로 생각하였다. 또한 빈곤의 원인이 빈민의 성격이나 생활방식에 있다고 간주하여, 게으름이나 음주 등 무책임한 행동의 결과가 빈곤을 불러일으키는 원인이 된다고 생각했으며, 중상층이 빈민을 인격적으로 감화시켜 비도덕적인 빈민이 빈곤에서 탈출하고자 하는 동기를 강화할 수 있다고 보았다. 따라서 빈곤구제에서 빈민의 자구적인 노력을 매우 강조하여 "자조로써 해결할 수 없는 빈곤은 없다"는 입장을 견지함으로써 공공구빈정책을 반대하는 입장을 표명했다.

〈표 2-1〉 자선조직협회의 구제대상

구제 가치가 있는 빈민	구제 가치가 없는 빈민
• 선량한 성격 • 존경받을 만한 • 근검절약하는 • 의존적이지 않는 • 자활의지가 있는 사람	• 제멋대로의 행동 • 나쁜 품성 • 근검할 줄 모르는 • 비양심적인 • 음주벽 • 의존적인 사람

자선조직협회를 통해 중복구빈을 막기 위한 자선활동을 조정하고, 중복구빈을 피하기 위해 설치한 연락기관은 오늘날의 지역사회사업으로 발전하게 되었고, 우애방문원을 통한 환경조사 및 조사결과를 바탕으로 한 적절한 원조를 제공하게 되었으며, 빈민에 대한 철저한 환경조사는 사회복지실천(개별사회사업)으로 발전하게 되었다.

자선조직협회는 빈곤을 개개인의 도덕적 결함의 결과로만 간주함으로써 사회경제적 뿌리를 무시했다는 점에서 보수적인 입장이었으며, 환경조사는 빈민에 대한 낙인을 수반하고 사생활 침해의 소지가 높았다는 점이 한계점으로 지적되고 있다. 또한 자조와 같은 개인주의 윤리를 강조함으로써 빈곤을 완전히 당사자의 책임으로 돌렸으며, 모든 빈곤 사례에 대한 조사를 가치로 내걸었으나, 다른 자선기관의 협력을 얻지 못해 결국 실패로 돌아가게 되었다.

② 인보관운동(settlement house movement)

세계 최초의 인보관은 영국의 토인비홀인데 1884년 바네트(Samuel Barnet,

1844~1913) 목사에 의해 설립되었으며 기독교 사회주의 사상에 입각한 것이다. 이후 미국으로 옮겨져 1886년 코잇(Stanton Coit)에 의해서 뉴욕에 미국 최초의 근린조합(neighborhood guild)이 설립되었으며, 1889년 미국의 제인 아담스(Jane Addams)가 토인비홀의 유형을 모방하여 시카고의 빈민가에 Hull House를 설립하였다.

인보관운동의 목표는 빈민들의 생활을 개선하는 것이었는데, 빈민과 함께 정착하여 생활하고 인격적인 접촉으로 그들의 욕구가 무엇인지 이해하고 그에 따라 집단 활동을 전개하였으며, 이것이 집단사회사업의 효시가 되었다. 또한 지역주민들이 서로 배우고 가르치고 원조하였으며, 주민 각자의 문제를 서로 도움이 되는 방향으로 해결하도록 조직하는 지역사회조직의 기반이 되었다.

❙그림 2-2❙ 인보관 운동의 3R

③ 인보관운동과 자선조직협회

인보관운동은 민간 사회복지활동이기는 하지만, 자선조직협회(COS)활동과는 달리 개인보다는 사회개혁을 중시하였다. 자선조직협회는 원내구호인 작업장 입소라는 방식을 제외한 모든 국가개입에 반대했고, 1860년대의 경제 불황 때는 원외구호를 반대하는 운동을 전개하기도 했다. 인보관운동은 자선조직협회와는 달리 주는 자의 입장이 아니라 받는 자, 즉 지역주민의 입장과 이익을 중시하고 지역주민 스스로가 문제를 해결하는 능력을 높이고자 하였다.

〈표 2-2〉 자선조직협회와 인보관의 비교

구 분	자선조직협회	인보관
설립 시기	1869 런던(영)	1884 토인비홀(영)
	1877 버팔로(미)	1889 시카고 Hull House*(미)
빈곤의 책임	개인 책임 강조	사회, 환경, 제도적 측면
문제해결관점	빈민개조	사회개혁, 사회개량
주도층	상류층, 자산가	중산층, 지식인층
	 (Charity Organization of NY, 1909)** 가치 있는 빈민/ 가치 없는 빈민 구제하는 일 < 현존 자선단체들의 상호관계 밀접 구제의 공정성 문제 해결을 위한 상호연락, 구제 신청자의 엄격한 조사 및 가정방문을 통한 적합한 대상자 선정	 (인보관)* 지역 내 빈민과 함께 거주하며 자원봉사자로서 빈곤자들을 위한 교육, 문화적 활동 향상시키며 사회개량, 사회입법 위해 노력

* http://kswjym.tistory.com/253

** Encyclopedia of Social Work Vol.1, Seventeenth Issue(Washington, D.C. National Association of Social Workers, 1977), p. 97.

(3) 사회복지실천의 전문적 확립기(1900~1920)

사회복지실천에 대한 전문직으로서의 인가는 보수체계의 정립과 교육 및 훈련제도의 확립이라는 두 가지 맥락에서 이루어졌다. 즉, 전문적 사회복지실천이론이 확립되기 시작하였고 사회복지 관련 조직이나 단체에 유급직원이 배치되기 시작하였으며, 사회복지 관련 단체가 전국적으로 조직화되기 시작하는 등 사회복지실천이 전문적 특수 영역으로의 확대라는 차원에서 전문직으로서 성장을 해가는 시기이다.

미국에서 사회복지가 자선활동에서 전문직으로 발전하려는 시기에 사회복지 전문성에 관한 논쟁이 시작되었는데 이 논쟁을 촉발한 사람이 바로 플렉스너(A. Flexner)이다. 그는 1915년 미국에서 열린 전미 자선 및 교정 컨퍼런스(National Conference of Charities and Corrections)에서 '사회복지는 전문직인가?(Is Social Work a Profession?)'라는 논문 발표를 통해 사회복지는 전문직이 아니라 클라이언트를 다른 기관에 의뢰하는 중개인에 지나지 않는다고 주장하면서 사회복지전문직에 대한 비판을 주도했다.

이러한 비판 이후 사회복지계는 실천 대상 영역을 좁혀서 정신의학 중심의 개별사회사업을 실천하면서 전문직화를 촉진했다. 특히 메리 리치몬드(Mary Richmond)는 지그문트 프로이트(Sigmund Freud)의 정신분석이론과 연결시켜 사회복지의 전문직화에 기여했는데 「사회진단(Social Diagnosis, 1917)」과 「개별사회사업이란 무엇인가?(What is Social Casework?, 1922)」를 저술하여 개별사회사업을 처음으로 과학적으로 체계화하여 사회복지실천의 전문화에 공헌하였다.

(4) 사회복지실천의 전문직 분화기(1920~1950)

1차 세계대전 이후부터 2차 세계대전이 끝난 직후까지 사회복지실천 분야에서 일어난 중요한 일은 크게 두 가지로 정리된다. 하나는 사회복지실천 3대 방법론의 분화 및 확립이고, 다른 하나는 진단주의 학파와 기능주의 학파의 갈등이다.

이 시기에는 다양한 영역에서 사회복지사의 역할이 확대되면서 사회복지실천 영역의 공통 지식기반을 갖추고자 하는 움직임이 나타났다. 또한 1920년대는 미국 사회사업의 이론과 실천기술에서 사회복지실천 전문직이 세부적으로 분화된 시기로 개별사회사업(casework), 집단사회사업(groupwork), 지역사회조직(community organization)의 3대 방법론으로 분화되었다. 이후 1929년에 시작된 대공황을 겪으면서 사회복지실천은 문제의 근원을 개인에서 옮겨 사회에서 찾기 시작했다. 또한 사회환경론적 견지에서 심리학적·정신의학적 방향으로 이행함으로써 사회 환경에서부터 성격의 적응능력의 강화에 치중하였다. 특히

1920년을 전후로 사회복지실천에 대한 정신분석학적 영향이 커졌고, 1930년 이후에는 역동적 정신의학과의 연관이 두드러졌다.

① **개별사회사업**(case work)

개별사회사업의 개척자인 리치몬드는 "개별사회사업이란 인간과 그의 사회환경의 개별적이고 의식적인 조정을 통하여 그의 인격을 발달시키는 여러 과정으로 이루어지는 것"이라고 하여 인간의 인격발달의 측면을 강조하였다(Richmond, 1922 : 98-99). 그리고 펄만은 "개별사회사업이란 사람들이 사회적 기능을 수행함에 있어서 그들의 문제를 보다 효과적으로 처리해 나가도록 돕는 사회복지기관에서 사용되는 한 과정"이라고 하였다(Perlman, 1974 : 4). 여러 학자들의 정의를 종합하면, 개별사회사업의 특징은 문제를 가진 개인이나 가족을 대상으로 하고, 과학적 지식과 전문적 기술을 지닌 사회복지사에 의해 실시되며 대상에 따라 그 방법이 개별적으로 이루어지고, 환경의 적응과 인격의 발달을 돕기 위한 의식적인 노력이며 사회복지사와 복지대상자 간의 인간관계가 중요시되고, 개별사회사업은 단계적 과정으로 실시되며 복지대상자의 심리적 재조정과 치료에 중점을 두며, 개인과 사회환경 간의 상호작용 등을 중요시한다.

개별사회사업의 초기적 모습은 자선조직협회의 우애방문활동에서 찾을 수 있지만, 리치몬드의 「사회진단(1917)」에 의해서 그 기초가 확립되었다고 볼 수 있다. 초기 개별사회사업은 복지대상자의 문제는 개인과 환경 간의 조정을 통해서 해결될 수 있다는 시각에 바탕을 두었는데, 점차 사회의 중요성을 강조하는 심리사회적 모델로 발전되었다.

② **집단사회사업**(group work)

1930년대 이후 집단사회사업이 개별사회사업과 함께 사회복지실천 방법으로 인식되었다. 1935년 미국사회복지사전국대회에서 집단사회복지실천 부문이 생겨났으며, 1946년 집단사회복지협회로 발전했다.

집단사회사업은 집단 구성원 간의 상호작용을 강조하였고 경쟁보다는 협동에 초점을 두었다. 2차 세계대전 이후, 지역사회로 돌아온 참전용사를 대상으로 정신의학적 집단사회복지실천이 실시되었으며, 1945년 이후 정신병원에서 집단사회복지실천이 증가했고, 아동상담소에서도 집단사회복지실천이 많이 활용되었다. 체계화된 전문적·이론적 기술이 필요해지면서 집단사회사업에 대한 전문교육이 시작되었고, 1946년 미국 사회복지회의에서 집단사회사업을 공식적으로 사회복지실천기술로 인정하였다.

③ 지역사회조직(community organization)

미국에서는 1920년부터 주 단위로 공공 복지기관이 설치되면서 지역사회실천으로 전환하는 계기가 마련되었다. 세계 대공황으로 민간 사회사업은 한계를 드러냈고, 국가가 사회사업기관을 설립하면서 공공기관에서 활동하는 사회복지사의 수가 늘어나고, 지역사회실천이 발달하고 전문화됨에 따라 지역사회조직이 사회복지방법론의 한 분야로 정착하게 되었다.

④ 진단주의 학파와 기능주의 학파

프로이트의 정신분석이론을 중심으로 사회복지실천을 행하는 진단주의 학파는 개인의 과거 경험을 중심으로 개별적으로 접근하는 반면, 오토 랑크(O. Rank, 1939)의 이론을 중심으로 사회복지실천을 행하는 기능주의 학파는 대공황 이후 개인의 문제가 사회 환경에 있음을 인식하면서 진단주의 학파와 많은 입장 차이를 보였다. 이 논쟁은 정신분석이론에 대한 비판이 제기되면서 시작되었는데 1950년대까지 지속되었으며, 사회복지실천에 많은 영향을 주었다.

- 진단주의

1920년대에 초기 아동기에서 비롯된 문제에 대한 이해를 강조한 프로이트의 정신분석이론에 영향을 받은 학파이다. 클라이언트의 생활력에 대한 탐구를 기초로 한 진단과 정신분석적 치료를 시도했다. 진단주의 학파는 인간을 기계적·결정론적 관점에서 바라보며, 인간은 무의식의 힘에 의해 좌우되며 유년기의 내면화된 부모의 영향력에서 벗어나지 못한다고 보았다. 초기 아동기에 발견되지 않은 문제와 이해를 기초로 하는 치료와 클라이언트의 생육사를 탐구하는 것을 기반으로 진단이 강조된 정신분석 지향적인 접근에 기초하며 무의식, 전이, 저항 그리고 정신적인 결정론을 포함하는 개념을 기초로 한다.

기본 전제는 성격에 있어서 자아의 힘이 사회복지 원조에 따라 강화될 수 있다는 것으로서 나중에 홀리스(F. Hollis, 1964)의 심리사회모델로 발전한다. 따라서 진단주의는 인간의 내면화에 초점을 두며 심리사회에 기초하고 치료중심적이다. 그 결과 사회환경에 대한 성격의 적응력을 강화하고자 하였다.

이 학파가 인간성을 이해하는 관점을 '질병의 심리학(psychology of illness)'이라고도 한다. 진단주의를 주장한 대표적인 학자로는 홀리스(F. Hollis), 고든 해밀턴(G. Hamilton), 메리 리치몬드(M. Richmond)가 있다.

- 기능주의

진단주의 학파를 비판하면서 1930년대 대공황 이후에 등장했다. 대표적 학자인 오토 랑크(O. Rank)는 '의지(will)'를 강조했는데, 인간은 내부에 건설적인 방향을 향해 나가고자 하는 힘을 가지고 있고, 이 힘은 건전한 성장을 위한 의지를 형성한다고 했다.

기능주의 학파는 프로이트의 인간관, 즉 기계적・결정론적 관점을 반대했다. 과거에 얽매이지 않은 개인의 성장 가능성과 의지에 초점을 두고 인간을 창의적・의지적 존재로, 또한 낙관적인 시선으로 보아야 한다고 주장했다. 즉, 개인은 더 이상 과거의 노예가 아니며, 현재의 경험과 그 주변 여건에 대한 이해가 개인문제를 이해하는 데 중요한 역할을 한다고 보았다.

기능주의 학파는 클라이언트가 성장할 수 있다고 보았으며, 클라이언트의 내부에 힘이 있다고 믿었다. 치료의 책임도 워커에게 있는 것이 아니고 클라이언트 자신에게 있다고 주장하며, 클라이언트가 처한 현재의 문제에 초점을 두었다. 그래서 기능주의 학파를 '성장의 심리학(psychology of growth)'이라고도 한다. 기능주의 학파는 클라이언트가 자신이 원하는 서비스를 제공하는 기관을 자유롭게 방문하여 문제를 해결할 수 있도록 원조하는 것을 사회복지실천이라고 정의하기 때문에 기관의 기능을 강조했다. 따라서 사회복지사의 역할은 클라이언트가 기관을 효과적으로 이용할 수 있도록 돕는 것이었다.

기능주의는 환경에 대한 중요성에 초점을 두어 원조과정이 전개되는 기관의 기능과 긴밀한 원조관계를 형성하게 되었으며, 사회복지관점이 '의료모델'에서 '생활모델'로 전환하는 계기를 가져오는 데 그 역사적 의의가 있다.

진단주의 학파는 민간 중심의 기관에서 가정방문 또는 환경조정 등의 서비스를 제공한 반면에 기능주의 학파는 정부로부터 재정 지원을 받는 조직이나 기관을 중심으로 정부 차원의 빈민 구제 프로그램을 제공했다.

기능주의 학파는 '치료'라는 말을 거부하고, 대신 '원조 과정(helping process)'이라는 표현을 사용했으며, 이후 문제해결 모델, 클라이언트 중심모델 등으로 발전하게 되었다.

〈표 2-3〉 진단주의 학파와 기능주의 학파의 비교

진단주의	기능주의
• 프로이트의 정신분석이론에 영향을 받음 • 인간은 무의식의 힘에 의해 좌우됨 • 과거의 힘 강조 • 기계적이고 결정론적인 인간관 • 치료 중심 • 질병의 심리학 • 홀리스의 심리사회모델로 발전	• 인간의 '의지(will)' 강조 • 과거에 얽매이지 않은 개인의 성장 가능성 • 인간에 대한 낙관적 견해 • 원조 과정, 기관의 기능 중심 • 성장의 심리학 • 문제해결모델(진단주의와 기능주의의 절충) • 클라이언트 중심 모델에 영향을 미침

(5) 전문사회복지실천의 통합기(1950~1970)

과거 전통적인 3대 방법론별 접근으로는 점점 복잡하고 다양해지는 사회변동과 사회문제에 대해 더 이상 효과적으로 대처할 수 없게 되었다. 병원, 학교 등 다양한 공간으로 사회복지사들의 활동이 확대됨에 각각의 실천방법론 간에 공통

요소를 찾아 사회복지실천방법론을 통합하자는 움직임이 나타났다.

초기단계는 전통적인 방법을 상황에 맞게 절충하여 사용하면서 통합하는 방법이었다. 이후 각 실천방법 간 공통기반과 준거틀을 명확하게 하면서 사회복지실천의 공통기반을 완성하고자 하였고, 완성된 공통기반을 기초로 하여 통합적인 사회복지실천이론을 형성하게 되었다. 사회복지실천의 통합에 관한 노력은 1929년 밀포드회의(Millford Conference, 1929)[2)]에서 찾을 수 있으나 1950년대 후반에 시작되어 1960년대에 본격화되었고 1970년대까지 이어졌다.

(6) 새로운 관점의 등장과 통합 확장기(1970~현재)

1970년대는 다양한 이론적 관점들을 수용하면서 이를 사회복지실천에 적용하려고 노력하는 시기였다. 일반체계이론, 생태체계관점 등이 제시되었고 생태체계관점에 입각한 새로운 접근도 이루어졌다. 또한 클라이언트의 관점에 관심을 두고 병리보다는 개인의 강점에 초점을 맞추어 클라이어트의 상황에 맞는 역할 및 개입 전략의 다중성을 중요시하게 되었다.

이 시기는 절대적 진리나 설명적 연구에서 절대적인 것들을 밝히려는 연구의 한계가 드러나 다중적 관점의 필요성이 새롭게 대두된 시기이다. 또한 다양한 이론적 관점들을 수용하면서 이를 사회복지실천에 적용하려고 노력하였다. 이와 함께 클라이언트 관점에서 관심을 가졌고, 병리적 관점보다는 클라이언트의 강점 관점에 초점을 두고 클라이언트의 상황에 맞는 역할 및 다중적인 개입전략을 강조하였다. 그 예로 역량강화모델(임파워먼트 모델), 생태학적 관점, 지역사회복지실천 등을 들 수 있다.

---

2) 밀포드회의(Millford Conference, 1929) : 전문직 분화기 시기인 1920년대부터 1950년대에는 학교, 의료현장 등 다양한 영역에서 사회복지사들이 활동함에 따라 사회복지실천의 공통 지식기반을 연구할 필요성이 요구되었다. 1929년 밀포드회의에서 개별 사회복지실천론을 기본으로 하여 사회복지실천을 전문직으로 하는 사회복지사가 갖추어야 할 기본적인 지식 및 방법론에 대한 공통의 요소 8영역을 발표하였다. 즉, 1929년 밀포드회의는 사회복지실천방법론이 다양화되는 시기에 다양한 영역 간 공통요소를 발표한 회의이다. 이러한 맥락에서 1929년 밀포드회의는 사회복지실천의 통합에 대한 활동이라고 볼 수 있다.

2. 우리나라 사회복지실천의 역사

1) 우리나라 사회복지실천의 발달과정

(1) 근대적 사회복지실천의 발달

우리나라도 고대시대부터 상부상조의 전통과 함께 다양한 사회복지제도들이 존재해 왔다. 따라서 우리나라 사회복지 역사는 꽤 길다고 할 수 있다. 그러나 근대적 의미에서 바라보는 사회복지는 개화기에 시작되어 한국전쟁 이후 본격화되었다.

① 외원단체 중심의 근대적 사회복지실천

외원단체 중심의 근대적 사회복지실천이 우리나라에 본격적으로 도입된 것은 1950년 한국전쟁 직후 많은 민간원조단체의 활동이었다. 한국전쟁으로 인한 전쟁고아와 난민구호 등 사회적 문제를 해결하기 위해 외원단체들이 들어왔다. 외원단체는 종교적 선교활동 및 구호활동이 목적이었기 때문에 전문적인 사회복지실천 활동으로 보기 어려울 수도 있지만 우리나라에서 사회복지실천의 개념과 실천방법이 도입되는 계기를 마련했다.

② 외원단체협의회의 탄생과 활동

많은 수의 외원기관들이 난립되면서 서비스가 중복되거나 누락되는 등 비체계적이고 비효율적인 운영이 이루어지자 서비스 제공자 간 협력과 조정 기능을 강화하기 위해 1952년 3월 7개의 외원단체가 임시수도였던 부산에서 한국외원단체협의회(KAVA : Korea Association of Voluntary Agencies)를 결성했다. 한국외원단체협의회(KAVA)는 원조기관들의 연합체로서, 정보교환과 사업의 평가, 사업의 연락과 조정, 합동 조사 연구를 진행했다. KAVA의 회원 단체들, 즉 개별 회원단체들은 한국전쟁 직후에는 주로 긴급구호에 치중했고, 1956년 이후에는 장기적인 사업을 펼쳤다. 병원, 고아원 같은 기관 및 시설을 세워 직접 운영하거나 시설 운영을 간접 지원하면서 중장기적인 사업을 확대해 나갔다.

③ 외원단체가 한국 사회복지실천에 미친 영향

- 한국의 사회복지를 종교와 밀접한 관련하에 전개시켰다.
- 한국에서 전문 사회복지를 시작하도록 촉발했다.
- 시설 중심의 사회복지실천을 발전시킨 계기를 만들었다.
- 거시적 사회정책보다는 미시적 사회복지실천 위주로 발전하게끔 했다.
- 미국의 전문 사회복지실천 방법을 전파하는 데 기여했다.
- 한국인이 사회복지는 구호사업 또는 자선사업과 같은 것이라고 인식하는 데 영향을 미쳤다.
- 외원단체가 철수하자 외원에 크게 의존하던 한국의 민간 사회복지실천 부분이 정부에 의존하게 만드는 데 역할을 했다.

(2) 영역별 사회복지의 발달

① 사회복지 교육 영역

- 사회복지 교육의 시작

  1947년 이화여자대학교 사회사업학과가 신설되어 대학에서 사회복지 교육을 시작했다. 1953년에는 현재의 강남대학교인 중앙신학교에서 사회사업학과가 신설되었고, 1958년 서울대학교 대학원에 사회복지 전공과목이 개설되었다. 이 시기에는 미국식 전문교육 모형을 받아들여 임상 사회복지실천 중심의 사회복지실천 교육을 가르쳤다.

- 주요 내용

  - 1947년 이화여자대학교 기독교사회사업과 설립(최초의 사회복지 대학교육)
  - 1965년 한국사회사업교육연합회(현, 한국사회복지교육협의회) 창설

② 의료사회복지 영역

- 의료사회복지의 시작

  의료사업사업가가 병원에서 맨 처음 일한 곳은 1958년 한노병원이다. 그

뒤 1959년 국립중앙의료원, 원주기독병원 등에서 의료사회사업가(=의료사회복지사)를 채용하여 의료사회복지사업이 시작되었다. 1973년에는 의료법 전면 개정에 따른 의료법 시행규칙이 시행됨에 따라 종합병원 단위의 의료기관에서 사회복지사를 의무적으로 고용하게 되었다. 즉, 종합병원 단위의 의료기관에서 사회복지사를 고용해야 하는 법적 근거가 마련된 것이다.

- 주요 내용
  - 1958년 한노병원에서 최초로 의료사회복지사 채용
  - 1973년 의료법 개정에 따라 종합병원의 사회복지사 고용 의무화
  - 1973년 대한의료사회사업가협회 발족(2000년 대한의료사회복지사협회로 명칭 변경)

③ 지역사회복지 영역

- 지역사회복지의 발전

우리나라 최초의 사회복지관은 1921년 서울 종로구에 초대관장 마의수(Mamie D. Myers)에 의해 '태화여자관(현재 태화기독교사회복지관)'으로 개관, 주로 여성과 아동을 위한 사업을 펼쳤다. 태화여자관을 시작으로 지역사회복지사업이 전개되었는데 지역사회복지는 영국 및 미국의 인보관 운동과 같은 사회계몽과 사회개혁을 내세웠다.

1983년부터 시·도 단위로 종합사회복지관이 설립되기 시작했으며, 1989년 사회복지관의 설치규정이 만들어져 사회복지관 운영·건립에 관한 국고보조사업지침이 마련되었다. 이로 인해 저소득층을 위한 영구임대아파트 단지에 사회복지관 설립이 의무화되면서 전국적으로 사회복지관 사업이 확대되었다.

2003년 개정된 사회복지사업법에 따라 2005년에는 지역사회복지협의체 구성이 시행되어 지역 단위의 복지계획을 수립하게 되었다.

- 주요 내용
  - 1921년 태화여자관 설립(우리나라 최초의 사회복지관)

- 1983년 사회복지사업법 개정, 사회복지관 설립 및 운영을 지원하는 근거 마련
- 1985년부터 시도 단위로 종합사회복지관 설립
- 1989년 사회복지관 설치·운영규정 제정
- 1991년 영구임대아파트 내 사회복지관 건립 의무화(주택건설기준 등에 관한 규칙)
- 2005년 지역사회복지협의체 시행

④ 공공 영역

- 사회복지전문요원

사회복지관이 지역사회 내에 확산되면서 1987년부터 서울시 관악구의 시범사업으로 사회복지전문요원(현재의 명칭은 사회복지전담공무원)이 공공 영역에 배치되었다. 사회복지전문요원은 주로 저소득층 밀집 지역을 중심으로 동사무소에 배치되어 활동했으며, 국민기초생활보장법에 의거해 수급 대상자를 선정하거나 아동·노인·장애인복지를 담당했다. 1999년 10월에는 별정직(2,837명)에서 일반직(사회복지직)으로 전환되었으며 명칭도 사회복지전담공무원으로 변경되었다.

- 사회복지전담공무원

1999년 10월 행정자치부에서 사회복지전문요원의 일반직 전환 및 신규 채용지침을 승인함으로써 별정직 사회복지전담요원이 일반직(사회복지직) 사회복지전담공무원으로 전환되었고 2000년 1월 전직이 시행되었다. 사회복지전담공무원은 공적부조 전달체계의 핵심 역할을 하고 있다. 2004년 7월부터 전국 9개 시·군·구에서 사회복지사무소를 시범적으로 운영했다.

- 주요 내용
  - 1987년 사회복지전문요원 공공 영역에 배치(별정직)
  - 1999년 사회복지전담공무원으로 전환(일반직)
  - 2004년 사회복지사무소 시범사업 실시

⑤ 정신보건 영역

- 정신보건법 제정

정신보건법은 1995년에 제정되어 1996년에 시행되었다. 정신보건사회복지사의 실천 현장이 정신과 병원에서 정신보건센터, 사회복귀시설 등 지역사회로 확대되었다. 한국정신보건사회사업학회가 보건복지부의 위탁을 받아 '정신보건사회복지사'를 배출하고 있다.

- 정신보건사회복지사

1997년에 정신보건전문요원에 대한 자격이 법으로 규정되었다. 정신보건법에는 정신보건전문요원을 정신보건임상심리사, 정신보건간호사, 정신보건사회복지사로 규정하고 있다. 정신보건사회복지사는 1급과 2급이 있는데 1998년부터 2급 자격시험이 시작되었고 2002년에는 1급 승급시험이 시작되었다.

- 주요 내용

  - 1995년 정신보건법 제정, 1996년 시행
  - 1997년 정신보건전문요원 자격 제정
  - 1998년 정신보건사회복지사 2급 시험 시행
  - 2002년 정신보건사회복지사 1급 승급시험 시행

⑥ 학교 영역

- 학교사회복지

학교사회사업 시범사업은 교육부 주관으로 1997년에 시작되어 1999년까지 이루어졌다. 1997년에는 한국학교사회복지학회가 만들어졌고, 2000년에는 한국학교사회사업실천가협회가 창립되었다. 2005년에 제1회 학교사회복지사 자격시험이 한국사회복지사협회, 한국학교사회복지학회와 한국학교사회복지사협회 등의 공동 주관으로 실시되었다.

이후 2018년 11월 23일 정신건강, 의료, 학교와 같이 특정 영역 사회복지사의 자격을 인정하기 위해 발의한 사회복지사업법 일부개정법률안이

국회 본회의를 통과하면서 학교사회복지사 국가자격이 인정되었다(유예기간 2년).

이를 통해 사회복지사업법에 근거한 정신건강사회복지사, 의료사회복지사, 학교사회복지사에 대한 국가 자격을 부여할 수 있도록 함으로써 특정 영역별로 전문성을 인정하는 자격제도가 마련되었다.

- 주요 내용
  - 1997년 교육부에서 '학교사회사업 시범연구사업' 실시
  - 1997년 한국학교사회복지학회 창설
  - 2000년 한국학교사회사업실천가협회 창립
  - 2005년 1회 학교사회복지사 자격시험 실시
  - 2018년 학교사회복지사 국가자격 인정

⑦ 가족복지 영역

건강가정지원센터가 가족복지정책의 주요 전달체계로서 다양한 가족지원 정책을 제안하고 실행하기 위해 설립되었다. 2004년에 제정되어 2005년부터 시행된 건강가정기본법에 근거하여 운영되고 있는데 주무부처는 여성가족부 또는 보건복지부 등 정부 시책에 따라 변동되고 있다. 2010년부터 건강가정지원센터의 주관부처는 여성가족부이다.

(3) 사회복지 인력 자격제도

① 사회복지사

- 사회복지 전문 인력

  1970년에 제정된 사회복지사업법에 '사회복지사업 종사자'라는 명칭이 최초로 명시되었다. 이후 1983년 사회복지사업법이 개정되면서 '사회복지사'로 명칭이 변경되었다. 1996년에 임상사회복지사 자격제도가 실시되었고, 이후 전문사회복지사제도로 명칭을 변경했지만 실효성이 없어서 폐지되었다. 현재 사회복지사업법에는 사회복지사 자격을 1급, 2급으로 규정하고 있다.

- 사회복지사 국가자격

1997년 사회복지사업법이 개정되면서 사회복지사가 국가자격으로 제도화되었다. 사회복지사 1급 자격은 2급 자격 취득 후 국가자격시험에 합격해야 부여된다. 사회복지사 1급 국가시험은 한국사회복지사협회에서 관장한다. 제1회 사회복지사 1급 시험은 2003년에 실시되었다.

- 전문가 협회

- 1965년 개별사회사업가협회 창립총회
- 1967년 한국사회사업가협회로 개칭 및 창립총회
- 1985년 한국사회복지사협회로 개칭
- 2000년 법 개정으로 사회복지의 날을 9월 7일로 제정

03 CHAPTER 사회복지실천현장의 이해

개 요

사회복지실천현장이란 사회복지사들이 사회복지서비스를 직접 또는 간접적으로 제공하는 분야나 장소를 의미한다. 사회복지실천현장은 매우 광범위하고 다양하기 때문에 이러한 현장에서 이루어지는 사회복지사의 역할 또한 다양하다. 사회복지실천현장은 실천과정에서 중요한 영향을 미치기 때문에 사회복지사로서 활동하기 위해서는 실천현장에 대한 이해가 선행되어야 한다. 이 장에서는 사회복지실천현장의 개념을 이해하고 실전현장의 분야별 구분, 사회복지사의 역할에 대한 분류, 기능에 따른 역할을 분류하여 살펴보고자 한다.

학습목표

- 사회복지실천현장의 개념을 이해하고, 실천현장의 개념을 설명할 수 있다.
- 사회복지실천현장을 분류하고, 분야별 사회복지실천현장에 대해 설명할 수 있다.
- 사회복지사의 역할을 분류하고, 사회복지사의 기능에 따른 역할을 설명할 수 있다.

1. 사회복지실천현장

1) 사회복지실천현장의 개념

사회복지실천현장(field of practice)은 '사회복지실천이 이루어지는 곳' 또는 '클라이언트의 문제해결을 위해 사회복지사가 활동하는 장소'이다. 법적 용어로는 사회복지사업법에 의거하여 '사회복지서비스를 제공하는 기관 및 시설'을 의미한다. 특정 대상이나 사회문제에 초점을 두고 서비스를 제공하는 사회복지기관이 증가함에 따라 사회복지실천현장은 점차 세분화되고 있다. 사회복지실천현장은 넓은 의미로도 사용하고 좁은 의미로도 사용하는데 구체적인 의미와 실천 현장의 예는 다음과 같다.

(1) 좁은 의미의 사회복지실천현장

좁은 의미의 사회복지실천현장은 직접적으로 또는 간접적으로 사회복지서비스를 제공하는 장소를 가리킨다. 따라서 사회복지실천이 이루어지는 구체적인 장소 혹은 사회복지서비스를 직접 또는 간접적으로 클라이언트에게 제공하는 사회복지기관이 해당된다.

(2) 넓은 의미의 사회복지실천현장

넓은 의미의 사회복지실천현장은 사회복지실천이 이루어지는 분야, 서비스의 초점이 되는 '욕구(needs)', '문제(problem)', '대상집단(client)' 등을 모두 포괄하는 개념이다. 따라서 넓은 의미의 사회복지실천현장이란 단순히 사회복지서비스를 제공하는 물리적 공간이나 장소를 넘어 사회복지실천이 이루어지고 있는 실천 분야, 개입의 대상이 되는 욕구, 문제, 클라이언트 등이 포함된다.

2) 사회복지실천현장의 분류

사회복지실천현장을 분류하는 기준은 다양한데 일반적으로 사회복지기관의 목적, 기관을 설립한 주체 및 재원 조달 방식, 서비스의 제공 방식, 서비스의 내용에 따라 구분한다.

〈표 3-1〉 사회복지실천현장의 분류와 예

기관의 운영 목적	기관 설립 주체나 자금 조달 방식	서비스의 직/간접 제공 여부	주거서비스 제공 여부	이윤추구 여부
• 1차 현장 • 2차 현장	• 공공기관 • 민간기관	• 서비스기관 • 행정기관	• 생활시설 • 이용시설	• 영리기관 • 비영리기관

(1) 기관 운영의 목적

먼저, 운영의 주된 목적이 무엇이냐에 따라 기관을 구분해 보면 1차 현장과 2차 현장으로 나눌 수 있다.

① 1차 현장

사회복지서비스를 제공하는 것이 기관의 주 기능이며, 사회복지사가 중심이 되어 활동하는 실천현장이다.

예를 들면, 지역사회의 종합사회복지관, 노인복지관, 장애인복지관, 자활지원센터, 지역아동센터 등이 해당된다.

② 2차 현장

사회복지전문기관은 아니지만 사회복지서비스가 기관 운영과 서비스의 효과성에 긍정적인 영향을 미치기 때문에 사회복지사가 부분적으로 개입하는 실천현장이다. 즉, 기관의 일차적인 기능은 따로 있으며, 필요에 의해 사회복지서비스를 제공하는 기관은 2차 현장이다.

예를 들어, 학교가 있다. 학교의 주 기능은 교육 서비스를 제공하는 것이다. 그러나 학교 부적응 같은 문제를 해결함으로써 학교 교육이 효과적으로 이루어지도록 지원하기 위해 학교사회복지실천이 이루어지므로 학교는 2차 현장에 해당된다. 마찬가지로 병원, 주민센터, 정신보건센터, 정신건강증진센터, 보육시설, 보호관찰소 등도 2차 현장에 해당된다.

(2) 기관 설립 주체 및 자금 조달 방식

① 공공기관

공공기관은 정부의 지원에 의해 운영되고, 사회복지사의 업무는 정부 규정이나 지침에 의해 지도 감독을 받는 곳이다. 서비스를 계획하고 관리, 지원하는 행정체계와 아동보호, 소득보장 등과 관련된 프로그램을 직접 제공하는 집행체계로 나뉜다.

예를 들면, 보건복지부, 시・도 사회복지과, 시・군・구 사회복지과, 읍・면・동 사회복지담당이 해당된다.

② 민간기관

민간기관은 사회복지 관련 사업을 목적으로 하는 기관으로서 재단법인, 사단법인, 종교단체 등이 운영하는 비영리기관을 가리킨다. 주로 이사회에서 운영을 책임진다. 주된 자금은 기부금이나 후원금, 재단 전입금, 기타 서비스 이용료 등이다.

(3) 사회복지실천현장의 분류 : 서비스 제공 방식

① 행정기관

행정기관은 사회복지서비스가 클라이언트에게 효과적으로 전달되도록 다양한 사회복지기관 및 단체, 인력들을 지원해 주는 것을 목적으로 하는 기관이다. 사회복지서비스 전달체계를 효율적으로 운영하기 위해 행정업무를 수행하고 기관 간 연계 및 협의 업무를 담당한다.

- 공공 행정기관은 국가와 지방자치단체가 주체이다.

  예 중앙정부의 사회복지 행정기관 보건복지부, 고용노동부, 교육부, 문화체육관광부

- 민간 행정조직은 특정 사회문제와 특정 대상층의 욕구를 기반으로 이를 법과 정책에 반영하고 해결방안을 모색하는 기능을 수행한다.

  예 한국사회복지협의회, 한국사회복지사협회, 사회복지기관협의회, 노인

복지시설협회, 장애인복지시설협회, 지역사회보장협의회, 사회복지 공동모금회

② 서비스 기관

서비스 기관은 클라이언트에게 서비스를 직접 제공하는 것을 목적으로 하는 기관이다. 주요 서비스 대상이나 문제 영역에 따라서 서비스 기관을 분류한다.

(4) 주거서비스 제공 여부

① 생활시설

주거서비스를 포함한 사회복지서비스를 제공하는 시설을 말한다.

예 장애인생활시설, 보육원, 청소년쉼터, 치매요양센터, 공동생활가정, 노인요양시설, 아동보호치료시설

② 이용시설

주거서비스를 제공하지 않는 시설이다. 클라이언트는 자신의 집에 거주하면서 사회복지서비스를 제공하는 기관을 방문하여 필요한 사회복지서비스를 제공받는다.

예 재가복지센터, 정신보건센터, 지역아동센터, 지역사회종합복지관, 장애인복지관, 청소년상담센터, 치매노인 주간보호센터, 쪽방상담소, 아동보호전문기관, 영유아보육시설, 지역아동센터, 가정위탁지원센터

3) 분야별 사회복지실천현장

분야별 사회복지실천현장은 매우 다양하다. 주요 현장을 정리하면 다음과 같다.

(1) 아동 및 청소년 분야

① 지역아동센터 : 지역사회 아동의 보호, 교육, 건전한 놀이와 오락 제공, 보호자와 지역사회의 연계 등 아동의 건전 육성을 위하여 종합적인 아동복지서

비스를 제공하는 시설(이용시설)

② **아동양육시설** : 보호를 필요로 하는 아동을 입소시켜 보호, 양육하는 시설, 보호대상아동을 입소시켜 보호, 양육 및 취업훈련, 자립 지원 서비스 등을 제공하는 것을 목적으로 하는 시설(생활시설)

③ **아동보호전문기관** : 아동학대예방사업과 더불어 신체적·정서적·성적으로 학대받거나 방임된 아동을 보호하는 기관, 아동학대사례위원회 운영(이용시설)

④ **공동생활가정** : 보호를 필요로 하는 아동에게 가정과 같은 주거 여건과 보호를 제공하는 것을 목적으로 하는 시설(생활시설)

⑤ **가정위탁지원센터** : 가정위탁제도와 관련한 정책 수립 및 교육, 가정위탁 인식 증진을 위한 홍보사업을 전개하는 시설(이용시설)

(2) 가정 및 지역사회

① **모자보호시설** : 18세 미만의 자녀를 가진, 생활이 어려운 무주택 저소득 모자가정에 대하여 모자보호시설에 3~5년 동안 기본적인 생활보호와 자립기반 조성을 지원하는 시설(생활시설)

② **건강가정지원센터** : 2005년부터 시행된 건강가정기본법에 따라 가족정책의 전달체계로서 정부의 가족정책 추진 방향에 부응하는 가정문제 예방, 상담 및 치료, 건강가정 유지를 위한 프로그램 개발, 가족문화운동 전개, 가정 관련 정보 및 자료 제공을 위한 시·도 및 시·군·구에 건강가정지원센터의 설치 및 운영을 의무화함. 소관부처는 여성가족부(이용시설)

(3) 의료 및 정신보건

① **정신건강증진센터** : 정신질환자의 발견·상담·진료·사회복귀훈련 및 이에 관한 사례관리 등을 실시하는 시설(이용시설)

(4) 노인 및 장애인

① **노인보호전문기관** : 노인학대 관련 업무를 수행하기 위해 지방자치단체가 설치한 시설(이용시설)

(5) 사회복지 행정

① **한국사회복지협의회** : 대표적인 민간기관, 민간 사회복지 증진을 위한 단체 간 협의·조정, 사회복지에 관련한 조사연구 및 정책 건의, 사회복지기관 종사자의 교육·훈련, 자원봉사활동의 진흥, 정보화 사업 시행
② **사회복지공동모금회** : 사회복지사업 및 기타 사회복지 활동을 시행하기 위하여 국민의 자발적인 성금으로 모금된 재원을 효율성로 관리 및 운영함으로써 사회복지를 증진하는 데 이바지하기 위하여 설립된 기관(민간 행정기관)

2. 사회복지사의 역할

1) 사회복지사의 역할 분류

사회복지사는 개인, 가족, 집단, 지역사회의 문제가 해결되도록 돕는 과정에서 다양한 역할을 수행한다. 하나의 문제를 해결하기 위해 한 가지 역할만 수행하는 것이 아니라 다양한 역할을 동시에 수행하기도 한다.

(1) 조력자(조성자)

조력자 혹은 조성자(enabler)라는 역할은 클라이언트가 자기 스스로 문제를 해결할 수 있는 능력을 기르고 필요한 자원을 찾아낼 수 있도록 돕는 것이다. 개인이나 집단이 그들의 욕구와 문제를 명확히 하고 해결 전략을 탐색하며 좀 더 효과적으로 문제에 대처하도록 그들의 능력을 개발시킨다. 주로 개인, 집단, 가족을 상담

할 때의 사회복지사의 역할이다. 조력자로서 필요한 기술은 희망을 전하고, 저항이나 양가감정을 줄여주며, 감정을 인식하고 관리하며, 개인의 강점이나 사회적 자원을 발굴하고 지지해 주는 것, 전문적 관계 형성에 필요한 능력 등이다.

예 자아존중감이 낮은 청소년과 상담을 한다. 부부 갈등을 겪는 부부를 위해 부부간 의사소통 패턴을 분석하여 관계를 개선할 수 있도록 통찰력을 길러주는 상담을 한다.

(2) 중개자

중개자(broker)라는 역할은 도움이 필요한 개인이나 집단을 지역사회서비스와 연결해 주는 것이다. 중개자는 자원을 파악하고 서비스가 적절하게 제공되는가를 점검해야 하므로 자원에 대한 정보를 알고 자원과 클라이언트를 연결하는 데 필요한 지식과 구체적인 기술을 수행한다.

예 가정폭력 피해자와 그 가족 구성원에게 쉼터를 연결해 준다. 혼자 사는 어르신에게 말벗이 되어줄 자원봉사자를 연결해 준다. 학교폭력 가해학생에게 분노조절 프로그램을 소개해 준다. 거동이 불편한 노인에게 밑반찬 서비스를 연계한다.

(3) 옹호자

옹호자(advocator)라는 역할은 클라이언트를 대신하여 클라이언트의 이익을 대변해 주는 것이다. 필요한 자원이나 서비스를 찾거나 지위 확보에 어려움을 겪는 클라이언트를 위해 클라이언트 개인이나 가족의 권리를 옹호하고 정책 변화를 모색하기 위해 활동한다. 클라이언트의 욕구에 서비스 기관이 반응하지 않거나 서비스 제공을 거절하는 경우, 클라이언트가 서비스를 받고 권리를 획득할 수 있도록 기관 내 프로그램이나 정책을 변화시키기 위해 활동하는 것이다.

예 신도시 건설에 따라 철거를 당하게 된 세입자들의 권리 확보를 위해 활동한다. 미등록 이주노동자의 자녀가 교육받을 수 있도록 관계법 개정을 제안한다.

(4) 교사(교육자)

교사 혹은 교육자(teacher)라는 역할은 클라이언트의 사회적 기능이나 문제해결능력이 향상될 수 있도록 교육적인 프로그램이나 정보를 제공하고, 적응 기술을 익히도록 클라이언트를 가르치는 것이다. 이 역할을 위해 사회복지사는 전문지식과 정보를 알고 있어야 하며 그것들을 명확히 전달하고 이해시키기 위한 능력과 기술이 있어야 한다.

> **예** 새터민을 위해 지역사회복지관에서 생활적응훈련 프로그램을 실시하거나 청소년기 자녀를 둔 부모를 대상으로 의사소통기술을 가르쳐 준다.

(5) 중재자

중재자(mediator)라는 역할은 개인 및 기관이나 조직의 차원에서, 기관 간 혹은 기관 내 의사소통의 갈등이나 의견 차이를 조정하는 것이다. 양자 간의 의견 차이를 소성하고, 분생에 개입하여 협상과 타협을 이루어 합의할 수 있도록 돕는다. 이때 중재자는 어느 한쪽을 지지하지 않고 중립을 유지하는 것이 중요하다.

> **예** 돌봄 서비스를 받고 있는 노인과 직원 간 갈등을 해결하기 위해서 중립자 입장에서 조정한다.

(6) 훈련가

훈련가(trainer)라는 역할은 기관이나 조직의 차원에서 직원들의 전문가적인 능력을 계발시키기 위해서 직원 세미나 혹은 워크숍, 슈퍼비전 등에 참여하여 직원 교육이나 훈련을 실시하는 것이다.

> **예** 자원봉사자의 역량강화를 위해 세미나를 실시한다.

(7) 협상가

협상가(negotiator)라는 역할은 다툼이 있거나 갈등관계에 놓인 사람들이 상호

화해하고 합의하고 타협할 수 있도록 협상을 돕는 것이다. 중립적인 입장을 취하는 중재자와 달리 협상가는 어느 한쪽의 입장에 서서 개입한다.

> 예 돌봄 서비스를 받고 있는 노인과 직원 간 갈등을 해결하기 위해서 노인의 입장에서 해결하려고 한다.

(8) 조정자

조정자(coordinator)라는 역할은 다양한 기관에서 산발적으로 주어지는 서비스를 조직적인 형태로 정리하는 것이다. 여러 기관에서 서비스가 제공될 때는 중복을 피하기 위하여 서비스를 조정하는 역할이 필요하다. 주로 사례관리자의 역할로, 이를 통해 서비스의 중복과 상충되는 정보 제공을 막을 수 있다.

(9) 촉진자

촉진자(facilitator)라는 역할은 클라이언트가 변화하려는 노력을 하도록 격려하는 것이다. 사회복지사는 집단이 기능하도록 격려하고, 집단 내의 지지를 자극하며, 집단 상호작용을 관찰하고, 체계적인 피드백을 제공하며, 집단역동에 관한 정보를 공유한다. 촉진자로서의 사회복지사는 다양한 치료집단, 교육 등을 운영하게 되는데 집단 활동이 원활하게 이루어질 수 있도록 촉진하는 역할을 한다. 아울러 기관이나 조직의 차원에서 조직의 기능이나 상호작용, 직원 간의 협조나 지시, 정보교환을 촉진시키며, 조직 간의 연결망을 강화시키는 역할을 한다.

2) 기능에 따른 사회복지사의 역할 분류

사회복지사가 담당하는 기능에 따라서 사회복지사의 역할을 다음과 같이 분류한다.

(1) 직접 서비스 제공 기능

클라이언트와 직접 대면하여 개인 상담 혹은 부부 및 가족치료를 하거나 지지집단, 치료집단 등을 운영한다. 또한 교육자·정보 제공자로서 개인, 부부, 가족이나 일반인을 대상으로 교육을 실시하고 정보를 제공한다. 이에 해당하는 역할은 상담가, 가족치료사, 집단지도자이다.

(2) 체계 연결 기능

클라이언트를 다른 체계와 연결하는 역할을 한다. 클라이언트는 종종 기존의 사회기관이 제공하지 못하는 자원을 필요로 하고, 유용한 자원에 대한 정보가 부족하거나 그것을 이용할 능력이 부족할 때가 있다. 그래서 사회복지사는 사람들을 다른 자원과 연결시켜 주는 것이다. 이에 해당하는 역할은 중개자, 사례관리자, 중재자, 조정자, 옹호자 등이다.

(3) 체계 유지 기능

기관에서 팀의 일원으로 체계를 유지하는 기능을 한다.

(4) 체계 강화 기능

사회서비스기관의 직원으로서 사회복지사는 서비스를 전달할 때 효율성을 떨어뜨리는 기관 내의 구조, 정책, 기능적 관계를 평가하는 일을 한다. 이에 해당하는 역할은 조직분석가, 조직 내 촉진자, 자문가, 슈퍼바이저 등이다.

04 CHAPTER 사회복지실천의 가치와 윤리

개 요

사회복지실천에서 가치는 지식, 기술과 함께 사회복지실천의 3대 핵심 요소라 할 수 있다. 가치가 사회복지사의 믿음이나 신념이라고 한다면, 윤리는 행동의 옳고 그름을 판단하는 기준이라 할 수 있다. 사회복지사는 사회복지실천과정에서 클라이언트를 위해 활동할 때 사회복지사의 개인적, 사회적, 전문적 가치관과 클라이언트의 가치관도 모두 고려하여 다룰 필요가 있다. 이 장은 사회복지실천의 가치와 윤리에 대한 개념 및 특성, 사회복지실천현장에서 일어나는 갖가지 윤리적 갈등과 그 원인, 전문직 윤리강령의 기능 및 한국 사회복지사 윤리강령의 구조와 내용에 대해 살펴보고자 한다.

학습목표

- 사회복지실천의 가치와 윤리를 이해하고 설명할 수 있다.
- 사회복지실천현장에서 발생할 수 있는 윤리적 갈등상황을 이해하고, 상황에 따른 사회복지실천현장을 분류하며, 분야별 사회복지실천현장에 대해 설명할 수 있다.
- 사회복지실천현장에서 사회복지사들이 갖추어야 할 기본적인 가치와 윤리를 설명할 수 있다.
- 사회복지윤리강령의 개념과 기능을 이해하고, 우리나라 사회복지사 윤리강령의 주요 내용과 특징을 설명할 수 있다.

1. 사회복지실천의 가치와 윤리

1) 사회복지실천의 가치

(1) 가치의 개념

가치(value)는 믿음 또는 신념과 같은 개념으로 다수의 사회구성원이 좋거나 바람직하다고 여기는 것 또는 개인의 선호도를 나타내는 행동선택의 지침이다. 사회복지 윤리와 철학에서는 일반적으로 가치를 '인간의 삶과 관련된 특정 수단, 목적, 조건들에 대한 보편적 선호'라고 정의한다.

(2) 가치의 특성

가치란 문화, 집단 혹은 개인이 바람직한 것으로 여기는 관습, 행동 기준, 원칙이다. 가치에는 '좋다(good)'는 의미와 '중요하고 소중하다(valuable)'는 의미가 포함된다. 가치는 '무엇이 좋은가'에 관련될 뿐 '무엇이 옳은가'에는 관련되지 않는다. 가치는 선하고 바람직한 것인데, 왜 그것이 선하고 바람직한 것인지는 경험적으로 증명될 수 없다.

(3) 사회복지의 핵심 가치

사회복지의 핵심 가치는 인간의 존엄성, 자기결정권, 자율성, 평등, 사회정의, 기회의 균등성, 사회적 책임성 등 다양하다. 사회복지의 핵심 가치는 사회복지사의 일상적 활동에 반영되어 전문직의 실천 방향을 제시한다.

(4) 레비(Levy)의 사회복지전문직의 가치

전문직 가치란 어떠한 직업이 사회의 전문직으로 인정되는 과정에서 그 전문직의 독특한 실천 활동과 관련하여 요구되는 가치로, 해당 전문직 활동의 평가와 책임 소재의 근거가 된다. 레비(Levy)는 사회복지전문직의 가치를 3개 범주로 나누어 설명했다.

① **사람 우선 가치**(인간에 대한 바람직한 생각)

사람 우선 가치는 전문직 수행의 대상인 사람 자체에 대해 전문직이 갖추어야 할 가치이다. 즉, 클라이언트를 하나의 개별화된 인간으로 보고 능력을 인정해 주며 그에 따라 권한을 인정해 주는 가치이다.

> **예** 인간의 타고난 가치와 존엄성에 대한 믿음, 건설적인 변화 의지와 능력에 대한 믿음, 상호적 책임, 소속의 욕구, 개별성에 대한 인정, 일반적인 인간적 욕구

② **결과 우선 가치**(인간을 위한 바람직한 결과)

결과 우선 가치는 인간에게 바람직한 결과가 무엇인지를 알려주는 가치이다. 서비스 제공 이후 바람직한 성취를 이루기 위해 필요한 가치이다.

> **예** 인간의 기본 욕구 충족, 부적절한 교육과 주택문제 등 사회적 문제 제거, 평등한 기회 부여와 차별 금지

③ **수단 우선 가치**(인간을 다루는 바람직한 도구)

수단 우선 가치는 서비스를 수행하는 방법과 수단, 도구에 대한 가치이다. 인간을 존중하고 존엄성을 인정하여 다루어야 한다는 가치로 사회복지사가 클라이언트를 대하는 태도나 방법에 관련된다.

> **예** 자기결정권 존중, 비심판적인 태도 유지

〈표 4-1〉 레비(Levy)의 사회복지전문직의 가치

분 류	내 용	가치의 예
사람 우선 가치 (인간에 대한 바람직한 생각)	전문직 수행의 대상인 사람 자체에 대해 전문직이 갖추어야 할 가치	장애아동 양육을 위한 부모상담, 클라이언트가 필요로 하는 정보 제공, 가족치료, 기술교육 제공, 상담
결과 우선 가치	인간에게 바람직한 결과가 무엇인지를 알려주는 가치	인간의 기본 욕구 충족, 부적절한 교육과 주택문제 등 사회적 문제 제거, 평등한 기회 부여와 차별 금지
수단 우선 가치 (인간을 다루는 바람직한 도구)	서비스를 수행하는 방법과 수단, 도구에 대한 가치	자기결정권 존중, 비심판적 태도 유지

2) 사회복지실천의 윤리

(1) 윤리의 개념과 특성

윤리는 어떤 행동의 유형이 적절하고 부적절한지를 규정짓는 규칙이다. 따라서 윤리는 어떤 행동이 옳은지 그른지를 판단하는 기준이 된다. 윤리는 '행동화된 가치'라고도 한다. 즉, 가치가 행동으로 표현되었을 때 그 행동의 옳고 그름을 판단하는 기준이 된다.

(2) 가치와 윤리의 관계

가치가 '무엇이 좋고 바람직한가'에 관한 것이라면 윤리는 '무엇이 맞고 옳은가'에 관한 것이다. 윤리는 가치에서 나오기 때문에 가치와 조화를 이루어야 한다. 사회복지실천 윤리에서 가치 문제가 중요한 이유는 사회복지의 가치에서 사회복지실천 원칙이 나오기 때문이다. 윤리를 생각할 때 가치를 배제할 수 없다.

〈표 4-2〉 가치와 윤리의 특성 및 관계

가치	윤리
• 믿음, 신념, 선호 • 어떤 것이 바람직한가? • 바람직하지 않은가?	• 행동에 대한 판단 • 어떤 것이 옳은가? 그른가?

(3) 사회복지실천 윤리의 개념

사회복지실천 윤리는 사회복지사들이 복잡한 실천 분야에서 직면할 수 있는 다양한 윤리적 쟁점에 대하여 올바른 판단을 내릴 수 있도록 도와주는 준거틀이다. 즉, 사회복지 실무자에게 무엇이 윤리적으로 올바른 실천 방법인지 인식할 수 있게 도와주며 전문적인 사회복지실천 상황에서 초래되는 윤리적 측면과 관련된 올바른 실천 행위를 결정하고 행동에 옮길 수 있도록 도와주는 지침이다.

(4) 사회복지실천 윤리의 기능 및 필요성

사회복지실천 윤리는 전문직을 보호하는 기능을 한다. 사회복지사가 올바른 행동을 했는지 스스로 판단을 내림으로써 자기 규제를 하도록 하는데, 이를 통해 사회복지 전문직의 전문성을 확보하고 외부로부터 전문직을 보호한다. 사회복지 실천 윤리는 취약 계층의 권리를 보호하기 위해서도 필요하다. 사회복지사의 자기규제는 전문직을 보호하기도 하고, 실천 과정에서 윤리적 실천을 가능하게 함으로써 클라이언트도 보호한다.

실천윤리는 전문가의 가치관, 클라이언트의 가치관, 사회의 가치관 사이에 존재하는 공통점과 차이점을 확인하고 서로 다른 가치관 사이의 관계를 정립하기 위해서도 필요하다.

(5) 윤리적 결정의 철학적 근거 : 윤리이론

① 윤리적 절대주의

윤리적 절대주의는 도덕적 가치판단의 보편 원리, 즉 어떤 행위의 옳고 그름을 말해주는 보편적 · 절대적 · 객관적 법칙이 존재한다고 보는 관점이다. 이는 이미 정해진 고정불변의 도덕률을 강조하는 것으로 선과 악이나 옳고 그름을 그 행위의 결과와는 별개로 판단한다.

② 윤리적 상대주의

윤리적 상대주의는 어떠한 행위가 도덕적으로 옳고 그른지에 대한 판단은 사회에 따라 다양하다고 보는 철학적 관점이다. 모든 시대, 모든 사람에게 적용될 수 있는 절대적이고 보편적인 도덕률은 결코 존재할 수 없으며 따라서 어떤 개인이 특정한 방식으로 행동하는 것이 올바른 것인가 아닌가에 대한 판단은 그 사람이 속해있는 사회에 따라 전적으로 달라진다고 주장한다.

2. 사회복지실천현장의 윤리적 갈등

1) 사회복지실천과 윤리적 갈등

(1) 윤리적 갈등의 개념

윤리적 갈등은 사회복지사가 전문가로서 지켜야 하는 윤리적 의무들이 서로 충돌하여 어떻게 행동하는 것이 윤리적으로 올바른 것인지 판단하기 힘든 상태를 의미한다.

(2) 사회복지실천에서 윤리적 갈등이 발생하는 이유

사회복지사를 비롯한 전문가들은 전문직 가치에 맞는 행동을 해야 한다. 그러나 사회복지사의 행동 선택이 어떤 측면에서 보면 윤리적인 반면, 다른 측면에서 보면 비윤리적인 경우가 종종 발생한다. 이로 인해 윤리적 갈등이 발생한다. 이런 경우 두 가지 이상의 의무나 가치, 원칙이 동등하게 유용하다고 여겨지지만 이 원칙들이 서로 모순되거나 충돌하는 상황이 생기기 때문에 어떤 결정을 해야 할지 판단하기 어려운 윤리적 갈등 상황에 놓이게 된다.

(3) 윤리적 갈등이 발생하는 상황

윤리적 갈등이 발생하는 다양한 상황 혹은 유형은 다음과 같다.

① 가치 상충

사회복지사가 두 개 또는 그 이상의 대립적 가치 혹은 경쟁적 가치에 직면했을 때 어떤 가치를 우선적으로 선택해야 할지 결정하지 못하는 경우 겪게 되는 윤리적 갈등을 말한다. 가치 상충으로 인한 윤리적 갈등은 가장 빈번히 발생하는 상황이다.

> [사례 1] 클라이언트의 자기결정권 가치와 인간의 생명보호라는 가치 사이에서 결정을 내려야 하는 상황

[사례 2] 보호시설 입소를 원하지 않는 클라이언트와 입소가 클라이언트에게 도움이 된다고 여겨서 입소를 권하는 사회복지사 간에 자기결정권 존중의 가치와 온정주의 가치가 상충되는 상황

② 의무 상충(충성심과 역할 상충)

사회복지사가 자신이 속한 기관에 대해 지켜야 할 의무와 클라이언트에 대해 지켜야 할 의무 사이에서 겪게 되는 윤리적 갈등을 말한다. 사회복지사는 자신이 속한 기관의 정책을 지켜야 할 의무뿐 아니라 클라이언트를 위해 행동해야 할 의무도 있는데, 이 두 가지 의무가 상충되면 윤리적 갈등을 겪을 수 있다.

예 ○○구의 재정 지원을 받는 지역사회복지관의 사회복지사가 ○○구 거주 주민들로부터 ○○구의 화장시설 설립 반대운동에 협조해 달라고 요청받은 경우, 주민을 위해 ○○구에 대항해야 할지, ○○구의 재정을 계속 지원받기 위해 주민의 협조 요청을 거절해야 할지 두 가지 의무 사이에서 윤리적 갈등을 겪을 수 있다.

③ 클라이언트체계의 다중성

클라이언트가 여러 명일 경우 누구를 클라이언트로 보고 누구의 이익을 우선적으로 고려하여 개입해야 하는지를 판단하기 어려워 겪게 되는 윤리적 갈등을 말한다. 누구의 이익을 우선시할 것인가의 문제는 개입의 우선순위와 내용에 중요한 영향을 미친다. 또한 특정 클라이언트를 위한 선택이 다른 클라이언트에게는 부정적 결과를 가져올 경우에도 윤리적 갈등이 발생한다.

[사례 1] 아동학대, 부부폭력, 남편의 정신질환 등 다양하고 복합적인 문제를 가진 가족에게 개입하는 경우

[사례 2] 시설에서 퇴소하기를 원하는 장애인의 욕구와 퇴소 후 그가 집에 돌아올 경우 그를 부양할 만한 경제적인 여력이 없는 가족의 욕구 사이에서 장애인의 욕구가 우선시되지만 가족에게 큰 부담이 되기 때문에 누구의 욕구를 우선시해야 할지 갈등하는 경우

④ 결과의 모호성

사회복지사가 내린 결정의 결과가 불투명할 경우 어떤 결정을 내려야 할지에 대한 윤리적 갈등을 말한다.

[사례 1] 부모의 경제적인 이유 때문에 아이를 해외로 입양시키는 것이 그 아이를 위해 최선의 결정인지 확신할 수 없어서 의사 결정을 못하는 경우

⑤ 힘(권력)의 불균형

사회복지사와 클라이언트의 관계가 권력적으로 평등하지 않기 때문에 생기는 갈등을 말한다. 클라이언트는 도움을 받는 입장이고 사회복지사는 전문가로서 도움을 주는 입장이기 때문에 클라이언트가 전문가에게 의존하기 쉬운 가운데 발생하는 갈등이다.

[사례 1] 의사결정을 내리기 어려워하거나 문제해결능력이 부족한 아동이 자신의 결정과 선택을 전문가에게 의존함으로써 클라이언트의 자기결정권이 포기되는 경우

2) 윤리적 쟁점

사회복지실천 과정에서 윤리적 갈등을 발생시키는 대표적인 가치와 윤리적 쟁점은 다음과 같다. 이 가치들은 윤리적 갈등을 발생시키기도 하지만 한편으로는 윤리적 갈등을 해결하는 기준이 되기도 한다.

(1) 클라이언트의 자기결정권

클라이언트가 외부의 강요 없이 자신의 행동이나 상황을 자유롭게 선택할 수 있는 권리이다. 사회복지사는 클라이언트가 선택하는 데 필요한 정보를 얻고 선택한 결과를 이해하도록 도와야 한다. 또한 사회복지사는 전문적 지식, 경험, 기술에 근거하여 자신의 생각이나 이념을 클라이언트에게 강요할 수 없다.

(2) 클라이언트의 비밀보장

① 개념과 특징

사회복지사가 클라이언트의 동의 없이 클라이언트에 대한 정보를 누설하지 않는 것이다. 비밀보장의 대상이 되는 정보는 클라이언트의 신원, 명백하게 말로 표현한 내용, 클라이언트에 대한 전문가 의견, 기록된 자료 등이다.

② 클라이언트의 비밀보장의 원칙과 관련된 윤리적 쟁점

일반적으로 사회복지사가 클라이언트와 나눈 정보는 비밀이 지켜져야 한다. 그러나 클라이언트가 자신 또는 타인을 해칠 위험이 있다고 판단되는 경우 사회복지사는 비밀을 지키지 않고 위험을 막아야 하는지, 끝까지 비밀을 지켜야 하는지 갈등할 수 있다. 또한 사회복지사가 법정으로부터 클라이언트의 정보를 공개하라는 명령을 받았을 때 공개해야 하는지 윤리적 갈등을 겪을 수 있다.

(3) 진실을 말할 의무(진실성 고수)

사회복지사는 클라이언트에게 실천 내용을 정직하게 말할 의무가 있다. 이는 자신이 제안한 서비스나 정보 유출의 의미와 특성에 대해, 발생할 수 있는 위험과 혜택에 대해, 클라이언트 자신이나 친척에게 미칠지도 모르는 영향에 대해, 그리고 가능한 대안과 예상되는 비용에 대해 클라이언트가 충분히 알고 있어야 함을 의미한다. 이는 고지된 동의와 관련된다.

(4) 제한된 자원의 공정한 분배

제한된 자원의 공정한 분배는 공평하게 자원을 분배해야 함을 의미한다. 한정된 자원을 모든 대상자에게 똑같이 제공해야 한다는 형평성 기준을 찾는 것은 매우 어렵기 때문에 윤리적 갈등이 발생할 수 있다.

(5) 전문적 동료관계

동료 사회복지사가 전문가로서 권위를 남용해 클라이언트나 전문직에 해를 끼치는 행동을 했을 때, 기관이 규정을 위반하고 부정한 수단이나 속임수를 사용했음을 발견했을 때, 이러한 사실을 알게 된 사회복지사는 그 사실을 보고해야 하는지에 대해 갈등할 수 있다.

(6) 전문적 관계의 유지

사회복지사는 클라이언트와 다양한 형태로 관계를 형성할 수 있다. 하나 이상의 관계가 형성될 수 있는데 이를 이중 관계라고 한다. 사회복지실천에서 이중 관계는 '사회복지사가 자신의 성적·경제적·사회적 욕구를 충족시키기 위해 클라이언트와의 관계에서 서비스 제공자라는 전문가 역할 이외의 또 다른 역할에 관여하고 있는 상태'를 의미한다. 사회복지사는 클라이언트와 이중관계가 형성될 수 있으나 전문적 관계를 유지해야 한다.

3) 윤리적 갈등의 조정 : 로웬버그와 돌고프의 윤리적 준거틀

로웬버그(Lowenberg)와 돌고프(Dolgoff)는 윤리적 갈등 상황에서 어떤 원칙이나 의무를 우선적으로 적용해야 하는지 결정할 수 있도록 '윤리적 원칙 준거틀'을 제시했다. 이 원칙은 특정 문제에 대해 윤리강령 등으로 해결되지 않는 경우 최후의 수단으로도 고려된다. 또 이 원칙은 순서가 있으므로 여러 가지 원칙이 충돌하는 경우 상위의 원칙을 가장 먼저 적용한다. 예를 들어, 생명보호의 원칙과 비밀보장의 원칙 사이에서 갈등하는 경우에 원칙 1인 생명보호의 원칙을 먼저 적용하여 결정을 내린다.

〈표 4-3〉 로웬버그와 돌고프의 윤리적 의사결정의 우선순위

윤리원칙 1	생명보호의 원칙	인간의 생명보호가 다른 모든 것에 우선한다.
윤리원칙 2	평등과 불평등의 원칙	관계가 동등한 사람들은 평등하게 대우받아야 하며 동등하지 않은 관계 자체로 인해 문제가 발생한다면 불평등하게 처우받아야 한다.
윤리원칙 3	자율과 자유의 원칙	사회복지실천 과정에서 개인의 자율성과 자유를 존중하는 결정을 내려야 하지만 개인의 자율성과 자유도 자신이나 타인의 생명을 위협하는 경우에는 허용되지 않는다.
윤리원칙 4	최소 해악(손실)의 원칙	손실만 초래될 가능성이 높은 선택에서 비록 손실이 발생하더라도 손실이 최소화되거나 쉽게 회복될 수 있는 것을 선택한다.
윤리원칙 5	삶의 질의 원칙	인간의 삶의 질을 더 향상시키는 기회를 선택해야 한다.
윤리원칙 6	사생활 보호와 비밀보장의 원칙	사회복지사는 클라이언트의 사생활을 보호하고 클라이언트에 대해서 알게 된 사실을 다른 사람에게 공개해서는 안 된다.
윤리원칙 7	진실성과 완전 공개의 원칙(성실의 원칙)	클라이언트 및 관련자에게 오직 진실만을 이야기하며 모든 관련 정보를 완전히 공개해야 한다.

3. 사회복지사 윤리강령

1) 윤리강령의 개념과 기능

(1) 윤리강령의 개념

윤리강령은 전문직이 윤리적 실천을 수행할 수 있도록 행동 기준과 원칙을 정해놓은 구체적인 지침이다.

(2) 윤리강령의 기능

윤리강령의 기능은 전문가들이 자신의 전문직 가치에 맞게 실천할 수 있는 판단 기준을 제공하는 것이다. 전문직 실천가들에게 전문가로서 지켜야 할 기본 윤리적 행위가 무엇인지, 전문가로서 하지 말아야 할 비윤리적 행동이 무엇인지

를 판단하는 기준을 제시한다. 윤리강령은 전문직을 외부의 규정으로부터 보호하는 기능과 전문직 실천 대상을 보호하는 기능을 갖는다.

(3) 윤리강령의 등장배경

사회의 가치관과 개인의 가치관 및 윤리관이 급격하게 변하면서 이전에는 나타나지 않았던 다양한 갈등이 발생하게 되었고 이를 해결하기 위해 윤리강령이 등장했다.

2) 사회복지사 윤리강령

(1) 사회복지사 윤리강령의 개념

사회복지사 윤리강령은 사회복지 가치 기준에 맞게 실천해야 할 행동 기준과 원칙을 정해놓은 지침이다. 하지만 윤리강령을 위반했다고 하더라도 법적 제재 기능은 없다.

(2) 사회복지사 윤리강령의 기능

사회복지사 윤리강령의 기능은 사회복지실천현장에서 윤리적 갈등이 생겼을 때, 사회복지사가 사회복지 전문직 가치 기준에 맞는 행동이 어떤 것인지를 판단할 수 있는 지침과 기준을 제공하는 것이다. 사회복지사 윤리강령은 스스로 자기 규제 기능을 가짐으로써 사회복지 전문직의 전문성을 확보하고 외부로부터 전문직도 보호하고 클라이언트도 보호한다.

3) 우리나라 사회복지사 윤리강령

우리나라 사회복지사 윤리강령은 전문, 윤리기준, 사회복지윤리위원회의 구성과 운영에 관한 내용으로 구성되어 있다.

| 그림 4-1 | 우리나라 사회복지사 윤리강령의 구조

다음은 한국 사회복지사 윤리강령의 전체 내용이다.

> 사회복지사는 인본주의 · 평등주의 사상에 기초하여, 모든 인간의 존엄성과 가치를 존중하고 천부의 자유권과 생존권의 보장활동에 헌신한다. 특히 사회적 · 경제적 약자들의 편에 서서 사회정의와 평등, 자유와 민주주의 가치를 실현하는 데 앞장선다. 또한 도움을 필요로 하는 사람들의 사회적 지위와 기능을 향상시키기 위해 저들과 함께 일하며, 사회제도 개선과 관련된 제반 활동에 주도적으로 참여한다. 사회복지사는 개인의 주체성과 자기결정권을 보장하는 데 최선을 다하고, 어떠한 여건에서도 개인이 부당하게 희생되는 일이 없도록 한다. 이러한 사명을 실천하기 위하여 전문적 지식과 기술을 개발하고 사회적 가치를 실현하는 전문가로서의 능력과 품위를 유지하기 위해 노력한다. 이에 우리는 클라이언트 · 동료 · 기관 그리고 지역사회 및 전체 사회와 관련된 사회복지사의 행위와 활동을 판단 · 평가하며 인도하는 윤리기준을 다음과 같이 선언하고 이를 준수할 것을 다짐한다.

(1) 기본적 윤리기준

① 전문가로서의 자세

- 사회복지사는 전문가로서의 품위와 자질을 유지하고, 자신이 맡고 있는 업무에 대해 책임을 진다.
- 사회복지사는 클라이언트의 종교, 인종, 성, 연령, 국적, 결혼상태, 성 취향, 경제적 지위, 정치적 신념, 정신적·신체적 장애, 기타 개인적 선호·특징·조건·지위를 이유로 차별 대우하지 않는다.
- 사회복지사는 전문가로서 성실하고 공정하게 업무를 수행하며, 이 과정에서 어떠한 부당한 압력에도 타협하지 않는다.
- 사회복지사는 사회정의 실현과 클라이언트의 복지 증진에 헌신하며, 이를 위한 환경 조성을 국가와 사회에 요구해야 한다.
- 사회복지사는 전문적 가치와 판단에 따라 업무를 수행함에 있어, 기관 내외로부터 부당한 간섭이나 압력을 받지 않는다.
- 사회복지사는 자신의 이익을 위해 사회복지 전문직의 가치와 권위를 해소해서는 안 된다.
- 사회복지사는 한국사회복지사협회 등 전문가 단체 활동에 적극 참여하여, 사회정의 실현과 사회복지사의 권익옹호를 위해 노력해야 한다.

② 전문성 개발을 위한 노력

- 사회복지사는 클라이언트에게 최상의 서비스를 제공하기 위해, 지식과 기술을 개발하는 데 최선을 다하며 이를 활용하고 전파할 책임이 있다.
- 클라이언트를 대상으로 연구하는 사회복지사는 그들의 권리를 보장하기 위해 자발적이고 고지된 동의를 얻어야 한다.
- 연구 과정에서 얻은 정보는 비밀보장의 원칙에서 다루어져야 하고, 이 과정에서 클라이언트는 신체적·정신적 불편이나 위험, 위해 등으로부터 보호되어야 한다.
- 사회복지사는 전문성을 개발하기 위해 노력하되, 이를 이유로 서비스의

제공을 소홀히 해서는 안 된다.

- 사회복지사는 한국사회복지사협회 등이 실시하는 제반 교육에 적극 참여하여야 한다.

③ 경제적 이득에 대한 태도

- 사회복지사는 클라이언트의 지불 능력에 상관없이 서비스를 제공해야 하며, 이를 이유로 차별대우해서는 안 된다.
- 사회복지사는 필요한 경우에 제공된 서비스에 대해 공정하고 합리적으로 이용료를 책정해야 한다.
- 사회복지사는 업무와 관련하여 정당하지 않은 방법으로 경제적 이득을 취하여서는 안 된다.

(2) 클라이언트에 대한 윤리기준

① 클라이언트와의 관계

- 사회복지사는 클라이언트의 권익옹호를 최우선의 가치로 삼고 행동한다.
- 사회복지사는 클라이언트에 대하여 인간으로서의 존엄성을 존중해야 하며, 전문적 기술과 능력을 최대한 발휘한다.
- 사회복지사는 클라이언트가 자기결정권을 최대한 행사할 수 있도록 도와야 하며, 그들의 이익을 최대한 대변해야 한다.
- 사회복지사는 클라이언트의 사생활을 존중하고 보호하며, 직무 수행 과정에서 얻은 정보에 대해 철저하게 비밀을 유지해야 한다.
- 사회복지사는 클라이언트가 받는 서비스의 범위와 내용에 대해 정확하고 충분한 정보를 제공함으로써 알 권리를 인정하고 존중해야 한다.
- 사회복지사는 문서, 사진, 컴퓨터 파일 등의 형태로 된 클라이언트의 정보에 대해 비밀보장의 한계, 정보를 얻어야 하는 목적 및 활용에 대해 구체적으로 알려야 하며 정보 공개 시에는 동의를 얻어야 한다.
- 사회복지사는 개인적 이익을 위해 클라이언트와의 전문적 관계를 이용하여서는 안 된다.

- 사회복지사는 어떠한 상황에서도 클라이언트와 부적절한 성적 관계를 가져서는 안 된다.
- 사회복지사는 사회복지 증진을 위한 환경조성에 클라이언트를 동반자로 인정하고 함께 일해야 한다.

② 동료의 클라이언트와의 관계

- 사회복지사는 적법하고도 적절한 논의 없이 동료나 다른 기관의 클라이언트와 전문적 관계를 맺어서는 안 된다.
- 사회복지사는 긴급한 사정으로 인해 동료의 클라이언트를 맡게 된 경우, 자신의 의뢰인처럼 관심을 갖고 서비스를 제공한다.

(3) 동료에 대한 윤리기준

① 동료

- 사회복지사는 존중과 신뢰로써 동료를 대하며, 전문가로서의 지위와 인격을 훼손하는 언행을 하지 않는다.
- 사회복지사는 사회복지 전문직의 이익과 권익을 증진시키기 위해 동료와 협력해야 한다.
- 사회복지사는 동료의 윤리적이고 전문적인 행위를 촉진시켜야 하며, 이에 반하는 경우에는 제반 법률규정이나 윤리기준에 따라 대처해야 한다.
- 사회복지사가 전문적인 판단과 실천이 미흡하여 문제를 야기했을 때에는, 적절한 조치를 취하여 클라이언트의 이익을 보호해야 한다.
- 사회복지사는 전문직 내 다른 구성원이 행한 비윤리적 행위에 대해, 제반 법률규정이나 윤리기준에 따라 조치를 취해야 한다.
- 사회복지사는 동료 및 타 전문직 동료의 직무 가치와 내용을 인정・이해하며, 상호 간에 민주적인 직무관계를 이루도록 노력해야 한다.

② 슈퍼바이저

- 슈퍼바이저는 개인적인 이익의 추구를 위해 자신의 지위를 이용해서는 안 된다.

- 슈퍼바이저는 전문적 기준에 의해 공정하게 책임을 수행하며, 사회복지사, 수련생 및 실습생에 대한 평가는 그들과 공유해야 한다.
- 사회복지사는 슈퍼바이저의 전문적 지도와 조언을 존중해야 하며, 슈퍼바이저는 사회복지사의 전문적 업무 수행을 도와야 한다.
- 슈퍼바이저는 사회복지사, 수련생 및 실습생에 대해 인격적·성적으로 수치심을 주는 행위를 해서는 안 된다.

(4) 사회에 대한 윤리기준

- 사회복지사는 인권존중과 인간평등을 위해 헌신해야 하며, 사회적 약자를 옹호하고 대변하는 일을 주도해야 한다.
- 사회복지사는 필요한 사회 서비스를 개발하기 위한 사회정책의 수립·발전·입법·집행에 적극적으로 참여하고 지원해야 한다.
- 사회복지사는 사회 환경을 개선하고 사회정의를 증진시키기 위한 사회정책의 수립·발전·입법·집행을 요구하고 옹호해야 한다.
- 사회복지사는 자신이 일하는 지역사회의 문제를 이해하고, 그것을 해결하는 일에 적극적으로 참여해야 한다.

(5) 기관에 대한 윤리기준

- 사회복지사는 기관의 정책과 사업 목표의 달성, 서비스의 효율성과 효과성의 증진을 위해 노력함으로써 클라이언트에게 이익이 되도록 해야 한다.
- 사회복지사는 기관의 부당한 정책이나 요구에 대하여 전문직의 가치와 지식을 근거로 이에 대응하고 즉시 사회복지윤리위원회에 보고해야 한다.
- 사회복지사는 소속 기관 활동에 적극 참여함으로써 기관의 성장 발전을 위해 노력해야 한다.

(6) 사회복지윤리위원회의 구성과 운영

- 한국사회복지사협회는 사회복지윤리위원회를 구성하여, 사회복지윤리실천의 질적인 향상을 도모하여야 한다.
- 사회복지윤리위원회는 윤리강령을 위배하거나 침해하는 행위를 접수받아, 공식적인 절차를 통해 대처하여야 한다.
- 사회복지사는 한국사회복지사협회의 윤리적 권고와 결정을 존중하여야 한다.

PART 02

사회복지실천의 접근방법

제5장 사회복지실천의 관점

제6장 사회복지실천의 통합적 접근

제7장 사회복지실천 면접

제8장 사회복지실천관계론

05 CHAPTER 사회복지실천의 관점

개 요

사회복지전문직은 과학적인 실천지식을 기반으로 하고 있다. 사회복지사는 사회복지실천활동을 뒷받침할 수 있는 사회복지실천지식을 갖추고 구체적인 실천방법과 기술들을 익히고 훈련하는 것이 반드시 필요하다. 본 장에서는 사회복지실천을 위한 지식기반과 사회복지실천을 위한 관점과 실천모델을 학습한다.

학습목표

- 사회복지실천의 지식기반을 이해할 수 있다.
- 생태체계관점에 대해 이해하고 관련 이론을 설명할 수 있다.
- 강점관점을 이해하고 관련 이론을 설명할 수 있다.

1. 사회복지실천의 지식기반

1) 사회복지실천지식

사회복지전문직은 과학적인 실천지식이 기반이 된다. 사회복지실천지식은 사회복지사의 실천활동에 대한 보편적인 가정이나 신념이다. 사회복지실천의 지식기반에는 경험적으로 검증된 지식과 일부 경험적으로 검증되지 않은 가설적 지식으로 구축된 실천이론이 포함된다(김융일 외, 1995). 이러한 지식기반은 여러 가지 유형의 이론이나 관점・모델로 구체화되며, 실천에 필요한 구체적인 원리와 지침 등을 제시해 준다(Sheafor et al., 1997; 서울대사회복지실천연구회, 2000).

세퍼(Sheafor) 등은 사회복지실천지식의 유용성을 다음과 같이 제시한다.

① 극도로 감정적이기 쉬운 인간 문제와 상황에 대한 분석적 틀을 마련해 준다.
② 정보와 신념 및 가정을 하나의 유의미한 전체로 조직화해 준다.
③ 행동과 의사결정을 위한 논리를 제공해 준다.
④ 체계적이면서 질서정연하고 예측 가능한 접근을 증진시킨다.
⑤ 전문직 안에서 의사소통을 촉진시킨다.

이처럼 사회복지실천은 사회복지사들에게 실천의 방향성과 질서를 부여하고 그 결과를 예측하고 평가할 수 있는 틀이 되기도 하며 사회복지사의 지속적인 전문성 향상에 매우 중요한 기능을 한다. 이렇게 사회복지실천지식이 실천현장에서 유용하게 활용되기 위해서는 몇 가지 기준에 적합해야 한다(서울대사회복지실천연구회, 2000).

① 전문직의 목적・가치・윤리와 일치해야 한다.
② 개념・원리・가설들이 명확하게 설명・정의되어 다른 사람과 의사소통이 가능해야 한다.
③ 클라이언트와 자원봉사자 등 일반인들이 이해할 수 있어야 한다.
④ 사회복지사가 매우 복잡하고 혼란스러운 상황을 분석하고 이해하도록 도움이 되어야 한다.
⑤ 변화과정의 다양한 국면에 지침과 방향을 제시해야 한다.
⑥ 사실과 관찰에 의한 경험적 기반에 근거해야 한다.

사회복지실천지식은 크게 실천지식과 기초지식의 두 가지 범주로 나누어 볼 수 있다.

실천지식은 사회복지사가 구체적으로 무엇을 하며 어떻게 할 것인가라는 문제와 관련하여 실질적인 개입활동을 다루는 지식이다. 한편 기초지식은 실천지식의 바탕이 되는 인간과 환경에 관하여 폭넓은 사실을 설명하는 개념적인 틀을 제공해 주는 지식으로서 인류학, 정치학, 경제학, 사회학, 법률, 심리학 등 사회과학 분야의 다양한 지식을 활용한다(김융일 외 1995; 장수미 외, 2010). 여기에서 기초지식은 사회복지실천의 이론과 모델을 개발하는 데 기본적 관점과 지식기반을 제공하고 반대로 실천현장에서 발견된 새로운 사실들은 기초지식의 발전에 기여하는 등 상호 영향을 주고받으며 발전해 간다. 이 기초지식과 실천지식은 사회복지사의 지식기반이 되어 사회복지실천현장에서 보다 효과적인 전문적 활동이 이루어질 수 있도록 해준다.

존슨 등(Johnson et al., 1997)이 제시한 사회복지사의 지식기반은 다음과 같다.

(1) 광범위한 인문학적 지식과 사회과학 분야의 지식

인간사회의 본질에 대한 이해를 위해 심리학, 사회학, 인류학, 정치학, 경제학과 같은 사회과학 분야의 지식과 과학적인 사고와 인간의 신체적 측면의 이해를 위한 자연과학 지식이 필요하다.

(2) 인간, 인간 상호작용, 사회상황에 대한 기초지식

정서적・인지적・행동적・발달적 측면에서 인간을 이해하기 위한 지식이 필요하며, 인간의 다양성과 상호작용에 대한 지식이 요구된다.

(3) 실천이론에 관한 지식

원조관계에서의 상호작용, 원조과정, 다양한 상황 및 체계에 적합한 개입전략에 초점을 둔 실천이론에 관한 지식이 필요하다.

(4) 특정 분야나 클라이언트 집단에 대한 지식

특수한 상황에 처한 클라이언트집단에 대한 이해가 있어야 효과적인 실천이 가능하며 상황과 대상에 적합한 지식을 선택할 수 있다.

(5) 지식 사용에 있어 창조적이고 심사숙고적인 태도와 능력

인간과 환경에서 강점을 찾아내는 것과 미래를 위한 비전을 형성하기 위해 강점들을 사용하는 것은 사회복지실천에서 매우 중요하므로 다양한 원천에서 얻어진 지식들을 창조적이고 심사숙고적인 태도로 사용하는 능력이 필요하다.

(6) 사회복지사 자신에 대한 인식

사회복지실천에 영향을 미치는 전문가의 감정이나 태도, 행동 등을 인식해야 한다.

2) 사회복지실천지식의 차원과 내용

사회복지실천은 구체적인 변화를 초래하기 위해 지식을 활용하고 이론을 적용하는 과정이다. 다음에서는 쉐퍼와 호레이시의 분류에 따라 사회복지실천지식의 차원과 내용을 살펴보고자 한다(Sheafor & Horejsi, 2008).

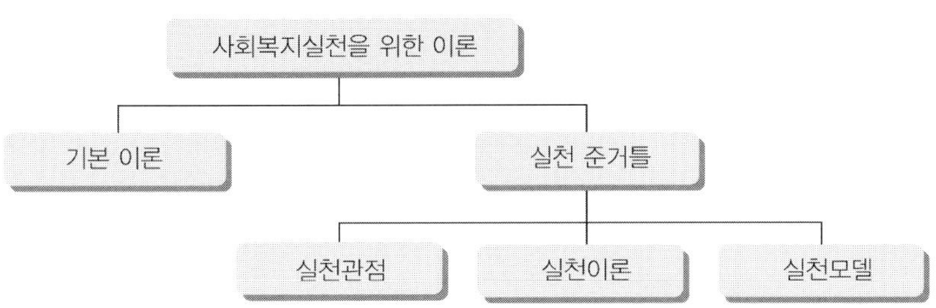

| 그림 5-1 | 사회복지실천을 위한 이론의 틀

(1) 기본 이론

기본 이론은 행동을 기술하고 설명하며 어떤 문제가 왜 그리고 어떻게 진전되는지에 대한 설명을 제공한다. 개인으로부터 환경에 이르기까지 다차원적인 삶의 이슈를 다루는 사회복지학문의 특성상 사회복지실천 분야에서 활용되는 지식은 사회과학 및 인접학문의 지식을 포함하게 되는데, 기본 이론은 심리학을 비롯해 문제가 발생하는 사회적 맥락에 대한 이해를 돕는 사회학, 정치학, 경제학, 문화인류학 등의 기초사회과학 지식을 포함하며, 이는 사회복지실천에 중요한 배경지식을 제공하게 된다. 인간발달, 성격, 가족체계, 사회화, 조직기능, 정치권력 등과 관련된 이론뿐 아니라 빈곤, 가정폭력, 정신장애, 10대 임신, 범죄 등의 구체적인 사회문제 유형과 관련된 이론들도 여기에 해당된다. 이런 기본 이론들은 인간 및 사회현상에 대한 이해와 설명을 제공하지만, 이를 어떻게 변화시킬 수 있을지에 대한 지침을 제공하기 어렵다.

(2) 실천 준거틀

실천 준거틀은 인간의 행동이나 상황, 사회환경을 바라보는 시각과 설명을 제공하며, 또한 어떻게 변화시킬 수 있을 것인가에 대한 지침을 제공한다. 쉐퍼와 호레이시는 실천 준거틀을 실천관점, 실천이론, 실천모델의 세 가지 범주로 구분하여 설명하고 있다.

실천관점은 실천에 대해 생각하고 조망하는 방법으로 사회적 기능을 바라보는 개념적 렌즈라고 할 수 있고 실천상황에서 무엇이 중요하게 고려되어야 하는지에 대한 폭넓은 지침을 제공한다.

(3) 실천관점

실천관점은 카메라 렌즈처럼 배경이 되는 현상과 특정 현상을 확대하거나 초점을 두게 한다. 사회복지실천 분야에서 인간과 사회환경 사이의 관계를 사정하기 위해 공통적으로 사용하는 대표적이고 포괄적인 관점으로 생태체계관점을 들 수 있다. 일반사회복지실천관점은 사회복지사의 관심을 다양한 실천역할 수행의 중요성과 다양한 차원의 개입 가능성에 초점을 두게 한다. 최근에는 강점관점과 다문화관점 등이 강조되어 있다.

실천이론은 실천관점보다는 구체적인데 어떤 행동이나 상황에 대한 설명을 제시하고 어떻게 그런 행동이나 상황이 변화될 수 있는지에 대한 지침을 제공한다. 실천이론은 특정 타입의 변화를 가져오는 안내지도 역할을 하며 대부분의 실천이론은 하나 혹은 그 이상의 기본 이론에 뿌리를 두고 있다. 실천이론에 해당되는 심리사회접근법은 기본적으로 정신역동이론과 자아심리이론에 기반을 두고 있으며, 행동주의접근법은 학습이론에, 인지접근법은 인지이론, 학습이론, 행동주의 이론 등에 기초하고 있다.

(4) 실천모델

실천모델은 사회복지실천활동을 이끌어 가는 데 사용되는 일련의 개념과 원리들의 집합체이다. 실천이론과 달리 실천모델은 행동에 대한 특정 설명을 시도하지 않는다. 예를 들어, 위기개입은 위기상황에 대한 단일설명에 기초한 것이 아니기 때문에 실천이론이라기보다는 실천모델로 본다. 같은 이유로 과업중심 실천도 모델이라는 용어를 사용한다. 대체로 모델은 인간행동이론으로부터 파생되기보다는 경험과 실험으로부터 개발된 것이다. 일반적으로 실천모델로 분류되는 것들로는 과업중심모델, 위기개입모델, 생활모델, 문제해결모델 등이 있다.

위에서 언급한 실천관점, 실천이론, 실천모델 이외에 사회복지사가 원만한 과업수행을 위해 알아야 하는 규칙, 절차, 양식, 특정 활동과 관련된 자원의 내역, 자원조달 방법, 서비스연결망에 대한 정보 등 운용지침 형태의 지식이 사회복지실천에 사용된다. 또한 실천의 지혜, 암묵적 지식으로 지칭되는 지식이 사회복지실천현장에서 활용되는데 이는 실천현장에서 귀납적으로 만들어진 지식의 일종이다. 최근 과학적 절차를 거친 지식, 증거기반 지식이 사회복지실천에서 활용되어야 한다는 움직임에 의해 도전받고 있지만 실천을 통한 경험적 지식이 사회복지사의 사고와 행동에 영향을 미치고 있으며, 이러한 지식이 오히려 클라이언트의 다양성과 개별화를 존중하는 능력을 포함하는 것일 수 있음을 고려해야 할 것이다.

이와 같이 사회복지실천의 기반이 되는 지식은 절충적이고 다학문적이며 복합적인 성격을 갖는데, 지식에 기반한 사회복지실천을 하기 위해서는 위에서 언급한 지식을 갖추는 것뿐 아니라 유용한 지식을 활용할 수 있는 능력, 특정 상황에 적용할 수 있는 지식을 선택하는 능력, 상황 속의 클라이언트에 대한 지식과 새로운 지식을 시험적으로 사용하는 개방성과 논리적 · 체계적 · 비판적 · 창의적으로 생각할 수 있는 능력을 함께 갖추어야 할 것이다.

2. 생태체계관점

1) 생태체계관점의 기초

(1) 체계이론

일반체계이론(general systems theory)은 클라이언트의 삶과 문제점에 대한 이해 및 그 중재를 위한 하나의 틀로 이용되고 있다.

체계의 변화기능을 강조한 일반체계이론(general systems theory)은 1937년 버탈란피(L. V. Bertalanffy)에 의하여 개발되었다. 체계이론에 따르면 "체계는 상호 의존적이고 상호작용하는 부분들로 구성된 하나의 단위이며 전체이다"라고 정의하였다.

즉, 체계이론은 유기체와 환경 간의 상호작용, 상호 관련성에 대한 전체성, 상호성, 개방성의 개념을 설명하는 이론이다. 체계 내의 개인은 특정한 시간과 공간 안에서 상호 연관되어 있으면서 목적을 향해 지속적으로 변화한다. 따라서 사회체계 내의 개인은 끊임없이 상호작용한다. 또한 각 체계들은 다른 체계에 대하여 상호 의존적 성질을 가지고 있어 한 부분의 변화와 긴장은 다른 체계의 변화를 초래한다.

체계이론의 기본적 가정은 인간의 행동은 개별적이거나 정신 내적인 것보다 상호작용하는 인간관계의 체계나 지속되는 역동과 욕구에 의해 결정되고 유지된다는 것이다. 따라서 체계이론은 개인이 속한 조직, 정책, 의사소통, 집단의 영향을 중요시한다. 개인은 환경과 다양한 체계와 지속적 상호작용을 하므로 사회복지실천의 목표는 클라이언트와 체계와의 상호작용을 향상시키는 것이다.

① 체계의 구조적 특성

- **경계**(boundary) : 살아 있는 체계는 정보의 교환을 통하여 조직되고, 기능하는 물질과 에너지로 구성되며, 경계를 갖고 있다. 체계를 외부환경으로부터 구별 짓고 독특한 정체성을 제공하며, 부분적으로 침투 가능하다.
- **개방체계**(open system)**와 폐쇄체계**(closed system) : 개방체계는 환경으로부터 투입을 받아들이며, 산출을 생산하여 환경으로 보낸다. 환경 및 그 환경과의 상호 교류가 체계의 존립에 기본이 된다. 인간사회체계이론에서의 중심적 개념은 체계를 개방적인(open) 것으로 보며, 체계가 성장하고 발전하는 것은 개방성 때문이다. 개방체계는 환경과 상호작용하며 그 과정의 결과로 변화하는 반면 폐쇄체계는 침투되지 않은 경계를 가지고 있으며 외부세계로 상호작용을 하지 않는다. 그들은 투입은 받아들이지 않으며 산출을 생산하지도 않는다. 이러한 체계들은 엔트로피(entropy)라는 성질을 가지고 있다. 이것은 체계요소들의 분화가 적어지고 조직과 기능이 상실되는 경향을 의미한다. 외부로부터 단절되어 있는 폐쇄체계 개념을 인간에 적용하면 유전자나 육체적 특징, 과거의 경험 등이 인간의 행동을 결정한다고 보지만, 개방체계 개념으로 볼 때는 외부세계와의 끊임없는 에너지와 자원의 교환에 의하여 안정된 상태를 유지하는 동시에 변화와 발전이 가능한 존재로서 인간을 보게 된다.
- **위계**(hierarchy) : 하위체계는 상위체계에 의존하며, 상위체계는 하위체계에게 방향을 제시한다. 이러한 하위체계 및 상위체계 관계를 위계라 한다.

② 체계의 진화적 특성

체계들은 자연적으로 성장과 발전을 추구하면서 동시에 안정성을 유지하고자 한다. 중요한 변화가 일어났을 때 체계는 보다 빨리 기능의 안정적 수준으로 이동하여 새로운 안정상태를 확립하려는 경향이 있다. 그러므로 지속적 변화유형은 일정한 속도로 변화하기보다는 안정상태가 되고자 하는 경향이 있다.

- **항상성**(homeostasis) : 체계들은 끊임없이 변화와 운동의 과정 속에 놓여 있고, 인간체계의 이러한 운동은 목표지향적이다. 체계는 지속적으로 변화의 상태에 놓여있는 동시에 또한 역동적 균형상태를 유지한다. 항상성은 체계가 생존을 위해 환경과 성공적으로 타협하는 능력이다.
- **안정상태**(steady state) : 부분과의 관계를 유지시키고 붕괴하지 않도록 에너지가 계속적으로 사용되는 상태로 체계가 거쳐온 이전의 연속상태를 의미한다.

③ 체계의 행동적 특성

체계의 기능은 상호 관련된 투입, 전환, 산출의 활동을 포함한다. 클라이언트체계를 이해하기 위하여 주요 과정들이 각각 어떻게 활동하는지에 대한 탐색이 필요하다.

- **투입**(input) : 체계가 환경으로부터 에너지, 사물, 정보 등을 받아들이는 방법이다. 생물학적·심리학적 생존과 성장은 투입과정을 통해서 보장받는다.
- **전환**(through-put) : 투입체계는 일단 체계 내부로 입수되고 나면 영향을 받고, 변형되며, 규제받고 체계의 기능수행을 위해 활용된다.
- **산출**(output) : 환경에 직접적으로 영향을 미치며, 다른 체계에 대해 투입으로 작용하는 동시에 그 자체에 대해 환류를 통해 다시 투입으로 작용하게 된다.
- **환류**(feedback) : 새로운 정보에 자신의 행동결과를 포함시켜, 그것에 의하여 다음의 행동을 수정하는 의사소통의 조직망을 의미한다. 환류는 체계의 평형을 유지시키거나 변화를 촉진함으로써 체계를 혼란시키는 작용을 하며 긍정적·부정적 환류로 구성되어 있다.

(2) 생태학이론

생태학이라는 용어는 유기체와 환경 간의 상호작용을 연구하는 생물학에서 유래된 것으로, 1866년 독일의 생물학자 헤겔(Haekel)에 의해 최초로 하나의 학문 분야로 소개되었다(김동배·이희연, 2003 재인용).

사회학 연구의 한 영역인 인간생태학은 1차 세계대전 이후 발달하기 시작하였으며, 생물학적 생태학으로부터 영향을 받았고 동물과 생물의 생태계로부터 많은 개념을 가져왔다. 1950년에 이르러 생태학적 관점은 지역사회와 환경에 대한 인간의 집합적인 적응, 기능적인 상호의존성에 초점을 두었다. 사회복지실천의 초기에 생태학 이론은 20세기 초반 개별사회사업의 성격에 대한 도전으로 발전하였고 사람이 새로운 환경에서 환경의 요구에 적응하고 인간이 상황을 구조적으로 바꾸는 것을 강조하였다. 이론이 진전되면서 생태학이론은 체계의 개인과 환경 각각의 요소가 아닌 교류적 절차를 강조하는 것으로 발전하였다. 생태학에서 가장 핵심적인 질문은 유기체가 환경과 적응적 균형을 이루는 과정에서 성공 혹은 실패하는 원인에 관련된 것이다. 저메인(Germain, 2002)은 생태학이론을 인간발달에 접목하여 인간과 환경 간 적응적 교류에 중점을 두고 부적응이란 환경이 어떠한가를 설명하는 동시에 생활에서 초래되는 스트레스를 적절히 다루어야 한다는 시각을 중심으로 이 이론을 설명하였다. 저메인과 기터만(Germain & Gitterman, 1995)의 생태학적 관점은 다양한 하위체계와 복잡성에 대해 보다 깊은 이해를 가능하게 하였다. '생태학적 사고'는 환경 속의 한 개인이 가지고 있는 다양한 방향의 상호작용에 대해서 이해할 것을 요구하는 것이다. 즉, 생태학적 관점은 사회복지사로 하여금 개인, 집단, 조직 그리고 기관 사이에서 발생하는 상호작용의 전체를 이해하고 더 복잡한 역동에 대해 평가하도록 한다. 예를 들어, 단선적 사고는 A가 B를 야기한다고 믿는 반면 생태학적 관점은 A가 B에 영향을 주었다면 무엇이 B를 변화하게 만들었는지, 그리고 그 변화로 인해 A에 영향을 주는 것은 무엇인지, B를 변화시키는 요인은 무엇인지 등 다양한 측면을 고려한다.

생태학은 유기체와 환경과의 관계를 연구하는 생물학적 개념에서 파생되었고,

유기체와 환경 간의 상호관계를 이해하고자 하는 데 기여한 학문 분야이다. 즉, 유기체와 유기체의 생물학적, 물리적 환경 사이의 관계에 초점을 두어 한 개인의 환경을 이해하는 데 있어서 체계이론보다 더 구체적인 개념을 제공하였다.

생태학에서 사용하는 개념들은 인간과 환경, 그리고 그들의 상호관계를 중요시하며 이러한 개념들은 복잡하고 어려운 상황에 있는 클라이언트에 대한 이해를 증진시켰다. 생태학은 종들이 어떻게 환경을 활용하며 이것을 파괴하지 않고 자신의 요구에 맞게 변형시킴으로써 자신을 유지하는가, 그리고 이러한 적응과정이 환경의 다양성을 어떻게 증진시키며, 생명을 지지하는 환경의 속성을 어떻게 향상시키는지를 이해하려고 하는 이론이다. 생태학에 있어서의 주요 개념은 다음과 같다.

① **적응** : 개인과 환경 사이의 좋은 적합성을 유지 또는 강화시켜 주는 환경에 대한 내적 또는 외적 변화이다. 유기체는 생존을 위해 환경에 의해 선택된 유전적 변천을 이용하면서 변화에 적응한다.

② **공생** : 상호작용을 통하여 한쪽 또는 상호 이익을 주는 두 종 간에 빈번한 상호작용을 말한다. 공생에는 악어와 악어새같이 서로 도움을 주는 상호부조, 다른 종에게 해로움도 유익함도 주지 않고, 한 종만 도움을 얻는 편리공생, 숙주가 해를 입는 반면 기생하는 쪽은 유익함을 얻는 기생 등이 있다. 사회복지사는 클라이언트의 사례환경을 사정할 때 인간과 환경의 상호작용을 이해하기 위해 이 개념을 활용할 수 있어야 하며 클라이언트에 개입할 때 상호부조와 편리공생을 최대화하도록 노력해야 한다.

③ **스트레스** : 인간과 환경 간의 복잡한 상호작용 속에서 일상적 적응적 균형 또는 적응적 적합성에 혼란이 일어날 수 있는데 이것을 스트레스라고 한다. 스트레스는 개인과 환경 사이의 좋은 적합성을 저해하는 중요한 사건과 문제이다.

④ **활동공간** : 특정한 종이 생태체계 안에서 생존하며 건강을 유지하고 재생산을 하기 위하여 요구되는 물리적, 화학적, 생물학적 요인을 말한다.

다시 말하면 종이 효과적으로 가능할 수 있는 특정한 장소나 환경을 의미한다.

⑤ **대처** : 스트레스 요인에 대해 대응할 때 개인과 환경 간의 좋은 적합성을 회복시키거나 높여주는 행동방식을 말한다.

2) 생태체계관점의 주요 개념

생태체계관점은 생태학의 개념과 일반체계이론을 기반으로 하는 개념이며, 일반체계이론의 주요 개념들을 수용하고 있어 인간과 환경이 상호작용하는 방법을 중시한다.

생태체계관점의 주요 개념은 다음과 같다.

(1) 환경

환경은 '일정한 기간에 걸쳐 특정한 지리적 및 사회적 장소에서, 개인과 가족의 일생에서 그리고 사회 및 문화체계 속에서, 사람과 사람들의 상호작용 및 교류가 지속되는 것'이라고 정의할 수 있다(Germain, 1989; Pincus & Minahan, 1989).

환경에는 다양한 사회체계뿐 아니라 물리적 환경까지 포함한다. 사회환경은 개인, 집단, 가족, 지역사회, 조직, 문화 등 몇 가지 층들로 구분할 수 있고, 물리적 환경은 기후와 같은 자연적인 물리적 환경, 환경의 자연현상으로부터 인간을 보호하기 위해 형성된 환경으로 구분하기도 한다. 인간의 삶은 유한하며 제한된 공간에 살고 있기 때문에 시간과 공간은 역시 매우 중요한 환경이다(Andreae, 1996).

콤튼과 갤러웨이(Compton & Gallaway, 1999)는 환경을 네 가지 수준으로 구분하는데, 상황, 미시 수준, 중간 수준, 거시 수준이 그것이다. 개인이 처한 상황은 개인이 어느 특정 순간에 경험하고 지각하는 환경의 부분으로, 이는 우리가 세계에 대한 개념을 형성하고 세계관과 충돌하기도 하고 세계를 다루기 위해 특정한 행동을 발전시키는 직접 마주치는 환경이다. 미시 수준의 환경은 물리적이고 사회적인 전체 환경 가운데 한 개인이 일정한 기간 동안 일상생활에서 직접 접촉하고 상호작용할 수 있는 부분을 말한다. 자신의 가족에서의 경험, 학교에서의 경험, 직장 및 여타 사회적 상황에서의 경험, 또는 여가시간 중의 경험들이 포함된다. 중간 수준의 환경은 미시환경의 특성과 기능에 여러 가지 방식으로 영향을 주고 그것을 결정하는 환경의 부분으로, 여기에는 주요 집단, 조직, 제도들 간의 관계가 포함되며, 이러한 관계들은 학교, 직장, 교회, 오락, 지역사회 자원과 같은 개인의 일상생활에 영향을 준다. 거시 수준의 환경은 그 속에서 살고 있는 집단 대부분의 성원들에게 공통되는 환경으로 기술, 언어, 주거, 법, 관습, 규제를 포함하여 개인이 성장해 온 보다 큰 사회의 물리적・사회적・문화적・경제적・정치적 구조를 말한다.

(2) 환경 속의 인간

생태학적 관점에서는 '환경 속의 인간'이라는 전체적 인간관을 가지고 있으며, 인간은 사고, 감정, 행동을 가진 생물학적・심리학적・영적・사회적・문화적 존재로서 환경을 구성할 뿐 아니라 환경에 의해 영향을 받는 상호교환적인 위치에 있다(Meyer, 1983). 생태학적 관점에서는 사람들이 가족, 친구, 직장, 종교 등 그들 주변의 다양한 체계와 끊임없이 상호작용함을 전제하고 있으며 인간과 환경은 지속적인 상호작용과 상호교환을 통해 서로에게 영향을 미치고 상호적응하는 호혜적 관계를 유지한다고 본다.

3) 생태체계적 관점과 사회복지실천

(1) 생태체계적 관점에서의 사회복지실천과 원리

생태체계적 관점은 사회복지실천에서 널리 사용되고 있으며 생태체계, 생태적 체계론, 생태적 관점 등을 혼합하여 사용하고 있는데, 모두 개인과 환경 간의 관계를 의미하고 있는 것이다. '환경 속의 인간'이란 개인의 환경적 요구, 내부적 요구, 환경적 지지, 극복능력 혹은 적응능력 등을 포함하는 개념이다. 따라서 인간의 문제는 개인의 극복능력 혹은 적응능력 등을 포함하는 개념이다. 따라서 인간의 문제는 개인의 극복능력과 환경이 주는 요구, 혹은 개인이 원하는 바와 소망이 환경적 지지와 균형이 맞지 않을 경우 발생한다.

저메인과 기터만도 인간이 생활상의 변화를 경험하면서 문제해결능력 부족, 대인관계 부적응, 부적절한 환경적 지지, 지나치게 요구적인 환경일 때 문제가 발생한다고 하였다. 따라서 사회복지사는 사회의 구조와 문화가 클라이언트의 자아, 성격구조에 어떻게 반영되었는지, 클라이언트의 극복전략이 삶에 어떤 영향을 끼쳤는지 주목할 필요가 있다.

사회복지실천은 개인과 환경 간에 부적절한 조화로 인해 생기는 문제에 대한 개입이다. 따라서 사회복지실천현장에서 변화를 위한 노력은 환경과 개인 혹은 이 둘 간의 상호작용을 향상시키는 방향으로 기울여야 한다. 변화를 위한 노력으로는, 환경적으로 스트레스가 되는 인자를 완화시키거나 환경적 요구를 낮추어 줌으로써 스트레스를 줄이며 환경으로부터 지원받을 수 있도록 한다.

생태체계적 관점에서 활동하는 사회복지사의 실천원칙은 다음과 같다.

① 환경-행동-개인은 복합적 전체이다. 이 요소들은 각기 독립성을 지는 존재가 아니라 서로 얽혀있으면서 지속적 관계를 맺는 과정이다.
② 개인과 행동, 그리고 환경들이 상호 의존하는 것을 강조한다.
③ 생태환경 전체 안에서 이루어지는 복합적 상호관계를 분석하기 위하여 체계 개념을 사용한다.
④ 사정과 평가는 환경체계를 손상하지 않고 직접 관찰하여 이루어져야 한다.
⑤ 생태환경에서 체계 간의 관계를 질서정연하고 조직적이며, 합법적이고 결정적이다.
⑥ 인간의 행동은 개인과 다변하는 환경 간의 매개적 거래가 이루어지면서 나오는 결과이다.

(2) 체계의 수준

사회복지실천의 많은 부분이 클라이언트의 문제에 영향을 끼치는 환경을 분석하고, 바람직하지 않은 환경조건들을 변화시키기 위하여 계획을 세워 노력을 하는 것이다. 개인에게 영향을 미치는 환경을 미시단계, 중간단계, 그리고 거시단계로 나눌 수 있다. 각 단계는 더 높은 단계에 연결되어 있고, 각 단계의 기능은 그보다 더 높은 단계와의 상호작용에 의해 결정된다.

미시적 수준 환경은 가족 내에서 겪는 개인적 경험을 포함하며, 같은 환경 내의 어떤 개인도 동일한 경험을 갖지 않는다는 점에서 개인에게 특별한 것이라 할 수 있다. 미시적 환경은 한 개인이 생활하게 될 삶의 유형을 결정해 주는 것이기 때문에 개인의 성장, 발달에 있어서 매우 중요한 것이다.

중간 수준 환경은 학교, 직장, 교회, 여가, 지역사회시설 등 한 개인이 일상에서 접하는 주요 집단이나 조직, 기관 등과의 관계를 포함한다.

거시적 수준 환경은 더 큰 사회의 실제적, 사회적, 문화적, 경제적, 그리고 정책적 구조를 말하며, 기술, 언어, 주택, 법, 관습, 그리고 규범 등이 여기에 포함된다.

생태체계의 주개념은 개인을 하나의 체계로서, 개인이 속한 환경을 다른 하나의 체계로서 이해하며, 인간과 환경 간의 적응과 상호작용을 통합한다.

생태체계관점의 유용성은 첫째, 기존의 전통적 사회복지실천모델을 적용하기 전에 문제현상을 정확히 파악하여 문제해결을 위해 어떤 모델이 가장 적합할 것인지를 판단·선택할 수 있게 해준다는 점이다. 즉, 생태체계적 관점 내에서는 기존의 실천모델들을 더욱 효과적으로 활용할 수 있다.

둘째, 생태체계적 관점은 과거의 어떤 실천모델보다도 넓은 관점과 관심 영역을 포괄하여 문제에 대한 총체적 이해를 가능하게 해준다는 점이다. 따라서 생태체계적 관점은 개인, 집단, 공동체를 망라한 모든 크기의 사회체계에서 적용되는 관점으로 대상 집단에 구애되지 않고 적용할 수 있다.

셋째, 생태체계적 관점은 사정의 도구로서 직접적 유용성을 갖는다. 생태도는 사회복지실천현장에서 유용하게 쓰일 수 있다.

넷째, 생태체계적 관점은 문제를 전체 체계의 총체성 속에서 이해하여 개입할 때도 어느 한 부분만이 아니라 전체 관련체계에 개입하여 체계적 변화를 일으킨다.

이러한 장점에도 불구하고 생태체계관점은 문제의 원인에 대해 설명해 줄 수 없어 실증적 검증이 어렵다. 또한 생태체계관점은 평가를 위한 관점과 이론적 틀을 제공하였지만, 사회복지실천현장에서 적용할 수 있는 개입방법이나 실천기술을 제시하지 못하였다는 평가를 받고 있다.

3. 강점관점

강점관점은 그동안 사회복지실천에서 초점을 두었던 문제중심적 관점이 클라이언트의 문제를 해결하지 못하고 있다는 반성으로부터 시작되었다. 강점관점이라는 용어는 1989년 와이크, 랩, 설리번과 키스타드(Weick, Rapp, Sullivan, & Kisthardt)의 논문을 통해 처음으로 사회복지계에 알려졌다. 그 논문에서 저자들은 문제와 병리에 초점을 두는 사회복지실천이 어떻게 사회복지 가치와 불일치하며, 실천과정에서 어떤 어려움을 초래하는지 설명하면서 강점관점 실천을 제시하였다(노혜련 · 김윤주, 2016 재인용).

강점관점은 만성정신질환을 가진 클라이언트들이 그들의 삶에서 원하는 것이 무엇인가에 초점을 두어야 한다는 생각에서 시작하였는데 클라이언트가 정신질환이 있음에도 그 문제를 넘어 자신의 삶을 건강하게 영위할 수 있다는 전제에 기초한다. 클라이언트의 문제에 초점을 두는 것이 아니라 클라이언트가 가진 재능, 자원, 능력에 초점을 두며, 사례관리자는 클라이언트가 목표를 발견할 수 있도록 돕는 것이다. 또한 클라이언트의 재능, 능력, 목표를 성취하는 데 도움이 되는 가족, 이웃, 지역사회 자원을 함께 발견하는 것이다. 즉, 클라이언트가 가지고 있는 강점과 능력이 변화를 가져올 것이라고 믿음에 근거하고 있다.

1) 강점관점의 특성

강점관점의 중요한 특성은 사회복지사가 클라이언트의 결점을 보기보다는 그들의 능력과 장점을 보는 것인데 이를 정리하면 다음과 같다(김융일 외, 1999).

(1) 문제가 아닌 도전

문제는 사회복지실천 개입에서 클라이언트로 하여금 수치감, 죄책감, 비난, 낙인을 수반하며, 부정적인 전제를 가져오게 한다. 그러나 강점지향적인 사회복지사는 클라이언트의 문제들을 전환점, 도전, 성장의 기회로 바라볼 때 그들은 자기 자신의 관점을 의미 있게 변화시킨다.

(2) 병리보다는 강점

병리에 초점을 두면 강점으로 드러낼 클라이언트와 사회복지사의 능력을 덮어버리고, 병리로 진단을 하게 되면 개인의 강점을 덮어버린다.

(3) 과거보다는 미래를

의료모델에 초점을 둔 개입의 과정은 언제, 왜, 어떻게 클라이언트체계가 잘못되기 시작하였는지 과거를 탐색하게 된다. 그러나 강점지향적 사회복지실천은 미래의 성장을 위해 이용될 수 있는 자원을 발견하기 위해 현재를 탐색하도록 한다(이종복 외, 2010).

〈표 5-1〉 병리적 관점과 강점관점 비교

병리적 관점	구분	강점관점
개인을 사례, 즉 진단에 따른 증상을 가진 자로 규정한다.	개인	개인을 독특한 존재, 즉 강점을 가진 기질, 재능, 자원을 가진 자로 규정한다.
문제에 치료 초점을 둔다.	초점	가능성에 초점을 둔다.
클라이언트의 진술은 전문가에 의해 재해석되어 진단에 활용된다.	클라이언트의 진술	클라이언트의 진술은 그 사람을 알아가고 평가하는 중요한 방법 중 하나이다.
사회복지사는 클라이언트의 진술에 회의적이다.	사회복지사의 태도	사회복지사는 클라이언트의 진술을 인정한다.
어린시절 상처는 성인기 병리를 예측할 수 있는 전조이다.	아동기 외상	어린 시절의 상처는 개인을 약하게도, 강하게도 할 수 있다.
치료의 핵심은 실무자에 의해 고안된 치료계획이다.	치료작업의 중심	치료의 핵심은 개인, 가족, 지역사회의 참여이다.

사회복지사는 클라이언트의 삶의 전문가이다.	전문가	개인, 가족, 지역사회가 클라이언트 삶의 전문가이다.
선택, 통제, 헌신, 개인적 발달의 가능성이 병리에 의해 제한된다.	가능성	선택, 통제, 헌신, 개인적 발달의 가능성은 열려있다.
실천을 위한 자원은 전문가의 지식과 기술이다.	자원	실천을 위한 자원은 개인, 가족, 지역사회의 강점과 적응기술이다.
원조목적은 행동, 감정, 사고관계의 부정적인 개인적·사회적 결과와 증상의 영향을 감소하는 것이다.	원조	원조목적은 그 사람의 삶에 함께하며 가치를 확고히 하는 것이다.

2) 강점관점의 주요원리

강점관점은 문제 자체에 대한 관심보다는 해결점을 발견하고 강점을 강화시키고자 한다. 강점관점을 실천하기 위한 원칙은 다음과 같다.

(1) 모든 개인, 집단, 가족, 지역 사회는 강점을 가지고 있다

이는 사회복지사로 하여금 클라이언트의 문제에 집중하기보다는 클라이언트와 그를 둘러싼 환경의 강점을 찾는 데 초점을 두도록 한다.

(2) 병리는 도전이며 기회이다

이는 사회복지사로 하여금 클라이언트가 가지고 있는 문제의 영향을 인정하면서 그에 대한 해석을 달리하여, 문제를 도전의 전환점과 성장의 기회로 보게 한다. 도전은 클라이언트와 사회복지사 모두에게 긍정적인 사고방식과 행동양식을 갖게 한다.

(3) 모든 개인, 집단, 가족, 지역 사회의 능력에는 한계는 없다

이 원칙은 사회복지사가 먼저 클라이언트나 관련체계의 변화 가능성을 한계지어서는 안 된다는 의미로 사회복지사가 열린 마음으로 클라이언트의 변화가능성을 지지할 때 더 큰 효과를 얻을 수 있다는 것이다.

(4) 클라이언트와 상호 협력하여 최선을 다해 일한다

이는 사회복지사와 클라이언트는 수평적인 관계를 가지고 상호협력함으로써 함께 문제 상황을 변화시켜 나간다는 것을 의미한다.

(5) 모든 환경은 자원으로 가득 차있다

사회복지사가 자원의 중요성을 인식하고 환경 안의 자원을 사정하고자 한다면 기존에 예상하거나 자원이라고 생각하지 못했던 자원들을 환경 안에서 발견하도록 도울 것이다.

3) 강점관점과 사정

강점관점을 통한 사정은 매우 중요한데, 클라이언트의 문제를 실천가가 어떻게 정의하는가에 따라, 그리고 어떻게 평가하며, 상황과 관련된 역동적 요소에 어떤 의미를 부여하는가에 따라 그 실천적 개입의 방향과 방법이 달라지기 때문이다.

(1) 강점 찾기

① 사람들이 배운 것

사람들은 학대, 외상, 질병, 혼란, 억압 그리고 심지어는 그들 자신의 실수와 씨름하면서 세상을 배운다. 사람들은 성공한 경험을 통해서만 학습하는 것이 아니고 어려움과 실패를 통해서도 배우는데 '설사 그들 스스로가 잘못한 것일지라도' 그를 통하여 학습한다.

② 개인의 자질, 특성 및 미덕

사람들마다 개인적 자질, 특성 및 미덕 등은 강점이다. 이런 것들은 때때로 외상과 재앙을 통하여 연마되며 여기에 유머, 돌봄, 창의성, 충성심, 통찰력, 자립심, 영성, 도덕적 상상력, 인내 등 어떤 것이라도 포함될 수 있다.

③ 사람들이 주변 세상에 대해 알고 있는 것

교육을 통해서 배운 것에서부터 삶의 경험으로 알게 된 세상에 대한 정보는 강점이다. 어떤 사람은 대인 간 갈등을 포착해 내는 능력을 가졌을 수 있고 어떤 사람은 고통받는 사람을 위로하는 능력을 발달시켰을 수도 있다. 그리고 삶은 어린 아동이나 노인을 돌보는 능력을 부여했을 수도 있다.

④ 사람들이 가지고 있는 재능

사람들이 가지고 있는 재능은 놀랍다. 악기 연주, 이야기 들려주기, 요리, 집수리, 글쓰기, 목공 기술 등은 개인이나 집단이 그들의 목적을 달성하도록 도움이 되는 부수적인 도구나 자원을 제공할 수 있다.

⑤ 문화적 · 개인적 이야기

문화적이고 개인적인 이야기는 새로운 강점일 수 있다. 오늘날 지배문화에 가려져 있던 여성들의 이야기를 재발견하고 강점과 지혜를 발견하게 되는 기회가 되었다.

⑥ 사람들이 가지고 있는 자부심

어려움을 극복한 사람들, 불안과 고난을 딛고 일어선 사람들은 생존에 대한 자부심을 가지고 있다. 이러한 자기 존중감은 비난, 수치심, 낙인으로 가려져 있기도 한다.

⑦ 지역사회

지역사회에는 개발할 수 있는 물리적, 제도적 영역의 자원이 풍부하게 존재하지만 흔히 간과되고 있다. 지역사회는 지원요청을 받는다면 기꺼이 자신의 능력과 지식을 제공하고자 하는 많은 사람들과 조직이 있다.

⑧ 영성

영성은 의미를 구축하는 데 기여할 수 있다. 영성은 단순히 생물학적, 심리적, 사회적, 정치적, 문화적인 것을 초월하여 이 모든 것을 통합하는 존재의 본질이며 총체적인 특성이다.

4) 강점관점과 사회복지실천

강점관점은 수많은 이론과 모델에 내재되어 있어 다양한 분야의 실천방법들과 유사한 점이 많다는 점에서 다른 실천방법을 이해하고 익히는 데 필요한 기본 지식이 된다. 그리고 강점관점은 사고방식의 변화를 제공함으로써, 문제에 대한 인식의 전환을 이룰 수 있어 사회복지사로 하여금 사회복지실천의 변화를 도모하는 전환점을 제공함과 동시에 클라이언트에 대한 선입견을 없앨 수 있다.

또한 사회복지사와 클라이언트가 서로 협력할 때 가장 효과적인 실천이 이루어 질 수 있다는 것이다. 특히 클라이언트의 지식과 경험은 실천과정에서 중요한 자원이 된다. 전문가는 이를 존중해 주고, 주위에 존재하고 있지만, 우리가 생각하지 못한 자원을 연결시키는 역할을 수행함으로써 클라이언트가 중심이 되어 수립된 목표는 더욱더 긍정적인 효과로 이어질 수 있을 것이다.

06 CHAPTER 사회복지실천의 통합적 접근

개 요

통합적 접근은 사회복지실천의 대상들이 경험하는 다양한 문제들과 상황에 대응하기 위하여 이전에 행해지던 전통적인 방법론을 조합할 필요성에 의해 등장을 하였다. 본 장에서는 통합적 접근의 등장을 통해 사회복지실천의 변화와 다양한 실천의 모델들을 제시하고 있다.

학습목표

- 통합적 접근의 등장과 개념 및 특징을 이해할 수 있다.
- 통합적 접근의 실천모델을 이해하고 각 모델을 설명할 수 있다.
- 사례관리의 등장과 개념, 개입과정 등을 설명할 수 있다.

1. 통합적 접근의 등장

1) 통합적 접근의 등장배경

1920년대부터 1960대까지 전문가들은 인간행동을 평가하고 변화시키기 위해 의학적 접근방법을 사용하였다. 의료모델은 프로이트에 의해 시작되었으며 서비스 제공자는 환자의 '문제원인에 대한 규명'과 '진단, 그리고 치료'를 제공하였다. 즉, 클라이언트 문제원인은 개인의 정신내적 요인에 있다고 믿었으며 인간의 정서, 사고, 행동의 문제를 정신질환으로 규정하고 진단명을 붙였다. 그러나 1960년대 이후 전문가들은 의료모델의 효율성에 대한 의문과 함께 클라이언트 문제의 원인을 규명하는 데 있어 환경적 요인의 중요성을 강조하게 되었다.

프로이트 이론의 절대적 영향을 받고 있었던 전통적 사회사업방법론도 인간의 병리적 측면에 초점을 두었고 클라이언트의 과거 경험을 중시하였으며, 단선적 인과관계이론에 의존하여 접근하였다. 이러한 접근방법은 클라이언트의 인격발달과 치료적 측면이 강하였으며 문제해결은 클라이언트와 사회복지사의 전문적 관계 내에서 이루어졌다.

그러나 현대사회의 급속한 변화, 다양한, 복잡성으로 인해 증가되고 있는 클라이언트 개인과 가족, 그리고 지역사회의 기능을 회복하고 삶의 질을 향상시키기 위해서는 개인과 환경에 대한 개입을 중요시하게 되었다. 1970대 들어 사회복지 전문가들은 개인과 환경을 동시에 고려하여 이분화된 사회사업 영역을 통합하고 개별사회사업, 집단사회사업 및 지역사회조직사업 간의 경계를 넘어선 공통적 실천과정이 필요하게 되었으며 실천현장에서도 통합적이고 복합적인 지식을 근거로 한 광범위한 기술이 요구되었다.

통합적 접근방법의 등장배경에 대한 학자들의 견해를 살펴보면, 스텀프(Stumpf)는 전통적 접근방법의 사회복지사는 클라이언트의 생활상의 문제에 대해 전체적으로 개입하기보다는 사회복지사의 입장에서 적절히 처리할 수 있는 문제만을 부분적으로 잘라 내어 원조하는 형식을 취해왔다고 주장하였다.

핀커스와 미나한(Pincus & Minahan)은 사회복지사가 사회복지실천현장에서 클라이언트를 돕기 위해 개인이나 집단, 가족, 지역사회 각각에 제한되는 접근방법보다 여러 유형이나 규모의 체계들과 관계를 맺을 수 있는 접근방법이 필요하게 되었다고 하였으며, 따라서 모든 사회복지실천에 공통적으로 적용될 수 있는 통합적 접근의 필요성을 강조하였다.

브라이어(Briar)는 통합적 접근이 시도된 이유를 다음과 같이 설명하고 있다.

첫째, 전통적 방법은 주로 제한된 특정 문제 중심의 개입을 하고 있어 현대사회의 복잡한 문제 상황에 대해 적절히 개입하기 어려운 상황이 발생한다. 둘째,

전통적 방법은 지나친 분화와 전문화로 서비스의 파편화 현상을 초래함으로써, 다양한 문제와 욕구를 가지고 있는 클라이언트가 여러 기관이나 사회복지사를 찾아다녀야 하는 부담감을 야기한다. 셋째, 전문화 중심의 교육훈련은 사회복지사의 분야별 직장이동에 도움을 주지 못한다. 넷째, 공통기반을 전제하지 않는 분화와 전문화는 각각 별개의 사고와 언어 및 과정을 보여줌으로써 사회복지전문직의 정체성 확립에 장애가 되었다는 점이다.

또한 장인협(1999)도 사회복지실천에 있어 클라이언트의 심리·정서적 문제뿐만 아니라 사회적 보호 영역에의 개입이 필요하며 지역사회를 단위로 한 통합적 접근이 더욱 필요하다는 점을 강조하였다. 그는 소지역 내에서 통합적으로 또는 다차원적으로 개인, 집단, 지역사회에 개입할 수 있는 제너럴리스트 교육이 중점적으로 이루어져야 한다고 주장하였다.

결론적으로 통합적 접근은 일반체계이론과 생태학적 이론에 기초하여 과거의 심리학적 패러다임보다는 사회적 측면에서 사회문제와 인간의 욕구에 초점을 두는 것을 강조하였으며 인간과 환경과 관계의 중요성과 균형을 강조하였다.

체계이론과 생태체계적 관점은 사회복지실천가에게 사회체계를 분석하는 이론적 틀을 제공하였으며, 이러한 상호작용이 인간행동에 영향을 주는 요소들을 연구하게 하였다.

2) 통합적 접근의 특징

사회복지의 통합적 접근 방법이란 모든 사회복지사가 개인, 집단, 지역사회에 제기되는 문제에 대처해 나가고자 할 때 활용할 수 있는 방법의 통합화를 말한다.

밀레이는 "통합적 방법이란 사회복지실천의 목적을 달성하기 위한 현대적 접근방법이며, 이러한 관점은 개별적 접근의 한계를 넘어 다양한 인간체계에 대한 개입으로, 사회복지실천 영역의 확장"이라고 주장하였다.

이러한 접근은 다양한 인간 시스템, 즉 사회, 공동체, 이웃, 복합적 조직, 가족, 개인 등을 변화시켜 사회적 기능을 최대화시키는 것을 말한다.

통합적 접근의 일반주의 사회복지사(generalist)는 여러 상황에서 다양한 집단의 클라이언트, 즉 개인문제에서부터 사회문제까지 원조하며, 개인수준으로부터 지역사회수준까지 개입하는 기술을 사용한다.

통합적 접근의 일반주의 사회복지사의 특징은 다음과 같다.

첫째, 사회복지기관을 방문하는 클라이언트를 최초로 만나는 전문인이다.

둘째, 사회복지사는 클라이언트의 문제규명과 욕구를 평가하는 능력을 갖추어야 한다.

셋째, 클라이언트에게 서비스를 제공하기 위한 광범위한 지식과 기술을 가져야 한다.

또한 김융일(1995)은 통합적 접근방법의 특징을 다음과 같이 설명하였다.

① 사회사업에서 취해지고 있는 여러 가지 형태로 사회사업실천의 본질적 개념, 활동, 기술, 과업 등에 어떤 공통적 기반이 있음을 전제로 한다.
② 통합적 방법이 갖고 있는 가치관은 클라이언트의 잠재성을 인정하고 계속적 성장을 통하여 그의 잠재성을 계발할 수 있으며, 성장과 잠재성은 미래지향적임을 강조한다.
③ 과거의 심리 내적인 정신역동적 측면에 초점을 둔 것으로부터 사회와 문화, 즉 상황 속의 인간(person-in-situnation)을 이해하고 설명하는 데까지 확대된 개념을 사용한다.
④ 통합적 방법은 인간과 환경의 상호작용에 초점을 둠으로써 인간의 환경의 고유 영역, 사회적 기능수행 영역까지 사회복지사가 개입해야 함을 강조한다.
⑤ 클라이언트의 존엄성, 강점지향, 자기결정, 개별화를 극대화하고 실천과정의 평가를 강조한다.

2. 통합적 접근의 실천모델

통합적 접근의 실천모델은 핀커스와 미나한(Pincus & Minahan, 1973)의 4체계 모델, 콤튼과 갤러웨이(Compton & Gallaway, 1996)의 6체계 모델, 저메인과 기터만

(Germain & Gitterman, 1980)의 생활모델, 펄만(Perlman, 1957)의 문제해결모델, 권한부여모델 등이 있다.

1) 4체계 모델

핀커스와 미나한에 따르면 사람은 만족스러운 삶을 영위하기 위해서는 주변환경의 체계에 의존하기 때문에 사회복지사는 체계의 변화에 초점을 맞추어야 한다(Pincus & Minahan, 1973). 이러한 체계에는 첫째, 가족이나 친구, 동료와 같은 비공식적 지원체계, 둘째, 지역사회집단이나 협회와 같은 공식적 지원체계, 셋째, 병원과 학교와 같은 사회적 지원체계가 있다.

핀커스와 미나한의 이론에 따르면 문제가 있는 사람의 경우는 도움체계가 존재하지 않거나 적절한 자원이 부족하기 때문에 사회복지사는 클라이언트와 환경 간의 상호작용을 향상시키고 문제를 해결하도록 돕는다. 핀커스와 미나한의 통합적 접근의 실천과정은 네 가지 체계로 구성되어 있다. 사회복지사의 목적을 정의하는 데에는 두 가지 중요한 요인이 포함된다. 즉, 모든 체계(클라이언트, 행동, 표적, 변화매개)의 결과목표와 사회복지사의 방법목표이다. 사회복지사의 목적은 특정 과업을 성취함으로써 달성된다. 핀커스와 미나한의 기본 4체계는 다음과 같다.

(1) 클라이언트체계(the client system)

서비스나 도움이 필요한 사람을 지칭하며 사회복지사(변화매개인)와 계약이 이루어졌을 때 클라이언트가 된다. 사회복지사는 클라이언트체계와 결과목표에 합의에 이르지 못하고서는 목적을 명확히 할 수 없다. 이 목표는 사회복지사와 클라이언트 사이의 계약으로 구체화될 수 있고 이 목표는 변화할 수 있다.

(2) 행동체계(the action system)

변화매개인들이 변화노력을 달성하기 위해 상호작용하는 사람들을 말하는데 이웃, 가족, 전문가 등이 포함된다. 계획적 변화노력에서 사회복지사와 함께 일하는 사람들로 구성된 행동체계가 클라이언트 이외의 사람을 포함할 때 그들의 결과목표 또한 고려되어야 한다. 행동체계의 구성원들이 클라이언트체계의 결과목표에 찬성한다면 그들의 협력은 좀 더 쉽고 확고해질 수 있지만, 그들은 또한 그들 나름대로의 개인적 이익을 위해 변화노력에 참여할 수도 있다.

클라이언트체계와 행동체계의 목표가 갈등적이고 행동체계의 구성원들이 클라이언트체계의 결과목표를 희생시키면서 그들의 결과목표를 성취하려고 한다면 사회복지사는 클라이언트체계를 지원하여 행동체계에 영향을 미쳐야 할 것이다.

(3) 표적체계(the target system)

표적체계, 즉 변화매개인이 변화 또는 그의 목표를 달성하기 위해 영향을 주거나 변화시킬 필요가 있는 대상을 말하며 클라이언트체계와 동일할 수도 있고 상이할 수도 있다. 표적체계는 클라이언트체계 외부에 있을 때 클라이언트체계의 목표에 동조적이거나 적대적일 수 있다.

(4) 변화매개체계(the change agent system)

변화매개인은 도움을 주는 사람으로서 사회복지사를 의미한다. 사회복지기관은 그 기관 자체의 일반적인 서비스 초점을 개발하며, 기관의 경과목표는 기관의 정책으로 해석되기도 하는데 사회복지사에게 영향을 미친다. 사회복지사 자신도 그가 달성하고자 하는 특정한 결과목표를 가질 수 있으나 클라이언트의 목표에 우선해서는 안 된다.

2) 6체계 모델

콤튼과 갤러웨이(Compton & Gallaway, 1996)의 6체계 모델은 핀커스와 미나한의 4체계에 2체계(전문가체계, 응답-의뢰체계)를 추가한 것으로 클라이언트의 문제를 클라이언트의 인성의 문제에서 클라이언트체계 혹은 환경과의 상호작용 안에서 발생하는 것으로 전환하게 되었다. 이러한 체계들은 항상 명확히 구분될 수 있는 것들이 아니고 각 체계들이 사회복지사 체계와 만나게 되는 목적 그리고 만남을 통해 맺게 되는 관계양상에 따라 변할 수 있다.

(1) 클라이언트체계(the client system)

(2) 행동체계(the action system)

(3) 표적체계(the target system)

(4) 변화매개체계(the change agent system)

(5) 전문가체계(professional system)

전문가체계는 전문성을 강화하고 전문직의 위상을 높이기 위해 노력하는 전문가단체, 전문가를 육성하는 협의체, 전문직들이 일하는 기관의 연합으로 구성된 체계 등을 말한다. 전문가 체계는 사회복지사들의 활동에 정당성을 부여하고 사회복지사들이 갖추어야 할 가치체계와 윤리체계를 마련하여 실천하게 하며, 사회복지사가 자신이 속한 기관에서 자신의 영향력을 증가시키거나 사회변화 활동을 할 때 전문가체계의 지원을 받을 수 있다(김혜영 외, 2020).

(6) 문제인식체계(problem-identification system)

잠재적 클라이언트를 사회복지사의 관심 영역으로 끌어들이기 위한 행동체계로 클라이언트가 다른 사람의 요청, 예를 들어 법원, 경찰 등에 의해 강제로 오게 되는 경우를 말한다. 클라이언트가 타인의 요청이나 법원, 경찰 등에 의해 강제로 사회복지기관에 오는 경우 일반 클라이언트체계와 구별하기 위해 사용된다. 서비스를 요청한 사람은 의뢰체계이고 법원이나 경찰, 외부 전문가 등의 요청으로 강제로 서비스 기관에 오게 된 체계를 응답체계라고 할 수 있다.

3) 생활모델

생활모델(life model)은 생태적 관점에서 나온 실천모델로서 사람과 환경을 통합적으로 보고 개인과 환경 모두를 변화시켜야 한다고 보는 관점이다.

이 이론의 핵심은 개인은 환경과 상호작용하는 관계 속에서 지속적으로 적응해 나간다는 것이다. 환경과 적응하며 성장하는 개인이 있는 반면 삶의 상황에서 지나친 스트레스로 인하여 문제가 발생하는 개인도 있다. 개인의 연관성, 자신감, 삶의 만족 등은 환경에 대한 적응과 깊은 관계가 있다.

이 방법은 한 개인의 결점에 초점을 맞추지 않고 오히려 클라이언트의 장점과 삶의 과정상 나타나는 실천상의 관계에 초점을 맞추어 상호작용하도록 만들어진 모델이라는 점에서 기존의 실천접근법과 상당히 다르다.

생활모델의 목표는 치료를 제공하는 것이 아니라 건강, 성장 그리고 개인의 잠재성을 표현하도록 격려하고, 성장과 행복을 조장하고 지속시킬 수 있는 환경을 만들어 내며, 개인을 그 환경에 잘 적합하게 되도록 변화시키는 것이다.

생활모델은 문제를 개인의 장애로서만 파악하지 않고 생활환경 내에서 파악하며, 개인이 환경과의 적응적 교류와 균형이 깨어지면 스트레스(긴장)가 발생한다고 하였다. 그 긴장은 ① 생활주기의 변화(성장발달 면에서의 변화, 지위와 역할의 변화 등), ② 환경의 압력(기회의 불균등, 융통성 없는 조직 등), ③ 대인관계의 과정(착취, 비일관적 · 비합리적 기대감) 등에 의해서 발생한다고 보았다. 따라서 생활모델은 생활 그 자체를 모델로 삼고 그것이 지니고 있는 성장과 발달 및 문제해결의 힘을 동원 · 촉진시키기 위해여 넓은 범주의 접근을 모색하고자 하는 데 그 특징이 있다.

생활모델은 개인과 환경에서의 동시적 초점을 제공할 수 있는 개념들과 조직적(organizational) 지역사회, 그리고 문화적 상황 안에서 개인, 가족, 집단과 같이 활동할 수 있는 실천원칙과 기술들을 통합하는 실천방법을 개발하려고 시도한다(Turner, 1986).

생활모델은 문제를 병리적 상태의 반영이 아닌 사람, 사물, 장소, 조직, 아이디어, 정보, 가치들과 같은 생태체계의 요소 간 상호작용의 결과라고 정의한다. 또한 문제는 성격장애가 아닌 스트레스 요인, 스트레스 대처방법을 찾을 수 있는 길을 안내해 주며, 관계, 자존감 및 자발성을 복원 또는 강화시켜 줄 수 있는 중재방법을 찾는 것을 추구하도록 한다. 이러한 목적에 대한 구체적 목표는 클라이언트와 함께 만들어지고 결정하게 된다.

4) 문제해결모델

사회복지실천에 있어서 가장 폭넓게 사용되는 문제해결모델(problem-solving model)은 시카고 대학의 펄만에 의해 소개되었다. 문제해결모델(problem solving model)은 개인과 환경은 분리해서 이해할 수 없다는 생태체계적 관점과 일치하며, 문제의 발생과 관련된 개인의 환경과 관계망 등 다양한 변수를 고려하는 측면에서 현대적 접근방법이다.

문제해결모델에서 인간의 삶은 문제를 해결해 가는 연속과정이며, 사람들은 매일의 삶에서 다양한 문제를 경험하고 해결하는데 특정 문제에 고통받고 어려움을 느끼는 것은 그 문제 때문이 아니라 그 문제를 해결하는 태도나 능력이 부족하기 때문이라고 본다.

(1) 문제해결모델의 특성

문제해결모델은 자아개념을 중시하면서 클라이언트 자신이 문제해결자임을 강조한다. 이 모델은 자아심리학, 실용주의철학, 역할이론 혹은 사회심리학, 문화인류학의 영향을 받았으며 사회복지 분야에서는 진단주의나 기능주의의 영향을 강하게 받은 절충주의의 대표작이라고 할 수 있다(이은희 · 김남숙, 2014). 이러한 문제해결모델은 초기단계부터 사회복지사와 클라이언트가 함께 적절한 과정을 거쳐 단계적으로 실천 가능한 것으로부터 최종적 목표를 도달하는 특징이 있다(방미진 · 황영미, 2011).

(2) 문제해결모델의 구성요소(4P이론)

펄만은 문제해결 과정이 문제, 사람, 장소, 과정의 4대 요소로 이루어진다고 하였다(Perlman, 1957).

① 사람(Person)

문제로 인해 도움을 요청하는 사람, 즉 클라이언트를 의미한다. 여기서 클라이언트란 주로 개인을 의미하며 때때로 가족도 중요하게 다루어진다. 사람과 관련한 특징은 다음과 같다(장인협, 2005).

- 인간의 행동은 목적과 의미가 포함되어 있다. 사람은 행동에 의하여 만족을 얻거나 욕구충족을 한다.
- 행동이 그 사람에게 행복을 주고 있는지 아닌지는 그의 성격의 구조와 관계가 있다.
- 성격의 구조와 기능은 그가 경험을 하게 되는 신체적·심리적·사회적 환경과의 지속적인 상호작용에서 생기는 유전적인 능력의 산물이다.
- 사람은 인생의 어떠한 단계에 있어서도 생태적이며 양육적인 하나의 산물일 뿐 아니라 현재와 미래에 걸쳐서 연속하여 일어나는 과정 속의 존재이다.
- 사람들의 행동은 인간과 문화가 그 사람이 지닌 지위와 사회적 역할에 대하여 갖는 기대에 따라서 형성되고 평가된다.

② 문제(Problem)

문제란 개선이나 조정을 필요로 하는 어려움을 말한다. 클라이언트가 호소하는 어려움은 개인과 환경 사이의 상호작용 과정에서 나타나게 되는 충족되지 못한 욕구, 사회적 기능상의 문제, 대인관계상의 문제 등이 있다.

③ 장소(Place)

장소란 도움이 필요한 클라이언트에게 서비스를 제공해 주는 공간을 말한다. 일반적으로 사회복지기관은 사회복지실천과 기술적인 발전으로 인해 지역사회, 클라이언트의 가정, 온라인을 통한 가상의 공간까지도 실천의 장소로 이해될 수 있다.

④ 과정(Process)

과정이란 클라이언트가 호소하는 문제들을 해결하기 위한 체계적인 연결고리를 의미한다. 일반적으로 문제해결 과정은 사정, 계획, 개입, 평가의 단계로 진행된다.

문제해결의 과정은 문제해결에 무엇을 내포하는가를 이해하기 위해서는 일반적인 문제해결 과정에서 일어나는 장애요인들에 대한 검토가 우선되어야 하며, 클라이언트가 문제에 관여하여 대처함으로써 현재의 생활과 장래의 생활에도 안정성을 가지게 된다. 또한 문제해결을 위해서는 그것을 필요로 하는 사람들에게 물질이나 기회가 주어져야 한다.

이 모델의 핵심은 성공적 개입은 변화를 향한 클라이언트의 동기, 능력, 기회에 근거한다는 점이다. 문제해결접근은 변화하고자 하는 동기 없이는 클라이언트에게 진전이 없을 것이라는 전제에 기초한다. 문제해결 과정에서 사회복지사는 클라이언트의 능력을 고려해야 하며, 기회는 클라이언트가 상호작용하는 환경 내에서의 자원활용 가능성과 관계된다.

5) 임파워먼트모델

임파워먼트(empowerment model)은 강점관점보다 좀 더 협의의 개념으로, 클라이언트를 문제중심으로 보는 것이 아니라 강점중심(strength perspective)으로 봄으로써 클라이언트의 잠재능력 및 자원을 인정하고 클라이언트의 회복력을 전제로 하여 클라이언트가 스스로 삶을 결정할 수 있도록 능력을 부여하는 것을 말한다. 이 모델에서는 사회복지사와 클라이언트의 관계가 상호 협력적 파트너십으로 규정된다.

1971년대에는 일반체계이론과 생태학이론이 사회복지의 주요 이론 틀로서 활용되면서, 생태체계관점에 근거한 강점지향 혹은 해결중심 접근의 중요성이 대두되었고, 이는 1970년 중반에 임파워먼트모델로서 새롭게 나타나게 되었다. 따라서 이 모델은 완전히 새로운 것이 아니라 일반사회복지에 오랫동안 내재되어 있던 강점중심 개입의 재부상이라고 할 수 있다(김혜영 외, 2015).

(1) 임파워먼트모델의 개념

사회복지실천에서 임파워먼트를 어떻게 활용하는지 이해하기 위해서는 강점관점, 임파워먼트과정, 역량강화에 대한 이해가 선행되어야 하며, 이들이 서로 분리된 것이 아니라 연속적인 일련의 과정으로서 상호 밀접한 연관성을 가진다는 것을 알아야 한다.

① 임파워먼트(권한부여)

권한부여는 전통적인 힘, 통제력, 소유 또는 다른 사람에 대한 영향력, 법적 또는 행정적 권위, 삶의 능력과 권위, 물리적인 힘에 대한 개념으로 다른 사람 등에 대한 통제력, 인간으로서의 권위, 영향력의 소유일 뿐 아니라 자기 삶에 대한 통제력을 갖는 것을 의미한다. 특히 개인의 자기확신, 변화의 가능성, 개인의 진정과 같은 심리학적 경험 등을 강조한다.

② 전문적 관계에 대한 시각 : 협력과 파트너십

임파워먼트 모델에서 클라이언트는 전문적인 파트너로서 변화과정에 능동적으로 참여하며, 자신이 처한 환경과 능력을 가장 잘 알고 있는 사람으로 간주된다. 이는 사회복지사와 클라이언트 사이에 상호협력적인 파트너십을 갖게 하는데 상호협력은 클라이언트와 전문가가 서로의 자원을 서로 협력하여 활용하기 때문에 문제해결에 대한 자원의 범위가 넓어지며 변화의 책임에 대한 전문가의 부담을 약화시키면서 성장을 촉진한다(김미옥, 2007).

③ 클라이언트에 대한 시각 : 소비자

클라이언트를 소비자로 보는 개념을 가장 잘 반영한 것이 바로 임파워먼트 접근이다. 클라이언트를 동등한 파트너로서 상호협력적인 관계로 규정한 것은 사회복지의 오랜 가치인 자기결정권에 대한 신념의 실천이다. 클라이언트를 개입의 객체가 아닌 주체로 보기 때문에 자기결정권은 가장 보호되고 반영될 수 있다. 따라서 임파워먼트 접근은 클라이언트를 수혜자, 환자 그리고 도움을 받는 사람이 아니라 소비자라는 개념으로 전환한다(김미옥, 2007; Miley et al., 1995).

④ 역량

역량은 어떤 행위를 실제로 수행하는 신체적·심리적 힘으로, 인간체계의 구성원을 돌보는 기능을 수행하며 다른 체계와 효율적으로 상호작용하는 개인의 특성, 대인관계, 사회적·물리적 환경의 자원체계에 기여할 수 있는 능력을 말한다. 이러한 임파워먼트는 우리의 삶 속에서 역동적으로 발생하게 되는 것으로 사회복지사와 클라이언트 사이의 파트너십을 형성하여 협력을 통하여 이루어져야 하며 클라이언트의 역량이 강화되어 일상생활에서의 대처기술이 향상되어야 한다.

(2) 임파워먼트모델의 실천과정

임파워먼트모델에서 사회복지사는 생태체계관점과 강점지향적 실천을 적용한다. 먼저 사회복지사가 클라이언트의 상황과 환경을 고려하고 클라이언트의 강점과 환경적 자원을 찾아 그들의 고정된 문제보다는 변화 가능한 문제와 욕구를 표현하도록 한다. 그리고 사회복지사는 여러 다양한 체계수준의 해결을 위한 기술을 이끌어 내어 상호 관련시켜야 한다. 또한 사회복지사는 변화과정의 동반자로서 클라이언트와 협력하여야 한다. 개인, 가족, 지역사회가 클라이언트의 상황을 개선하는 행동을 하게 함으로써 개인과 개인 상호 간 또는 다양한 힘을 증가시키게 된다. 그러므로 클라이언트는 사회복지사와 협력적 관계를 통해 목표나 방향 설정에 있어서도 스스로 통제력을 가지게 되는 것이다.

3. 사례관리실천

1) 사례관리의 등장

통합적 실천방법으로서 사례관리는 정신건강증진서비스 영역에서 복합적인 욕구를 가진 클라이언트에게 통합적 서비스를 제공하면서 발달하게 되었다. 사례관리는 1990년대부터 본격적으로 논의되기 시작하고, 최근 미국의 대인서비스 분야에서 가장 널리 보급되어 있는 서비스 전달방식으로 새로운 사회복지실천방법으로 자리잡고 있다. 우리나라에서도 기존의 사회복지실천방법들을 통합하는 방법론으로 인정받고 있고, 정신보건 영역, 재가복지 영역 등에서 활발히 사용되고 있다.

사례관리의 등장배경을 정리해 보면 다음과 같다(Moxley, 1989).

(1) 지역사회보호의 확산

사례관리는 대규모 수용시설에서 탈피하여 지역사회보호의 개념이 도입되면서 시작되었으며, 시설에서 퇴소한 클라이언트를 지역사회 내에서 지속적으로 보호하고 관리할 수 있는 방법으로 대두되었다.

(2) 클라이언트의 복합적인 욕구에 따른 서비스 통합의 필요성

지역사회에서 복합적인 욕구를 가진 복지대상자는 증가하는 반면, 기존의 사회복지서비스는 단편화·분절화되어 있어 이에 대한 대응방안 마련이 절실하였으며, 보건과 복지서비스에 대한 연결과 조정이 본격화되면서 통합의 방법으로 사례관리실천이 인정받게 되었다.

(3) 클라이언트와 그 가족에게 부과되는 과도한 책임

탈시설화를 통해서 만성적이고 복합적인 욕구를 가지는 클라이언트가 재가서비스 중심의 지역사회보호 서비스로 전환되면서 클라이언트와 그 가족들은 지역사회 내에 적절한 환경자원의 미비로 많은 책임을 안게 되었고, 이로 인해 클라이언트를 보호해야 할 가족들에게는 돌봄의 부담이 매우 커지게 되었다. 따라서 클라이언트와 그 가족들을 위해 다양한 서비스 자원들을 연결하고 지원하는 서비스 기능이 필요하게 되었다.

(4) 비용 절감 및 서비스의 효율성 제고

사회복지서비스가 정부의 개입을 점차 줄이고 이를 지방자치정부와 민간기관으로 이양하는 혼합적 형태의 복지가 주류를 이루게 되면서 정부의 입장에서는 대규모 사회복지시설을 통한 서비스 제공은 많은 비용이 들기 때문에 상대적으로 저렴한 지역사회 중심의 재가서비스를 확대하게 되었다. 즉, 지역사회에서 이루어지는 서비스를 조직화하고 통합적으로 관리하는 비용효과적인 서비스 전달체계를 필요로 하게 되었다.

2) 사례관리의 개념과 목적

(1) 사례관리의 개념

사례관리는 사회복지실천의 새로운 접근방법으로 단일한 개념으로 정의내리기는 매우 어렵다. 여기에서는 사례관리에 대한 이해를 돕고자 여러 학자들의 정의를 정리하였는데 그 내용은 아래와 같다.

미국사회사업백과사전(1987)에 따르면 사례관리란 복잡한 문제와 장애를 가진 클라이언트가 적합한 형태로, 적절한 시기에, 그들이 필요로 하는 모든 서비스를 받을 수 있도록 보장하는 것으로 포괄적인 서비스를 제공하기 위한 방법으로 정의하고 있다.

존슨과 루빈(Jonhson & Rubin, 1983)에 따르면 사례관리란, "사례관리자가 클라이언트를 복잡한 서비스 전달체계와 연결시켜 적절한 서비스를 받을 수 있도록 책임지는 것"으로 정의하고 있으며, 바커(Barker, 1991)는 사례관리란 "클라이언트나 클라이언트 집단을 위해 모든 원조활동을 조정하는 절차"라고 정의하면서 한 기관 혹은 다양한 기관의 사회복지사들이 전문적인 팀워크를 통해 클라이언트에게 제공될 서비스를 조정하고 필요한 서비스를 확대하며 전문적인 서비스 제공과정을 점검하고 평가하여 재사정하는 과정이라고 하였다. 목슬레이(Moxley, 1989)는 사례관리란 "복합적 욕구를 가진 사람들의 기능화와 복지를 위해 공식적·비공식적 지원과 활동의 망을 조직·조정·유지하는 것"이라고 정의하고 있으며, 그 구체적 내용으로는 서비스와 지원들을 이용하고 접근하는 데 있어서 가능한 클라이언트 자신의 생활기술을 증진시키도록 하는 것, 클라이언트의 복지와 기능화를 증진시키기 위해 사회적 망과 관련 대인복지서비스 제공자들의 능력을 발전시키도록 하는 것, 그리고 가능한 한 가장 효율적인 방법으로 전달되는 서비스 및 지원이 되도록 하고, 동시에 서비스의 효과성을 증진시키도록 하는 것으로 개념을 정의하고 있다.

이상의 개념 정의를 종합해 보면, 사례관리란 복합적인 욕구를 가진 클라이언트에게 다양한 서비스를 전달하기 위한 전략으로 복합적인 욕구를 지닌 클라이언트를 대상으로 사례관리자 또는 사례관리팀이 공식적, 비공식적 지원망과 클라이언트의 기능과 복지를 최대화하기 위해 고안된 활동을 조직하고 조정하며 유지하는 사회복지실천의 방법이라고 할 수 있다.

(2) 사례관리의 목적

사례관리의 목적은 클라이언트의 욕구에 맞는 적절한 서비스를 제공하고 이를 조장하여 줌으로써 지역사회 차원에서 독립적인 생활을 할 수 있도록 도와주는 데 있다고 할 수 있으며 그 목표는 다음과 같다(김성경, 2017).

① 클라이언트 역량강화

클라이언트 역량강화는 강점과 역량을 키우고, 사회적 관계능력을 향상시키고, 클라이언트가 자신의 생활을 관리할 수 있는 힘을 키우는 것을 의미한다.

② 클라이언트의 상호작용 능력 향상

이는 클라이언트의 역량강화와 연결되는 것으로 자발적으로 지역사회와 상호작용하고 참여하는 능력을 증진시킴으로써 클라이언트가 자신이 원하는 자원을 얻을 수 있는 힘을 갖추는 것을 의미한다.

③ 클라이언트에게 통합된 서비스 제공

클라이언트가 필요로 하는 서비스를 포괄적으로 제공하는 것으로 클라이언트에게 통합된 서비스를 제공하는 것은 서비스의 파편화와 중복을 감소시키고 서비스들 간의 상호작용을 촉진시킨다.

④ 클라이언트에게 보호의 지속성 보장

이는 클라이언트의 욕구 충족을 위해 일정한 장소나 기간 동안 서비스를 지속적으로 제공하는 것이다.

⑤ 클라이언트에게 질 높은 서비스 제공

사례관리는 개별 클라이언트의 욕구에 맞는 맞춤 서비스와 가장 효과적인 우수한 서비스를 제공하며, 보다 우수한 서비스로 조정하고자 하는 목표를 가진다.

⑥ 사례관리의 책임성 증진

사례관리의 과정과 결과, 질적 수준 등을 모니터하고 평가함으로써 서비스의 책임성을 증진하는 것이며, 서비스 비용효과성을 높이고 비용 절감을 하는 것을 말한다.

3) 사례관리의 기능

(1) 직접적 서비스 기능

사례관리자가 클라이언트를 대상으로 직접적 서비스를 제공하는 임상적 실천 활동을 말한다.

① 상담 및 치료

상담기능은 사례관리자가 클라이언트와 관계를 유지하는 일차적 기능으로 전통적인 심리치료의 기능을 수행하기보다는 지금-여기(here & now) 문제를 해결하는 실천적 기능을 한다. 기본적인 서비스 기능으로는 감정이입, 격려, 조언, 지지, 요약 등 다양한 상담기술을 활용하며, 이러한 상담기능은 사례관리 과정 중에 지속적으로 수행된다.

② 클라이언트 역량강화

이는 클라이언트가 이미 가지고 있는 내적 자원 및 역량에 초점을 맞추고, 클라이언트가 자신의 강점과 자원을 발견하고 활용하는 것을 돕는 것을 의미한다.

③ 교육 및 훈련

사례관리자가 실제 수행하는 많은 업무 중 하나는 교육 및 훈련의 기능이다. 사례관리자는 구조화된 학습방법을 통해 클라이언트가 욕구 충족을 위해 필요한 기술을 직접 활동하도록 지원하는 것을 말한다. 모델링, 코칭, 역할 바꾸기, 실습 등 다양한 학습방법을 활용할 수 있다.

④ 정보 제공

정보 제공이란 사례관리자가 클라이언트에게 필요한 정보를 파악하여 제공하는 활동을 말하며, 정보를 담은 자료 및 책자, 인터넷 정보, 매뉴얼을 제공하거나 직접 설명하는 등 다양한 방법이 사용되고 있다. 정보 제공을 위해서는 다양한 경로의 정보수집단계와 정보를 클라이언트 욕구수준에 따라 분류하고 재조직화하는 정보처리 단계를 거치고 클라이언트의 수준에서 이해가 가능하도록 해야 한다.

(2) 간접적 서비스 기능

간접적 기능은 사례관리자가 클라이언트의 욕구 해결을 위해 지역환경 자원을 활용하거나 주변환경체계의 변화, 관련체계 간의 변화를 가져오고자 하는 활동을 말한다.

① 연계

연계 기능은 클라이언트의 욕구 해결을 위한 서비스 또는 자원이 기관 내에 없어 사례관리자가 외부 지역사회에서 자원 및 서비스를 연결하는 활동이다. 사례관리자는 클라이언트의 욕구와 최적의 문제해결을 위해 공식적·비공식적 자원을 적절하게 연계한다.

② 조정

사례관리의 서비스 조정 기능은 서비스 중복이나 누락의 문제점을 해결하기 위한 활동으로 사례관리 운영체계 안에서 여러 전문가가 제공하는 서비스의 적절한 조정활동이다.

③ 옹호

옹호란 사례관리자가 클라이언트의 대변자로서 클라이언트의 권리를 위해 목소리를 내는 것이다.

4) 사례관리의 특징

사례관리는 과거부터 수행되었던 사회복지실천과는 전혀 다른 새로운 것인가? 아니면 예전부터 존재해 왔던 실천방법인가? 어떤 점에서 비슷하고 또 어떤 점에서 다른가? 사례관리의 특징을 통해 사례관리에 대해 좀 더 깊이 이해해 보자.

(1) 클라이언트 욕구에 초점을 두고 기관 내 서비스로 한정하지 않음

사례관리가 기존의 전통적 개별 사회복지실천과 다른 점은 기관의 서비스와 프로그램에 기초하여 서비스를 제공하지 않는다는 점이다. 즉, 클라이언트의 욕구에 초점을 두고 기관의 범위를 넘어서 지역사회 차원에서 좀 더 적극적으로 서비스를 제공한다. 특정 기관에서 제공하지 않는 어떤 서비스가 클라이언트에게 필요하다면 사례관리자는 다른 기관을 통해 서비스를 받을 수 있도록 연결한다.

(2) 단편화되고 파편화된 서비스를 통합적으로 관리

공식적 또는 비공식적인 자원을 연계하고 조정한다. 자원체계 간 연결, 조정 등의 활동을 한다.

클라이언트를 위한 원조활동의 조정 절차는 기관 내의 많은 사회복지사로 하여금 전문적인 팀워크를 통하여 클라이언트에게 제공하려는 서비스를 조정할 수 있게 함으로써 서비스의 범위를 넓혀준다.

(3) 서비스의 접근성 향상

복잡한 프로그램, 자격조건 등이 다르거나 까다로워서 서비스 접근에 어려움이 있는 경우 클라이언트는 서비스를 받지 못하는 경우가 많았다. 그러나 사례관리는 다르다. 사례관리자는 서비스 제공자와 접촉하여 중개역할을 하면서 클라이언트가 자원이나 서비스에 접근하기 쉽도록 서비스의 접근성을 향상시킨다.

(4) 투입과 과정에 대한 평가

사례관리는 사례를 발견하고 종합적이고 다차원적으로 평가하고, 빈번하게 재평가하는 과정을 포함한다. 특히 서비스 제공 계획이 제대로 진행되고 있는지 서비스의 이행과 전달에 대해 지속적으로 감독하고 평가한다. 클라이언트의 욕구를 사정한 후 서비스를 제공하고 클라이언트의 문제가 어떠한 변화를 보이는지 지속적으로 평가한다. 사례관리자는 클라이언트와 서비스 제공자들을 직접 접촉하면서 이러한 과정을 점검하고 진행과정을 논의한다.

(5) 복합적인 문제를 가진 개인의 자원 획득 및 활용 능력 강화

사례관리는 클라이언트 자신의 생활기술을 증진시킴으로써 서비스와 자원을 이용할 수 있는 능력을 강화한다. 이는 사례관리의 목적과도 연관되는 것이다. 클라이언트의 사회적 기능을 향상시키기 위해 사회적 망과 관련 대인복지 서비스 제공자들의 능력을 발전시키도록 한다.

(6) 서비스의 중복 가능성을 낮춰 자원을 효율적으로 사용

지역사회 내에는 비슷한 서비스가 다양한 기관에서 제공되므로 사례관리를 통해 서비스의 중복제공을 낮춰 자원을 효율적으로 사용한다.

(7) 임상적 욕구를 가진 클라이언트에게는 치료적 상담 실시

사례관리의 중요한 기능 중 하나는 임상실천적 기능이다. 이는 클라이언트에 대한 교육, 지지, 위기상황에 대한 개입, 상담 등 직접적 서비스를 제공하는 것이다. 따라서 치료, 교육 등 직접적 서비스 제공을 원하는, 즉 임상적 욕구가 있는 클라이언트에게는 치료적 상담을 실시한다.

(8) 클라이언트의 가족과 일차집단의 클라이언트에 대한 보호능력 확대

사례관리의 등장배경에는 사회복지서비스의 비용에 대한 국가 및 정부의 부담이 크다는 점을 들 수 있다. 이러한 부담을 완화하기 위해 클라이언트의 가족과 친지 같은 일차집단이 제공하는 사회적 지지 등을 활용하고자 하였다. 따라서 사례관리는 클라이언트의 가족과 일차집단의 클라이언트에 대한 보호능력을 확대시키려고 한다.

5) 사례관리의 구성 요소

사례관리를 구성하고 있는 요소는 일반적으로 사례관리 대상자, 즉 클라이언트, 사회자원체계, 사례관리자, 사례관리 기관 등으로 이루어진다.

(1) 대상자(클라이언트)

사례관리 대상자는 다양하고 복합적인 욕구를 가지고 있으면서도 신체적・기능상의 여러 가지 문제들로 인해 스스로 욕구를 충족하기 어려운 사람들이다. 그들은 다양한 방법을 통해서 기관에 찾아온다. 기관에서 공익 광고나 안내책자를 통하여 홍보를 하기도 하며, 자원봉사자, 실습생들이 지역사회를 방문할 수도 있다. 그들은 다음과 같은 특징을 가지고 있다.

첫째, 복합적인 욕구를 충족할 수 있는 사회자원의 존재를 모르거나, 사회자원과의 연결에 어려움을 가지고 있거나 사회자원의 이용방법을 알지 못하는 것이다.

둘째, 만성질환을 가지고 있으며 신체적·정신적으로 심하게 손상된 것이다.

셋째, 자신들을 보호해 줄 가족이 없거나 가족이 있어도 그들을 적절하게 보호하지 못하는 것이다.

넷째, 공적 서비스뿐만 아니라 비공식 지원체계의 보호를 필요로 하는 것이다.

다섯째, 자기보호능력이 상실되어 있으며 개별적인 옹호가 필요하다는 것이다.

(2) 사회자원 체계

사례관리자는 클라이언트에게 자원체계에 관한 상세한 정보를 우선적으로 제공하고 자원체계와의 연결 시 발생할 수 있는 난점을 점검하여 중개자로서의 역할을 수행하게 된다. 이때 자원체계와의 연결은 외부적인 것과 아울러 내부적인 것일 수도 있으며, 공식적 및 비공식적인 접근 모두 필요한 것이다.

사회자원체계								
공식적 자원				비공식적 자원				
기업	행정	의료· 사회복지 법인	지역의 자주적 단체	자원 봉사자	이웃	친구	친척	가족

(3) 사례관리자

사례관리자는 일반적으로 클라이언트의 욕구를 확인한 후 관계를 수립하고, 클라이언트의 욕구를 사정하며, 적절한 서비스를 계획하거나 배치하고, 클라이언트를 여러 자원에 연결하며, 목표를 성취하기 위한 과정을 감독하는 등의 활동을 수행한다.

(4) 사례관리 기관

사례관리 기관은 지역수준에서 권위를 가지고 일정한 표적인구집단에게 서비스의 체계적인 통합을 보장하는 조직이나 기관이다.

6) 사례관리의 과정

사례관리의 과정은 사례관리 체계 내에서 사례관리실천의 목적을 달성하기 위해 수행되는 과정이다. 다양한 사회복지현장이 있지만 사례관리실천은 공통되며, 시간적으로 전개되는 과정을 가진다.

사례관리 과정은 시간적 단계로 이루어지지만, 단선적인 과정인 아닌 순환적 과정으로, 재사정이 일어나면 서비스 계획은 수정되고 개입(실행)의 변화가 나타나기도 한다.

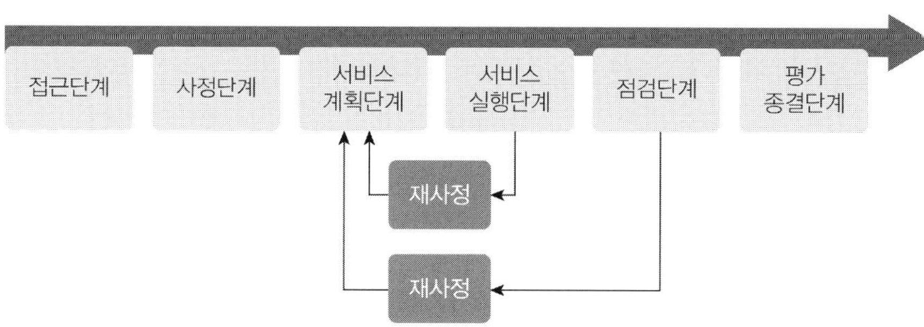

(1) 접근단계(초기단계)

이 단계는 초기접촉, 사례발견 단계로 클라이언트를 확인하고 등록하는 과정이다. 이는 사례관리의 첫 단계로 사례관리가 필요한 클라이언트를 발견하고 적격성 여부를 거쳐 클라이언트로 확정하는 과정이라고 할 수 있다.

① **사례발견 과정** : 직접 요청, 내외부 의뢰, 아웃리치(사례관리자에 의한 발굴) 등 다양한 형태로 클라이언트를 발견하는 과정이다.

② **인테이크 과정** : 사례발굴 후 초기면접자가 검토하는 과정으로 기관 서비스

이용의 적합성 평가 및 접수 여부를 결정한다.

③ **사례관리 클라이언트 선정** : 클라이언트의 욕구에 사례관리자와 클라이언트가 동의하는가와 클라이언트에게 욕구 해결 동기가 있는지에 따라 선정하며, 이는 기관의 관심과 능력에 기반하여 선정이 이루어진다.

④ **초기 면접단계의 기록** : 기본 정보, 가족사항, 도움요청 내용, 면접자 평가 등을 기록한다.

(2) 사정단계

사정이란 인테이크를 통해서 확보된 정보를 토대로 클라이언트의 다양하고 복잡한 욕구 및 문제를 심층적으로 파악하고, 강점과 자원을 분석하는 과정으로, 클라이언트가 필요로 하지만 가지고 있지 않은 것이 무엇인지, 클라이언트가 그 욕구를 충족시킬 어떠한 역량과 자원이 있는지 또는 부족한지를 파악하는 것을 의미한다. 사정은 사회복지 사례관리에서 중심적 요소이며, 사례관리 과정 중에 지속적이며 반복적으로 수행되므로 클라이언트에게 새로운 욕구가 발생하거나, 긴급한 상황이 발생하여 재사정이 필요한 경우도 있다(김성경, 2017).

(3) 서비스 계획단계

서비스 계획 수립은 사정을 통해 작성된 욕구목록을 실행으로 옮기기 위해 전략을 수립하여 클라이언트의 욕구 충족 및 문제해결을 위해 서비스를 구체화하는 과정이다.

서비스 계획에서는 사정 요약하기, 목적 개발하기, 우선순위 정하기, 과제확인과 책임 부여하기 등이 있으며 사례관리자의 전문적 판단과 클라이언트의 적극적인 참여에 의해 수행된다. 사정결과를 바탕으로 계획을 수립하고 클라이언트의 참여를 지지하는 것은 물론 가족 등 사회관계망도 포함시키는 것이 중요하다. 서비스 계획에는 적절한 서비스 유형, 방법, 기대 효과, 평가방법 등이 포함된다.

(4) 서비스 실행단계

서비스 실행단계는 서비스 계획이 세워지고 개입의 목적과 전략이 결정되면 서비스 개입이 시작되는 단계이다. 서비스 실행은 두 가지 유형의 개입으로 구분된다.

① 직접적 개입은 사례관리자가 사용하는 개입기술로 클라이언트에게 직접 접근하는 개입방법으로 주로 상담, 치료, 정보 제공, 교육, 결정 및 행동 격려, 지지, 위기상황에 대한 개입 등이 있다.
② 간접적 개입은 클라이언트를 대신해 사례관리자가 체계의 수행이나 행동을 변화시키기 위해 사용하는 방법으로 클라이언트 주변체계의 변화유도, 외부 서비스 제공자와 클라이언트의 연결, 옹호 활동 등이 있다.

(5) 점검단계(모니터링)

사례관리에서 점검이란 전 단계인 서비스 계획단계에서 계획된 서비스와 자원이 잘 전달되고 있는지 확인하는 사례관리자의 중간검토 활동이다. 이를 통해 클라이언트 및 클라이언트의 가족, 다른 서비스 제공자 등과의 만남을 통해 제공되고 있는 서비스가 적절한 것인지를 파악하고, 개입의 적절성과 적시성을 확인하며, 클라이언트의 만족도를 점검하기도 한다.

또한 목표달성에 영향을 주는 장애요인을 발견하기도 하고, 새로운 욕구를 발견하여 재사정의 필요성을 제기하기도 한다.

<점검의 목적>

- 개입의 효과성과 효율성을 향상시킨다.
- 개입이 변화를 일으켰는지 확인한다.
- 목표달성을 위한 클라이언트의 노력을 확인한다.
- 서비스의 적절성, 서비스의 질, 서비스의 연속성을 검토한다.

(6) 평가 및 종결단계

평가 및 종결은 사례관리 실천과정의 마지막 단계로 사례관리의 효과성을 제시하는 근거가 되는 과정이다.

① 평가의 내용 및 방법

- 사례관리 실천을 통해 클라이언트의 욕구가 충족되었는가?
- 사례관리 실천을 통해 클라이언트가 원하는 변화를 성취하였는가?
- 사례관리 실천을 통해 클라이언트에게 계획했던 서비스가 적절히 제공되었는가?

② 평가의 종류

- **과정평가** : 사례관리 실천을 통해 클라이언트의 욕구가 달성되었는지, 클라이언트에게 어떤 변화가 있었는지, 그리고 계획했던 서비스가 적절히 제공되었는지를 파악하는 것이며, 방법론적으로 사례관리실천 단계별 평가를 하는 것이다.
- **성과평가** : 사례관리 실천을 통해 최종적으로 클라이언트의 변화목표가 달성되었는지를 평가하는 것으로 변화, 성과, 결과를 확인하는 활동이다. 사례관리서비스의 성과평가에는 목표달성도 평가와 서비스 만족 평가가 포함된다.

③ 종결

종결은 사례관리를 통해 대상자의 욕구가 충족되거나 사례관리실천의 목표가 달성되어 더 이상 사례관리 서비스가 필요하지 않다고 합의적인 판단이 이루어진 마무리 과정을 의미한다. 사례관리의 개입목표가 달성되었거나 거부 등의 사유로 사례관리 개입이 불가능할 경우 종결 여부를 사례회의를 통해 결정하며 클라이언트의 거주지 이전 또는 사망으로 더 이상 접촉이 불가능할 경우, 장기간의 연락 두절 등으로 사례관리를 종결할 수 있다. 경우에 따라 사례관리가 종결 후에도 지속적인 사후관리가 함께 이루어질 수 있다.

07 CHAPTER 사회복지실천 면접

개 요

사회복지실천현장에서 면접은 사회복지사가 클라이언트의 문제를 파악하고 원조개입을 하는 데 가장 기본적인 의사소통 방식이다. 실천을 위한 정보수집의 도구이기도 하며 그 자체가 치료적 효과를 갖기도 한다. 그러므로 사회복지사는 면접에 많은 시간을 할애하고 익숙해지기 위해 끊임없이 노력해야 한다. 본 장에서는 사회복지실천 면접의 정의와 목적을 살펴보고, 사회복지실천에서 면접의 유형, 사회복지실천에서 면접을 위한 준비, 사회복지실천 면접을 위한 기초이론, 사회복지실천의 면접 기술을 소개한다.

학습목표

- 효과적인 면접 수행 요소를 파악하여 전문적인 사회복지실천 면접을 수행할 수 있다.
- 관찰, 경청, 질문, 기타 면접 기술의 내용을 이해하고 적용 시의 유의점을 파악하여 사회복지실천 면접에 적용할 수 있다.
- 면접의 내용을 기록하는 다양한 방법을 이해하고 구분하여 기록할 수 있다.

1. 사회복지실천에서의 면접

1) 사회복지실천에서의 면접의 개념

① 면접은 생각과 느낌이 교환되는 가운데 개인들 사이에서 언어적, 비언어적

인 의사소통을 포함한 목적 지향적인 대화이다.

② 면접은 사회복지실천적 개입을 하는 데 있어 가장 중요하고 많이 사용되는 기술이며, 매우 중요한 도구이다.

③ 면접은 사회복지사와 클라이언트 간 전문적 관계에 바탕을 두고 정보수집, 과업수행, 클라이언트의 문제나 욕구 해결 등과 같은 목적을 수행하는 데 시간 제한적인 의사소통을 할 수 있어야 한다.

④ 면접은 인간의 행동과 반응에 대한 전문적 지식과 인간관계의 기술을 갖추고서 클라이언트와 함께 그의 문제를 이해하고 원조한다는 목적을 의도적으로 이끌어 가야 한다.

2) 사회복지실천에서의 면접의 목적

(1) 학자별 정리

① 제렛트(Gerrett, 1982) : 면접의 목적은 전문적 지식과 가치를 바탕으로 클라이언트와 그 상황을 충분히 이해함으로써 그 문제를 효과적으로 해결하는 것이다.

② 헵워스 & 라슨(Hepworth & Larsen, 1990) : 면접의 목적은 삶의 질 향상과 성장을 위해 문제를 해결하고 이에 필요한 전략이나 행동을 모색하기 위한 정보의 상호작용이다.

③ 브라운(Brown, 1992) : 면접의 목적은 자료의 수집, 치료관계의 확립과 유지, 클라이언트에게 정보 제공, 원조과정에서 장래를 파악하고 제거하는 것, 목표달성을 위한 활동, 원조과정을 촉진하는 것 등이다.

(2) 종합 정리

① 정보수집 또는 사회조사이다. 클라이언트와 그의 상황을 이해하고 어떤 서비스를 받아야 하는지를 정확히 결정하기 위한 목적이다.

② 사정이다. 서비스 평가와 특별한 서비스를 받기 위한 적격성 여부를 알기

위한 의사결정의 목적이다.

> 예 가정폭력의 가정에 대해 가해자는 누구인가? 피해자는 누구인가? 어떤 가족에게 어떤 치료를 하고 어떤 서비스를 제공할 것인가?

③ 치료이다. 면접을 통하여 클라이언트 또는 클라이언트의 사회상황 내에서 변화를 일으키거나, 클라이언트 또는 클라이언트의 사회상황 모두를 변화시키고, 클라이언트가 더욱 효과적인 사회적 기능을 수행하도록 돕기 위한 목적이다.

3) 사회복지실천에서의 면접의 특징

사회복지실천에서의 면접은 일반적인 대화와 구분되어야 한다. 면접과 대화 각각의 특징을 표로 제시하면 다음과 같다.

구 분	면 접	대 화
내 용	• 목적의 달성을 촉진시키는 것 • 단일성, 진보성, 주제의 계속성	• 연상적 • 중심주제가 없음
역 할	• 각기 다른 역할 분담 • 면접자와 피면접자의 역할 구조화	• 역할 분담 없음
상호성	• 비상호성 • 면접에 대한 지식과 지도력을 가진 전문가가 피면접자에게 문제가 해결되도록 도움	• 상호성 • 상호작용은 문제를 해결하는 데 도움이 되지 않음
행 동	• 계획적, 심사숙고된 것, 의식적, 선택된 것	• 비계획적, 자발적
지속성	• 지속적 • 면접의 목적이 달성되거나 달성될 수 없다는 것이 명백해질 때까지	• 중단하기 쉬움
공식성	• 공식적 • 시간, 장소, 지속기간 설정	• 비공식적
감정과 사실	• 필요시 감정과 사실 의도적 표현 자극	• 감정과 사실 피할 수 있음

2. 사회복지실천에서 면접의 종류

1) 정보 수집을 위한 면접

① 일반적으로 사회조사라고도 한다. 클라이언트의 개인적·사회적 문제와 관련된 정보와 발달상의 정보 등 기본적이고 기초적인 정보를 수집한다.

② 클라이언트의 문제를 개인적·환경적·사회적 관점에서 이해하고 문제해결을 위한 서비스 제공계획을 세우는 데 기초자료가 된다.

③ 정보를 수집할 때 파악해야 할 항목에 자스트로(Zastrow)는 다음과 같이 제시하였다.

- 일반적인 사항
  나이, 성별, 학력, 결혼상태, 주소 등
- 현재의 문제
  - 현재의 문제 상황, 과거력
  - 문제해결을 위한 노력, 치료 형태, 치료기관 등
- 가족력
  클라이언트의 원가족과의 관계, 부모형제 관계, 핵가족 중심의 부부관계, 자녀 관계
- 개인력
  아동기의 성장 과정, 발달단계상의 문제, 학교생활, 교우관계, 직장생활, 결혼 생활 등
- 사회적·직업적 기능
  클라이언트의 사회적·직업적 기능 정도 등

2) 사정을 위한 면접

① 클라이언트의 서비스 계획을 결정하기 위한 면접이다. 이 면접에서는 클라이언트의 현재 문제 상황, 그 문제해결을 위한 목표, 목표 달성을 위한 개입 방법의 결정 등을 확인하게 된다.

② 사회복지사와 형성된 라포와 충분히 획득된 정보를 바탕으로 면접이 이루

어져야 한다.

③ 클라이언트는 자신의 상황에 대해 설명 받고, 이해하며 앞으로의 계획에 대하여 함께 설정할 수 있어야 한다.

④ 결국 사정을 위한 면접은 정보를 수집하기 위한 면접보다 좀 더 목적 지향적인 성격을 갖는다.

⑤ 사정을 위한 면접의 예는 다음과 같다.

> 예 알코올 중독여부를 판단하기 위해 알코올 중독 판별 검사 실시
> 예 교통사고로 중증장애를 갖게 된 클라이언트의 장애 유형, 장애의 심각도, 예상되는 재활치료의 효과, 가족의 자원, 지역사회에서 이용 가능한 서비스의 종류 등에 대해 평가하는 방법

3) 치료를 위한 면접

① 클라이언트의 변화를 돕고, 클라이언트가 속해 있는 환경을 변화시키는 것이다.

② 주로 클라이언트의 자신감, 자기 효율성 강화, 기술훈련, 문제해결 능력 등을 목적으로 한다.

③ 클라이언트에게 중요한 의미가 되는 사람들, 클라이언트의 권리와 이익을 옹호 및 대변하기 위해 사회복지기관, 지역사회, 관련 공무원들과 함께 이루어지기도 한다.

④ 결국 치료를 위한 면접은 클라이언트의 문제해결을 돕는 치료 효과를 가진다.

⑤ 치료를 위한 면접의 예는 다음과 같다.

> 예 가정폭력 피해 여성의 자존감 향상을 목적으로 심리적 지지를 제공하기 위해 면접을 하는 것

3. 사회복지실천에서 면접을 위한 준비

사회복지사는 면접을 잘 이끌어 가기 위해 면접을 구성하는 요소와 면접의 진행을 위해 주변 요소에 관한 이해가 있어야 한다. 이들 주요 요소를 다음과 같이 정리할 수 있다.

1) 바람직한 의사소통

① 면접의 구성요소는 관찰, 경청, 질문, 이야기, 사적 질문에 관한 응답, 통솔과 지도, 해석(최복림, 1971 : 48-81) 등이다.

② 이를 면접의 구성 요소로 강조하는 것은 결국 면접은 면접자와 피면접자 간 생산적인 의사소통으로 이루어져야 함을 의미하는 것이다.

③ 따라서 면접을 위해 사회복지사는 바람직한 의사소통에 필요한 지식과 경험을 쌓아야 한다. 특히 사회복지사는 기본적으로 클라이언트의 수준과 맞는 언어를 사용할 수 있어야 한다.

2) 바람직한 장소

① 훌륭한 면접 기술을 갖춘 사회복지사는 면접의 성격에 따라 이에 합당한 면접 장소를 필요로 한다.

② 적당한 밝기, 가구, 공간과 외부로부터 방해를 받지 않는 조용하고 편안한 장소가 효과적인 면접을 가능하게 한다.

③ 장소는 면접의 중요한 외적 구성 요소라 할 수 있으므로 클라이언트의 상황을 반영한 분위기여야 한다.

④ 예를 들어, 정신적으로 어려움에 처한 클라이언트의 경우 지나치게 넓거나 좁지 않고 적당한 크기와 차분한 분위기를 낼 수 있는 장식을 겸한 곳이면 바람직한 장소가 될 것이다.

3) 분명한 목표

① 면접의 목표가 분명하면 면접이 일정한 행로를 따라 진행될 것이다.
② 면접의 목표에 대해서는 클라이언트도 알고 있어야 한다.
③ 따라서 사회복지사는 클라이언트가 면접의 목표를 명확히 주지할 수 있도록 배려해야 할 것이다.

4) 합당한 과정

① 면접은 정해진 일정에 따라 이루어져야 한다.
② 면접일, 면접 시간, 면접 내용, 사회복지사와 클라이언트의 역할들을 분명히 하고 진행해야 한다.
③ 이와 같은 사항들은 사회복지사와 클라이언트 사이의 문서 계약이나 묵시적인 합의에 의해 정해질 수 있다.

5) 대화의 법칙

미국의 명사회자 래리 킹(King, 2001)이 강조한 다음의 대화의 법칙을 적용한다면 풍부한 대화를 유도할 수 있고 면접을 효과적으로 이끌어 갈 수 있을 것이다.

(1) '예, 아니요'로 답할 수 있는 질문은 피하기

'예, 아니요'의 대답으로 클라이언트의 초점을 제한하는 질문은 부적절하다. 단, 클라이언트가 지나치게 수다스럽거나 이야기하는 내용들이 부적절한 경우 이러한 질문도 활용될 수도 있다.

> 예 이렇게 무더운 날은 정말 짜증나죠?
> → 이렇게 날씨가 뜨거운 것을 보면 무언가 지구 온난화 현상과 관련이 있다는 생각이 들어요. 당신 생각은 어떠세요?

(2) 상대와 시선 맞추기

대화를 시작하거나 마무리할 때뿐만 아니라 말을 하거나 듣는 동안 상대와 눈을 맞추면 대화를 성공적으로 이끌어 갈 수 있다. 상대의 눈을 계속 뚫어지게 볼 필요는 없다.

(3) 가능하면 대화 초기에 상대에 관하여 많은 것을 파악하기

관심 있는 분야를 자신의 스타일로 말할 수 있고, 자신이 위트가 있고 농담을 좋아한다면 상대도 그러한지 확인할 수 있다. 또 자신이 진지한 대화를 좋아한다면 상대도 그러한지 살펴볼 수 있을 것이며, 자신이 정치, 스포츠, 영화 따위를 좋아한다면 상대도 그러한지 확인해 볼 수 있다.

(4) 상대가 접하는 전문 분야 이외에도 자유롭게 말할 수 있게 하기

상대가 접하는 전문 분야 이외에는 아무것도 모르거나 관심을 두지 않는다고 판단해서는 안 된다. 영화계나 스포츠계에도 많은 사람들이 다양한 분야에 관심을 두고 활동하며, 지적이고 교육받은 박식한 사람들도 많다. 그런데 이들은 오로지 연기나 스포츠에 관한 질문만 받는다. 만일 상대의 직업이 아닌 과외적인 흥미에 대해 물어본다면 그는 자신의 직업에 대해 말할 때보다 훨씬 더 자유롭게 말한다는 사실을 발견할 수 있다.

(5) 새로운 시각과 관점에서 말하게 하기

익숙한 주제라도 새로운 시각에서 또 다른 관점으로 바라보고 폭넓은 시야로 일상의 다양한 논점과 경험에 관해 생각하고 말할 수 있어야 한다.

4. 사회복지실천의 면접 기술

1) 면접 기술 기본 전제

사회복지실천의 성공적인 면접 기술을 위한 기본 전제는 다음과 같다.

① 클라이언트로 하여금 긴장을 풀고 편안하게 느끼도록 도와주기
② 클라이언트가 이야기하도록 격려하기
③ 클라이언트의 마음속에 있는 것에 대해 이야기하는 것을 주의 깊게 경청하기
④ 클라이언트의 의도를 올바르게 파악하기

2) 면접 기술 유형

사회복지실천의 면접 기술을 구체적으로 살펴보면 다음과 같다.

(1) 관찰기술

관찰기술은 면접에서 가장 기본적인 기술이다. 클라이언트가 말하고 행동하는 것에 주의를 기울여 그를 이해하는 과정이고, 또 클라이언트에 대한 선입견을 버리고 실제상황을 있는 그대로 보는 기술이다. 이때 사회복지사는 클라이언트의 언어적, 비언어적 메시지를 잘 이해하는 능력을 가져야 하고 초기면접 이전에 클라이언트가 대기실에서 기다리고 있는 상황에서부터 시작할 수 있어야 한다. 왜냐하면 대기실에서의 클라이언트의 태도를 통해 개입에 대한 태도와 평소 불안함과 두려움을 클라이언트 스스로 어떻게 다루어 왔는지를 알 수 있기 때문이다.

관찰기술에 있어 사회복지사가 무엇에 주목하는가에 따라 다음과 같은 관찰내용으로 결정될 수 있다.

① 클라이언트의 비언어적 표현
여기에는 클라이언트의 표정, 손놀림, 눈 맞춤, 얼굴 붉힘, 억양 등이 포함된다.

② 시작하는 말과 종결하는 말

클라이언트가 자신의 자아나 환경에 대해 어떤 태도를 가지고 있는지 암시해 준다.

③ 대화 중 화제 바꾸기

클라이언트가 갑자기 화제를 바꾸는 경우가 있는데 이때 사회복지사는 클라이언트가 이전에 했던 이야기와 이후에 시작한 이야기의 주제를 파악할 수 있어야 한다. 두 이야기는 클라이언트의 무의식과 밀접하게 관련되어 있을 수 있기 때문이다. 일반적으로 클라이언트가 화제를 바꾸는 경우는 말하기 곤란하거나 고통스러워서 말하기 싫다는 것을 의미한다.

④ 반복되는 언급

클라이언트가 어떤 일정한 주제를 반복해서 이야기하거나 우회적으로 이야기하는 경우가 있다. 클라이언트가 계속해서 반복적인 주제를 제시하는 것은 매우 중요하거나 도움을 원하는 문제이므로 주의 깊게 들어야 한다.

⑤ 비일관성

진술의 불일치라고도 한다. 클라이언트의 이야기는 한결같지 않은 경우가 많다. 또한 클라이언트가 정직하게 이야기해도 예기치 않은 반응이 있어서 사회복지사가 정보를 얻을 수 없는 경우가 있다. 이러한 것이 계속된다면 주목할 필요가 있다. 또, 클라이언트의 진술이 불일치하는 것은 면접의 내용이 위협적이거나 공개하고 싶지 않음을 의미하기도 한다.

⑥ 감춰진 의미

사회복지사는 클라이언트가 말하는 것만큼 클라이언트가 의미하는 것을 듣는 데 주의해야 한다. 특히 클라이언트의 말실수나 태도 등을 잘 관찰하면 클라이언트의 입장에서 감추어진 의미 파악이 가능하다. 클라이언트는 실제로 감추어진 것이 있음을 알리기도 한다.

⑦ 침묵

클라이언트가 침묵을 하는 것은 이야기할 주제가 자신에게 위협적이라고 느끼거나 말하기 어렵거나 곤란하다는 것을 나타낸다.

(2) 경청기술

사회복지실천에서의 경청이란 단순한 듣기가 아니라 클라이언트의 사고와 감정을 이해하기 위한 적극적인 청취 활동이고 또 적절한 반응활동이기도 하면서(예 간간이 짧고 적절한 의견을 말하거나 질문을 하는 것) 치유의 효과도 가진다.

① 경청의 확인

사회복지사는 클라이언트에게 경청하고 있다는 것을 여러 경로를 통해 느끼도록 한다.

- 적절한 고개 끄덕임
- 단순한 음성반응
- 관심 어린 질문

사회복지사는 감정 등의 반영기법을 통해 클라이언트에게 감정이나 태도 등을 탐색하는 질문을 할 수 있다.

② 경청의 효과

다음은 사회복지사의 적극적이고 적절한 경청에 따라 나타나는 효과이다.

- 치유

  사회복지사가 경청을 어떻게 하느냐에 따라 클라이언트는 자신의 마음속의 말을 다 하게 되면서 감정적으로 홀가분해질 수 있어 경청만으로도 치유의 효과가 있다.

- 준거틀 이해

  사회복지사는 경청을 통해 클라이언트가 가지고 있는 준거틀을 이해할 수 있다.

- 성급한 판단, 평가 및 해결 예방

  사회복지사가 클라이언트에 대해 성급하게 판단하거나 평가를 내리는 위험을 예방해 줄 수 있다. 또 문제를 급히 해결하려는 경향을 막아줄 수도 있다.

③ 주의점

이와 같은 경청의 효과를 높이기 위해서는 다음과 같이 주의하여 반응할 수 있어야 한다.

- 메시지에 대한 반응 표시

  사회복지사는 클라이언트에게 자신이 잘 듣고 있으며 그의 이야기에 관심을 가지고 있다는 것을 몸짓으로 보여줄 수 있다.

  > **예** 고개를 끄덕여 준다거나, "아, 그랬구나"라고 추임새를 넣는 것 등

- 잠재된 감정에 주목하기

  사회복지사는 언어적, 비언어적 메시지에 모두 주의를 기울여 클라이언트가 말한 단어의 뜻보다는 클라이언트의 잠재된 감정에 주목하며 분명하고, 조용하고 흥미를 가지고 있는 어조를 사용해야 한다.

- 말한 것을 명확히 하기 위한 질문

  사회복지사는 클라이언트가 말한 것을 명확히 하는 질문을 사용할 수도 있다.

(3) 질문기술

질문이란 클라이언트가 배우고 성장하도록 도울 수 있는 다기능의 도구이다. 질문은 클라이언트를 돕기 위해, 필요한 정보를 얻기 위해, 그리고 어긋나고 있는 대화의 초점을 바로 잡기 위해 꼭 필요하다. 따라서 질문은 클라이언트의 속도에 맞추어야 하고 적절한 시점에서 이루어져야 한다.

면접이 잘 진행되면서 클라이언트에 대해 정보를 얻고 원조하기 위해 어떻게 질문을 하는가가 중요하다. 다음은 사회복지실천에서의 질문기술 유형이다.

① 폐쇄형 질문

폐쇄형 질문은 '예'와 '아니요'만으로 대답하거나 분명하고도 간단하게 응답되는 질문이다. 사실을 확인하거나 간단한 사실과 필요한 정보를 파악할 때 자주 활용된다. 이 질문은 클라이언트가 구체적인 사항에 초점을 두도

록 하는 데 유용하고, 클라이언트가 이야기하는 것을 어려워할 때도 유용하다. 그뿐만 아니라 짧은 기간에 많은 정보를 획득하고자 할 때도 유용하다. 그렇지만 폐쇄형 질문만을 사용하여 초점을 모으는 것은 바람직하지 않으며 개방형 질문과 혼용하여 사용하는 것이 좋다.

예 "얼마나 많은 아이들이 있습니까?"
"결혼했습니까?"
"언제 여기로 이사 왔습니까?"
"전에 어떤 집단에 참여해 본 적이 있습니까?"
"오늘 기분 좋으니?"
"오늘 약속의 중요성을 느꼈지?"

② 개방형 질문

개방형 질문은 대답하는 사람이 자신이 말하고 싶은 내용을 자신의 방식대로 편하게 대답할 수 있도록 하는 질문이다. 클라이언트의 태도나 생각, 느낌에 대해 탐색을 하도록 돕고 명료화하는 데도 활용된다.

예 "어떻게 그것이 일어났습니까?"
"당신의 생각은 어떠했습니까?"
"어떻게 느낍니까?"
"그것이 당신에게 무엇을 의미했습니까?"
"그것을 어떻게 설명하겠습니까?"
"오늘 기분이 어떠니?"
"오늘 무엇을 느꼈니?"

③ 간접질문과 직접질문

직접질문은 문장의 형태가 의문문이고, 간접질문은 서술문의 형태로 이루어진다. 간접질문은 클라이언트 자신이 질문을 받는다는 느낌을 덜 받으며, 질문공세를 받는다는 느낌을 주지 않는다.

예 직접질문 예 : "이것 네가 했니?"
간접질문 예 : "이것, 누가 했는지 모르겠네."

④ 피해야 할 질문

- 폭탄형 질문

폭탄형 질문은 한꺼번에 너무 많이 하는 질문 형태이다. 한꺼번에 질문을 많이 하면 클라이언트를 당황하게 만들 수 있고 피상적인 답을 하게 되는 경우가 많다. 정보를 많이 끌어내지 못하게 되고, 관련 정보를 수집하는 데 비생산적이고 비효과적이 된다.

> 예 "당신이 상황을 통제할 수 없다고 느낄 때, 당신 마음은 어떠했나요? 그것에 대한 생각은 어땠나요? 또 당신은 어떤 행동을 했습니까?"(세 가지 질문을 동시에 함)

- 유도하는 질문

유도하는 질문은 클라이언트에게 특정한 방향의 응답을 하도록 이끄는 질문 형태이다. 클라이언트가 당황해 하거나 거짓말을 하도록 할 수 있다.

> 예 "당신은 그게 잘못되었다고 생각하지 않나요?"
> "나는 당신이 윗사람에게 일을 나가지 않은 이유를 설명했을 거라고 생각합니다."
> "당신이 싸우고 싶어 했던 게 사실이죠?"

- 모호한 질문

모호한 질문은 클라이언트가 질문의 방향을 분명하게 이해하지 못하게 하거나 받아들이지 못하게 하는 질문 형태이다.

> 예 클라이언트 : 집은 엉망진창이에요.
> 사회복지사 : 엉망진창이라는 게 어떤 걸 말하는 거죠? 무슨 일이 났는데요?
> 클라이언트 : 아버지가 일을 나가셨다가 집에 오실 때 우리는 밥을 먹고 있었어요. 아버지는 술에 취해 들어와서는 어머니를 때렸어요.
> 사회복지사 : 그런 일이 일어났을 때 당신은 무엇을 했죠?
> 클라이언트 : 처음에 난 방 밖으로 도망갔어요. 그랬다가 난 돌아와서 아버지에게 고함을 지르며 멈추라고 했고, 그렇지 않으면 경찰을 부르겠다고 했어요.
> 사회복지사 : 당신이 경찰을 부르겠다고 말할 때 어떤 생각을 하셨어요?

- '왜'라는 질문

'왜'라는 질문은 클라이언트가 자신의 행동을 정당화하도록 요청하는 질문 형태이다. 클라이언트의 방어적 태도를 만드는 경향이 있고, 사회적으로 허용되는 답으로 반응할 가능성이 높다. 따라서 '무엇, 언제, 어디서, 어떻게'로 질문하는 것이 바람직하다. '어떻게'는 사람 지향적 질문이고, '무엇'은 사실 지향적 질문이다.

> 예 밤늦게 귀가한 딸
> - 무슨 일 있었니? : 늦게 된 사실 파악
> - 어쩌다가 늦었니? : 늦어지게 된 딸의 입장을 들을 수 있음

(4) 기타

① 직면하기

직면하기는 사회복지사가 클라이언트의 말과 비언어적 행위 사이의 불일치, 표현한 가치와 실행 사이의 불일치에 대해 클라이언트가 주목하도록 하는 기술이다.

② 관심 보여주기

관심 보여주기는 클라이언트에게 집중하여 계속 관심을 유지하는 기술이다. 이때 클라이언트의 언어적·비언어적 메시지를 주의 깊게 듣고 알아차리는 능력이 필요하다.

③ 명료화

명료화는 클라이언트의 진술에 일관성이 없거나 모호한 경우 좀 더 분명하고 객관적으로 인식하도록 도와주는 기술이다. 클라이언트가 자신의 상황에 대한 견해를 재구성하도록 도와줌으로써 미처 생각하지 못했던 변화 가능성을 인식할 수 있도록 해준다.

④ 요약하기

요약하기는 한 주제에서 다른 주제로 넘어갈 때나 한 세션이 끝날 때 그 세션에서 다루었던 내용을 정리하는 기술이다. 클라이언트가 두서없이 이야

기를 하거나 내용이 명백하지 않을 때 사용하기도 한다. 클라이언트가 다양한 주제·내용·상황·사건 등을 한꺼번에 말하고자 할 때, 너무 길게 말할 때, 무슨 말을 하고 있는지 혼돈에 빠져 있을 때 사용하면 효과적이다. 대체로 사회복지사가 클라이언트의 감정을 요약하기보다는 내용을 요약하는 데 더 자주 사용하고 있다.

⑤ 초점화

초점화는 클라이언트에게 가장 중요한 부분을 질문하는 방식으로 문제의 다양한 부분을 중요한 영역으로 제한하고 접근하려는 기술이다. 클라이언트가 자기 문제를 언어로 표현할 때 산만한 것을 점검해 주고 말 속에 숨겨진 선입견, 가정, 혼란을 드러내어 자신의 사고과정을 명확히 볼 수 있도록 해준다. 제한된 시간 내에 최대의 효과를 추구해야 하는 전문적 관계에서 불필요한 방향과 시간낭비를 막아주는 데 효과적인 기술이다. 클라이언트가 두서없이 장황하게 말하거나 어떤 주제를 회피하고자 할 때 사회복지사가 간단히 질문을 하여 다시 초점을 맞추는 것이다.

⑥ 감정이입

감정이입은 상대의 감정을 이해하는 능력으로 클라이언트의 생각, 감정, 행동의 세계를 상상을 통해 이해하는 기술이다. 감정이입은 사회복지사가 클라이언트와 동일시되고 클라이언트의 세계에 지나치게 몰입하는 것을 의미하는 것은 아니다.

⑦ 정보주기·제안하기·조언하기

정보주기는 클라이언트가 이해하고 수용할 수 있는 말로 정보를 제공하는 기술이다. 제안하기는 클라이언트가 생각하는 데 도움을 줄 수 있는 관련된 요인이나 아이디어에 집중할 수 있게 하는 기술이다. 면접자가 선호하는 접근 방법을 단순히 표현하는 것이 아니라 클라이언트에게 생각할 여지를 준다. 또 조언하기는 처방의 성격을 가진 것으로, 클라이언트의 상황을 변화시키기 위해 클라이언트가 해야 할 일을 사회복지사의 생각과 입장으로 표현하는 기술이다.

5. 사회복지실천의 면접 기록

1) 기록의 목적과 활용

(1) 기록의 목적

기록의 목적은 클라이언트의 욕구 확인, 사례의 지속성 유지, 기관이 실시하는 서비스의 정당성 입증, 전문가 간 의사소통의 원활화, 클라이언트와의 정보 공유, 사례에 대한 지도 감독의 자료, 교육 훈련의 자료, 행정적 과업을 위한 자료제공, 조사를 위한 자료제공 등으로 활용하는 데 있다. 이러한 목적 외에도 사회복지사가 자신의 사례를 철저히 기록함으로써 개입과정 중에 순간적으로 요구되는 아이디어의 발상과 사례 종결 이후에 사례발표를 위한 기초 자료로 활용하는 데 크게 도움이 되고 있다.

아울러 기록의 목적은 책임성이다. 사회복지사는 자신이 제공한 서비스를 기록하고 설명하며 평가함으로써 클라이언트와 기관 및 사회에 대한 법적·윤리적 책임을 지게 된다.

(2) 기록의 활용

사회복지실천에서 기록은 그 쓰임새가 다양할 뿐 아니라 실천현장의 특성과 기관의 유구에 따라 다르게 나타난다. 기록의 다양한 활용도를 살펴보면 다음과 같다.

① 클라이언트의 욕구 확인

클라이언트의 관심과 초점을 명확히 하고 세부적인 사항과 욕구를 확인할 수 있도록 해 준다.

② 서비스 내용의 보고

진행된 상황에 대한 기록은 서비스가 클라이언트의 욕구에 적절한 것이었는지를 검토할 수 있는 자료로 활용된다.

③ 사례의 지속성 유지

다른 기관 혹은 다른 사회복지사에게 의뢰할 때, 클라이언트의 욕구, 개인의 목적, 진행과정을 검토할 수 있게 해주어 사례의 지속성을 유지해 준다.

④ 전문가 간의 의사소통

다른 전문직과의 사례회의나 토론을 대신하여 의사소통 도구로 활용되어 집단적 의사소통을 도울 수 있다.

⑤ 클라이언트와 기록 공유

실천개입 방법에 따라 클라이언트와 기록을 공유하고 토론할 수 있다. 이런 기록 공유를 찬성하는 이유는 정보의 잘못된 부분을 수정할 수 있고, 사회복지사와 클라이언트와의 관계를 효율적으로 활용하여 클라이언트의 참여를 유도할 수 있기 때문이다. 하지만 기록 공유를 반대하는 입장에서는 클라이언트가 아닌 제3자로부터 얻은 정보에 대한 비밀보장을 할 수 없고, 클라이언트가 기록에 사용된 전문적 용어를 잘못 해석하여 오해를 일으킬 수 있다는 것이다.

⑥ 지도 감독, 자문, 동료 검토의 원활화

자신의 개입과정에 대해 지도, 감독, 자문 등을 받는 데 활용한다.

⑦ 증명자료로 활용

서비스 과정과 효과를 점검하는 증명자료로 활용된다.

⑧ 교육적 자료로 활용

학생과 다른 전문직에게 사회복지실천기법과 기록방법을 가르치는 교육적 자료로 활용된다.

⑨ 행정적 과업을 위한 자료제공

클라이언트의 욕구, 서비스 유형, 직무관리, 자원 분배에 관한 행정적 결정을 위한 자료로 활용된다.

⑩ 기관의 정책과 사회복지실천방법에 관한 조사를 위한 자료로 활용된다.

2) 기록의 유형

(1) 최소 기본 기록(minimum basic record)

최소 기본 기록은 단순하고 경제적인 기록 양식이다. 이 기록 유형은 먼저 기본적인 신상 정보, 즉 클라이언트의 이름, 주소, 전화번호, 직업과 수입, 가족이나 친척의 주소와 전화번호를 포함한다. 그리고 면접 날짜와 주요한 클라이언트 문제, 목적, 개입계획, 클라이언트의 반응, 탐색이 필요한 영역, 필요한 자원, 클라이언트를 위해 필요한 행동, 종결 상태를 기록한다.

(2) 과정기록(process record)

과정기록은 원조과정이나 클라이언트와 사회복지사의 상호작용과정을 있는 그대로 기록하는 양식이다. 과정기록 방법은 클라이언트가 한 말을 그대로 옮겨 대화체로 기록하며, 옆 칸에는 사회복지사가 관찰한 클라이언트의 행동과 그때 사회복지사가 느낀 감정 등을 기록하는 것이다. 장점은 사회복지사 스스로 자신이 수행한 사회복지실천과정에서 결정한 내용들을 분석하고, 그 내용을 개념화하고 조직할 수 있어서 개입의 목적을 명확하게 하고 기술능력을 향상시키는 데 도움이 된다는 점이다. 반면 단점은 기록하는 시간이 너무 많이 소요되고, 실제 내용을 간접적이고 불완전하게 왜곡하여 기록할 수도 있다는 점이다. 그래서 주로 실습생이나 수련생이 교육목적으로 자신의 발전에 필요한 사례를 선택하여 사용하는 경우가 많다.

(3) 요약기록(summary record)

요약기록은 일반적으로 사회복지기관에서 가장 많이 사용되는 기록 형태로 시간의 경과에 따라 변화된 상황, 개입활동, 중요한 정보 등을 요약하여 기록하는 양식이다. 일지형식과 유사하여 시간대별로 사건이 있을 때마다 기록한다.

대개 사회복지실천과정 단계에 따라 요약하는 것이 효과적이며 요약의 내용에는 먼저 면접일시와 대상, 장소, 문제탐색, 표적문제와 개입전략의 요약 및 계약이 포함되어 작성된다. 개입단계에서는 클라이언트의 과업수행과정과 표적문제의 진행상태, 사회복지사의 과업수행이 포함되어 작성된다. 마지막으로 종결단계의 문제 상태와 사후지도 계획이 포함되어 작성된다.

요약기록은 사례가 장기간 지속될 경우나 클라이언트 상황과 서비스의 교류의 특수한 본질을 반영할 수 있어 임상 실무를 기록하는 데 매우 유용하다.

(4) 문제 중심기록(POR : Problem-oriented Record)

문제 중심기록은 현재 제시된 문제를 중심으로 문제 영역을 규명하고, 사정하며, 각 문제에 대해 무엇을 할 것인지 계획 내용을 기록하는 양식이다. 의료 분야 같이 다학문적으로 접근하는 실천현장에서 주로 활용된다. 주로 SOAP 방식으로 기록한다.

① **주관적 정보**(Subjective Information) : 클라이언트와 가족들이 주관적으로 기술하는 문제와 정보

② **객관적 정보**(Objective Information) : 사회복지사가 관찰한 클라이언트에 대한 객관적 정보

③ **사정**(Assessment) : 문제에 대한 견해, 해석, 사정

④ **계획**(Plan) : **문제에 대한 계획**

장점은 서로 다른 전문직 간에 의사소통 역할을 해 협조체계를 더 구축할 수 있다는 점과 문서화된 문제를 중심으로 계획을 진행하고 추후 점검할 수 있어 책임감을 높일 수 있다는 점이다. 단점은 문제에 초점을 두기 때문에 클라이언트의 장점이나 자원을 간과할 수 있으며, 또 개인과 환경의 상호작용은 문제를 중심으로 단순화할 가능성이 있다는 점이다.

〈표 7-1〉 SOAP 기록의 예

S	허구한 날 술만 먹고 남편 구실을 해야지요. 돈 한번 제대로 벌어 온 적이 없어요. 매일 잔소리해 봐야 먹히지도 않고, 죽는다, 헤어지자…… 그래도 들은 척도 안 해요. 정말 애들 때문에 살지……
O	문제성 음주, 사회적 역할수행 기능 약화, 가족대응 지지 결핍
A	알코올 의존, 가족대처 기술의 결핍, 질병에 대한 이해 부족
P	주 1회 알코올 교육집단 참여, 가족교육(질병의 이해, 대처기술)

출처 : 강병철 외(2013). 사회복지실천의 이해.

(5) 목표 중심기록(goal-oriented record)

목표 중심기록은 목표를 중심으로 기록하는 양식이다. 과제 중심 모델이나 목표성취 척도로부터 발전하게 되었다. 특징은 목표의 구체화와 클라이언트의 목표성취를 돕기 위한 과업이나 활동 기록 등이 있다는 점이다. 이 기록은 문제에 대한 구체적 기록과 목적에 관한 구체적 기록을 강조한다.

(6) 시계열적(단일사례) 기록(time-series record)

시계열적 기록은 사회복지 개입의 표적이 되는 행동, 태도에 대한 측정을 시간의 흐름에 따라 되풀이해 기록하는 양식이다. 클라이언트와 상황에 대한 사정, 서비스의 목적이나 목표 및 그 성취 활동에 대한 평가, 평가도구, 평가과정 순으로 기록된다.

무엇이 기록되고, 언제 기록되며, 누가 기록하느냐 하는 것이 명시되어야 하며, 서비스 과정을 통하여 일관성이 있어야 한다.

08 CHAPTER 사회복지실천관계론

개 요

본 장에서는 사회복지사와 클라이언트 관계의 가장 큰 특징이 클라이언트가 도움을 요청하고 사회복지사는 전문적 도움을 제공하는 전문적 관계라는 점을 강조한다. 사회복지사와 클라이언트 간의 전문적 관계의 특징, 사회복지실천관계의 정의와 특성, 사회복지실천관계의 기반, 사회복지실천관계의 원리, 사회복지실천관계의 장애 등이 소개된다.

학습목표

- 사회복지실천에서 관계 형성의 개념을 이해하고 관계 형성의 중요성을 파악할 수 있다.
- 전문적 관계 형성의 요소를 숙지한다.
- 관계 형성의 7대 원칙에서 클라이언트의 욕구와 그에 반응하는 사회복지사의 원칙을 적용할 수 있다.
- 관계 형성의 장애요인과 그에 대한 사회복지사의 대처방안을 제시할 수 있다.

1. 사회복지실천관계의 개념과 특성

두 사람이 상호작용을 해서 얻은 산물이 바로 '관계'이다. 사회복지의 영역에서도 관계 형성은 매우 중요한데, 이는 사회복지사와 클라이언트와의 관계가 어떠한가에 따라 사회복지서비스의 결과가 달라질 수 있기 때문이다. 따라서 사회복지실천관계는 사회복지사가 클라이언트에게 보다 나은 적응을 할 수 있도록 도움을 주는 전문적 대인관계이어야 한다.

1) 사회복지실천관계의 개념

사회복지실천관계란 사회복지사와 클라이언트 간의 태도와 감정의 역동적인 상호작용이다. 이것은 일반적인 대인관계가 아니라 클라이언트의 적응과 문제해결을 돕기 위한 목적에서 이루어지는 전문적인 관계이다.

관계에 대한 정의는 다음과 같이 학자들마다 조금씩 다르다.

(1) 펄만(Perman, 1978 : 2)

관계란 하나의 촉매제로서 문제해결과 도움을 향한 인간의 에너지와 동기를 지지하고 양성하며 자유롭게 하는 원동력이다.

(2) 비어스텍(Biestek, 1957 : 32)

관계란 사회복지사와 클라이언트 간의 감정과 태도의 역동적인 상호작용으로서 클라이언트가 자신과 환경 간의 좀 더 나은 적응을 이룰 수 있도록 하는 목적을 갖는다.

(3) 핀커스와 미나한(Pincus & Minahan, 1973)

관계란 사회복지사와 그가 관계하는 다른 체계 사이의 정서적 유대이다. 협조적・교섭적・갈등적 분위기를 포함하고 있다.

(4) 노던(Northen, 1995)

관계란 일차적으로 한 사람으로부터 다른 사람에게로 흘러가는 감정적인 반응으로 구성된다.

위의 내용을 종합하면 사회복지실천관계란 사회복지사와 클라이언트 간의 감정과 태도의 역동적 상호작용으로서, 클라이언트의 문제해결과 그를 둘러싸고 있는 환경과의 사이에 보다 나은 적응을 위해 협력 및 협상하는 것뿐만 아니라 개인, 가족, 집단, 지역사회의 자원을 적절히 동원하고 활용할 수 있도록 돕는 활동의 총체로 볼 수 있다(강병철 외, 2013).

2) 사회복지실천에서 관계의 특성 : 전문적 관계

사회복지사와 클라이언트 관계의 가장 큰 특징은 클라이언트는 도움을 요청하고 사회복지사는 전문적 도움을 제공하는 전문적 관계라는 것이다. 전문적 관계는 언제나 클라이언트의 입장에서 출발해야 하며 사회복지사는 관계의 전반적인 과정에 전문적 책임을 져야 한다. 이러한 전문적 관계는 기본적인 요소를 중심으로 독특한 특성을 지니고 있다.

(1) 의도적인 목적성

사회복지실천관계는 클라이언트와 사회복지사가 서로 합의한 의도적인 목적에 따라 이루어진다. 목적이란 클라이언트의 좀 더 나은 적응 및 문제해결을 위한 원조이다.

(2) 시간 제한적

사회복지실천관계에 있어 사회복지사는 클라이언트와 한정된 기간 동안 구체적인 사회복지실천과정을 갖게 된다. 사회복지실천과정은 시작 단계, 중간 단계, 종결 단계에 이르는 과정이기에 관계에서도 시간적인 제한이 필요하다. 목표가 달성되면 사회복지사와 클라이언트 간의 특별한 관계는 끝을 맺게 된다.

(3) 클라이언트에 대한 헌신과 의무

사회복지실천에서 전문적 관계는 사회복지사와 클라이언트 어느 한쪽의 일방적인 헌신과 일방적인 의무가 아니라 상호책임성을 가져야 한다. 관계의 목적과 조건을 위해, 그리고 상호의존적인 관계 교류를 위해 함께 헌신을 다해야 한다. 그래야 클라이언트는 안전하다고 느낄 수 있다.

사회복지사의 헌신은 클라이언트의 문제해결에 최선의 노력을 다해야 한다는 것이며, 이러한 헌신은 법적인 영역 내에서 이루어져야 한다. 사회복지사의 의무는 관계를 맺을 때 기본적인 절차, 예를 들면 면담의 약속이나 장소 및 클라이언트의 문제에 초점을 두면서 성실한 태도로 클라이언트의 성장과 변화에 초점을 두는 것이다.

클라이언트의 헌신은 자기 자신의 문제해결을 위해 적극적이고 최선의 노력을 다하는 것이다. 클라이언트의 의무는 사회복지사에게 자신의 이야기를 진실되고 성실하게 말하는 것이고, 사회복지사와의 협력을 충실히 하며, 관계에 있어서 성실하고 개방적인 태도를 지니는 것이다. 따라서 클라이언트는 자신이 지닌 문제와 상황, 문제에 대처하는 클라이언트의 태도에 대해 정직하고도 개방적으로 제시해야 하고, 원조관계에서 최소한의 절차상의 조건을 따라야 한다.

(4) 권위성

사회복지실천관계에서 사회복지사의 권위는 사회복지기관의 제도, 사회적인 허가, 클라이언트의 자발성에 따라 위임된 힘이다. 특화된 지식 및 기술 그리고 전문직 윤리강령에서 비롯된다. 권위와 권한이 잘못 사용될 경우 클라이언트는 사회복지사에 대한 반감과 불신을 나타낼 수 있고, 이로 인해 관계 자체에 저항을 표출하게 되고 관계 형성이 어려워진다. 그러므로 사회복지사는 그들이 갖는 권위와 권한의 내용, 범위 및 사용방법 등을 클라이언트에게 설명해야 한다.

(5) 통제적 관계

사회복지실천관계는 현재 진행 중인 사례에 대해 객관성을 유지하고 자기 자신의 감정, 반응, 충동을 자각하고 그 책임을 진다는 의미에서 개방된 관계가 아닌 통제된 관계이다.

2. 사회복지실천관계의 기반

1) 사회복지실천에서 관계의 중요성

사회복지사가 클라이언트의 문제를 이해하고 격려하며 변화를 위한 잠재력을 신뢰하여야만 클라이언트에게 긍정적인 변화가 일어날 수 있다. 지속적인 보살핌의 관계를 경험해 보지 못한 클라이언트에게는 사회복지사와 맺은 관계가 정서적 박탈에 대한 보상의 의미에서 교정 역할을 하는 정서적 경험일 수 있다. 원조가 성공했다고 믿는 클라이언트들은 공통적으로 사회복지사가 클라이언트에 대한 관심과 이해심이 있으며 따뜻하다고 느낀다. 이것이 성공적인 관계이다.

2) 전문적인 관계의 기본 요소

학자들마다 사회복지사들이 전문적 관계를 형성하기 위해 갖추어야 할 요소들의 차이는 어느 정도 있으나 다음은 공통적인 기본 요소들이다.

(1) 타인에 대한 관심과 도우려는 열망

'타인에 대한 관심'은 사회복지사는 클라이언트에게 일어난 일에 대해 진심어린 관심을 가지며, 이들의 감정에 대해 교류할 수 있어야 함을 말한다. '도우려는 열망'은 클라이언트로 하여금 자신의 삶을 스스로 선택하고 통제하는 능력을 향상시키도록 도우려는 깊은 열망으로서, 사회복지사의 헌신적인 자세를 의미한다.

(2) 이해

이해는 상대방의 마음을 읽고 상대방의 눈을 통해 세상을 볼 수 있는 능력이다. 이것은 클라이언트의 감정, 욕망, 가치, 신념 그리고 지각을 정확하고 민감하게 감지하는 능력의 표현이고, 사회복지사가 이해한 부분을 클라이언트에게 충분한 의사소통을 통해 전달할 수 있는 능력의 표현이기도 하다.

(3) 존경심, 보살핌

사회복지사는 클라이언트가 자신에 대한 관심과 존경심, 보살핌의 생각을 가지고 있음을 느끼도록 해야 한다. 동시에 클라이언트도 자신의 문제 내지 인생에 대하여 무엇인가 할 수 있는 능력을 갖고 있다는 것을 확신하고 있다는 감정을 클라이언트에게 전달할 수 있어야 한다.

(4) 구체성

구체성은 클라이언트로 하여금 그의 행동, 사고 그리고 감정을 그 자신의 독자적인 방법으로 정확하게 묘사 내지 표현할 수 있게 도와줄 수 있는 능력이다. 초기에는 공감을 불러일으킬 수 있고 나중에 가서는 문제해결의 구체적 계획을 세우는 데 연결될 수 있는 근거가 된다.

(5) 진실성과 일치성

'진실성'은 클라이언트와의 관계에서 실제적이고 순수해질 수 있는 능력이다. 사회복지사는 담보할 수 없는 약속을 하지 않으며 최대한 진실해져야 한다. '일치성'은 사회복지사가 클라이언트와 관계를 맺을 때 일관성 있고 정직한 개방성을 유지하는 것이다. 대화의 내용과 행동이 항상 일치하면서도 전문가로서의 자아와 가치체계에 부합해야 한다.

'진실성'과 '일치성'을 위해서 사회복지사가 갖추어야 할 조건은 다음과 같다.

① 자신에 대한 정직한 인식
② 사회복지사와 클라이언트에게 동일한 의미로 작용하는 전문가의 역할
③ 기관의 절차 및 정책에 대한 분명한 지식
④ 타인에 대한 관심, 수용, 헌신 등

(6) 대응 혹은 직면

대응 혹은 직면은 사회복지사가 클라이언트의 이야기를 경청해 온 결과 어떤 모순점이나 다른 점이 발견되면 이를 클라이언트에게 이야기해 주는 것이다. 이는 클라이언트와 사회복지사가 파악한 현실이 일치하고, 다루고자 하는 내용이 합의될 때에만 가능하다. 잘못 사용하면 클라이언트의 이전의 노력을 완전히 파괴시키는 비극을 초래하므로 주의해야 한다.

(7) 직접성

직접성은 사회복지사와 클라이언트가 현재 일어나고 있는 상호작용 속에서 당면하고 경험하는 행동, 감정 그리고 사고에 있어서의 현실을 정확히 묘사하고 명확히 하며 또는 진지하게 토의하면서 바로 그 장면에서 그러한 현실을 직접 수정할 수 있는 능력이다.

(8) 자기노출

자기노출은 사회복지사가 도움의 상황에서 적절하다고 생각되는 자신의 경험을 클라이언트와 함께 나눌 수 있는 능력이다. 자기노출 시 사회복지사와 클라이언트의 관계는 일대일의 동등한 인격적 관계를 형성시킨다. 그러나 사적인 대화와 역전이가 유발될 가능성이 있으므로 주의해야 한다.

(9) 따뜻함

따뜻함은 클라이언트의 안녕과 복리를 위하여 언어 내지 비언어적인 방법으로 보살핌 내지 관심을 전달할 수 있는 능력이다.

(10) 자아실현

자아실현은 인간의 욕구들 가운데 가장 최상에 위치하는 욕구이며 사회복지사는 클라이언트의 모든 문제를 그 자신의 성장을 위한 기회들로 볼 수 있어야 한다.

(11) 수용

수용은 사회복지사의 비심판적이고 무비판적인 태도뿐만 아니라 클라이언트의 감정에 대한 존중 및 클라이언트에 대한 현실적인 믿음을 의미한다.

(12) 감정이입

감정이입은 사회복지사가 원조과정 중 자신의 관점을 유지하면서 클라이언트의 느낌과 경험에 몰입할 수 있는 능력이다. 사회복지사는 클라이언트의 입장에서 보고 느낄 수 있어야 한다.

3) 기타 사회복지사의 자질

(1) 성숙함

사회복지사는 자신의 변화와 성장에 대해 두려움 없이 수용하고, 그 과정에서 자신을 성장하며 발전하는 인간으로 키워갈 수 있어야 한다.

(2) 창조성

창조성은 클라이언트의 문제 상황에 대한 해결책에 대해 개방성을 유지하며, 최선의 해결책을 찾기 위해 자신을 개방하는 것이다. 클라이언트의 상황은 각자 독특하고 개별적이며 항상 변화하기 때문에 사회복지사의 창의적 능력은 매우 중요하다.

(3) 용기

용기는 실패, 어려운 상황에 휘말리는 일, 통제할 수 없는 상황에 감정적으로 비난 또는 학대하는 일, 예측할 수 없는 상황에 계속적으로 연관되는 일, 신체적으로 위협받는 일 등을 받아들일 수 있는 것이다.

(4) 민감성

민감성은 특정한 단서 없이도 클라이언트의 내면세계를 느끼고 감지할 수 있는 능력이다. 사회복지사가 새로운 상황에 대한 개방성과 변화에 대한 준비 자세를 갖추고 있는지와 밀접하게 관련된다.

(5) 인간적 자질

인간적 자질은 클라이언트의 고통을 존중하는 마음, 자신과 다른 인생경험, 행동양식, 가치관에 대한 포용성, 장기목표를 가지고 일할 수 있는 끈기, 클라이언트가 스스로 결정하고 행동할 수 있도록 수동적인 자세를 취할 수 있는 것 등이다.

3. 사회복지실천관계의 원리

1) 개별화의 원리

개별화의 원리는 클라이언트가 가지고 있는 독특한 자질을 인정하고 이해하여 그가 보다 나은 적응을 하도록 각기 다른 방법을 적용하여 도움을 주어야 하는 것이다. 이는 클라이언트가 개인으로서 취급받으려는 욕구를 반영한 것이다.

사회복지사는 인간의 고유한 특수성(소질, 환경, 타고난 재능, 의지적 활동 등, 상이한 생활경험과 상이한 내적·외적 자극)을 인정해야 한다. 각 클라이언트의 특수한 욕구를 충족시키고, 문제를 해결하는 데 클라이언트 자신의 능력과 자원을 활용하도록 각기 다른 방식으로 도울 수 있어야 한다. 그뿐만 아니라 클라이언트가 기관에 도움을 청할 때 어떤 사례나 유형 또는 범주로서보다는 개인으로서 취급받고자 하는 강한 욕구가 있음을 알아야 한다.

(1) 개별화를 위한 사회복지사의 자세

① 편견이나 선입관으로부터 탈피해야 한다. 사회복지사는 정확한 원인의 확인과 어느 정도의 객관성이 필요하다.

② 인간행동에 관한 전문적인 지식을 소유하고 활용할 수 있어야 한다.

③ 경청하고 관찰하는 능력을 갖춰야 한다. 여기에는 적절한 소재를 경청하고, 언어 및 비언어적 메시지 모두를 포함한다.

④ 클라이언트와 보조를 잘 맞추어야 한다. 클라이언트의 이야기, 감정표현 및 행동의 변화를 나타내는 속도에 맞출 수 있어야 한다.

⑤ 클라이언트의 감정과 사고를 민감하게 이해하고 이에 자신을 투입시켜야 한다.

⑥ 관점을 유지하는 능력을 갖추어야 한다. 사회복지사는 관점을 계속 유지하면서 통제되고 전체 상황으로 지향할 수 있어야 한다. 이는 객관적인 상황과 개인에 관련되어 있는 감정을 이해하는 데 도움이 된다.

한편 사회복지사는 다음과 같은 개별화의 수단, 즉 개별화를 위한 방법들을 통해 클라이언트에게 맞는 원리와 방법을 찾아야 하고 클라이언트의 문제행동에 맞추어 적응능력·과제수행능력을 고려한 해결방법을 찾아야 한다.

(2) 개별화의 수단

① 클라이언트에 대한 자세한 배려

자세한 배려는 클라이언트의 입장이 어느 정도 사회복지사에게 이미 이해되었다는 것을 나타내는 개별화의 증거가 된다. 사회복지사는 시간 약속을 할 경우 클라이언트의 입장이나 사정을 고려하여 편리한 시간을 제시할 수 있어야 한다.

② 면접에서의 내밀성

면접의 내밀성은 클라이언트에게 비밀이 존중되고 있다는 느낌을 주고, 클라이언트에게 관심을 집중하고 그를 위한 기회를 제공하는 수단으로 중요하다.

③ 클라이언트와 약속을 지키는 것

사회복지사는 클라이언트에게 약속시간이 그 자신만의 시간이라는 느낌을 주어야 한다. 사회복지사가 기관의 사정이나 갑작스런 일로 약속을 지키지 못한다면 그 이유를 설명하여 사후에라도 양해를 구하는 것이 바람직하다.

④ 면접을 위한 철저한 사전준비

사회복지사는 클라이언트에 대한 이전까지의 사례기록을 검토해야 한다. 이는 클라이언트에 관한 자세한 기억을 새롭게 하며, 앞으로 있을 면접의 구체적 목적을 계획할 수 있게 한다. 뿐만 아니라 클라이언트와 그의 문제에 더욱 효과적으로 집중할 수 있게 하는 데 도움이 된다.

⑤ 클라이언트의 참여 독려

사회복지사는 클라이언트의 현재 능력에 따라 참여시킴으로써 그가 개인으로서 취급받고 있다는 느낌을 가지게 해야 한다.

⑥ 융통성

사회복지사는 클라이언트와 그의 상황에 관한 지식이 증대됨에 따라, 그의 생활이 계속적으로 발전하고 변화함에 따라 수정할 수 있어야 한다.

2) 의도적인 감정표현의 원리

의도적인 감정표현의 원리는 사회복지사가 클라이언트의 긍정적인 감정만이 아니라, 특히 부정적인 감정을 자유롭게 표현하도록 도와주어야 하는 것이다. 사회복지사는 감정의 표현을 가로막거나 비난하지 않고, 치료상 유용할 때는 그러한 감정을 표현하도록 적극적으로 도와주면서 경청할 수 있어야 한다. 이는 클라이언트의 감정을 표현하려는 욕구를 반영한 원리이다.

(1) 의도적인 감정표현의 목적

① 클라이언트가 긴장이나 억압상태에서 벗어나고, 문제를 더욱 명백하고 객관적으로 볼 수 있도록 도와주기 위해서이다.
② 더욱 정확한 조사, 사정, 치료를 위해 클라이언트와 그의 문제를 더욱 적절하게 하기 위해서이다.
③ 심리적으로 지지를 해주기 위해서이다.
④ 클라이언트의 부정적인 감정을 표현하게 하기 위해서이다.
⑤ 사회복지관계를 깊게 하기 위해서이다.

(2) 의도적 감정표현의 제한

① 기관 안에서 처리될 수 없는 감정표현
② 클라이언트가 표현할 준비가 되지 않은 감정표현
③ 사회복지사에게 책임을 전가하는 감정표현
④ 사회복지사의 관심을 끌거나 수용을 시험하는 감정표현 등에서는 제한된다.

클라이언트가 자신의 감정을 자연스럽게 표현하기가 쉽지 않기 때문에 사회복지사에게 다음과 같은 역할이 요구된다.

(3) 사회복지사의 역할

① 사회복지사는 클라이언트를 침착하게 맞이할 수 있어야 한다. 이는 클라이언트가 편안함, 안정감을 느끼도록 하기 위해서이다.
② 사소한 일로 마음이 혼란되어 있지 않아야 한다. 이를 위해서는 클라이언트를 면접하기 전에 시간적, 정신적으로 충분한 여유를 가져야 할 것이다.
③ 사회복지사는 클라이언트에 대해 주의 깊게 목적을 가지고 경청할 수 있어야 한다. 이때 클라이언트는 사회복지사에 대해 자신에 대한 관심, 진실성, 이해 및 객관성을 느끼게 되며 더욱 쉽게 이야기하는 데 도움이 된다.

④ 사회복지사는 클라이언트가 감정을 표현하도록 격려할 수 있어야 한다. 예를 들어, 클라이언트가 사용한 말, 짧은 문구를 반복한다거나, 사실보다 감정의 흐름에 대해 언급하고, 또 인간은 자신의 생활환경 내의 중요한 사람이나 사물에 대하여 양가감정을 가질 수 있고, 이러한 감정을 사회복지관계에서 표현하는 것이 허용된다는 것을 직접 알려주는 것 등으로 감정표현을 격려하는 것이다.

⑤ 사회복지사는 클라이언트의 변화속도를 민감하게 인식해야 한다. 즉, 클라이언트의 변화속도에 민감하여 감정표현에 보조를 맞추어야 한다.

⑥ 사회복지사는 클라이언트에게 비현실적 보증을 하지 않아야 하고, 너무 빠르거나 많은 해석을 하지 않아야 한다. 이는 클라이언트의 감정표현을 방해할 수 있다.

이와 같은 의도적 감정표현에서의 사회복지사의 역할은 조사, 사정 및 치료와 관련되어 효과를 높일 수 있다.

(4) 의도적 감정표현의 효과

① **조사와 관련된 감정표현에 있어 조사를 위한 귀중한 자료**
모든 클라이언트의 진정한 감정, 반응형태 및 방어를 이해하는 단서가 될 수 있다.

② **서비스에 대한 의사결정**
사정에 관련된 감정표현에 있어 진정한 문제의 성질에 관한 설명으로 서비스에 대한 의사결정을 하게 할 수 있다.

③ **치료**
치료에 관련된 감정표현으로 그 자체가 치료적일 수 있다. 감정표현은 유익한 감정해소의 경험만이 아니라 일어날 수 있는 좋지 못한 억압감도 예방하는 가치를 가진다.

3) 통제된 정서적 관여의 원리

통제된 정서적 관여의 원리는 사회복지사가 클라이언트의 감정에 대하여 민감하게 대처하고, 그 감정의 의미를 이해하며, 클라이언트의 감정에 목적을 가지고 적절히 반응해야 하는 것이다. 클라이언트의 문제에 대한 공감적 반응을 얻으려는 욕구를 반영한 것이다. 이를 위해서 사회복지사의 역할은 다음과 같다(강병철 외, 2013).

(1) 사회복지사의 역할

① 민감성

민감성은 클라이언트의 감정을 보고 듣는 것이다. 때때로 클라이언트는 감정을 언어로 표현하지 못한다. 그러나 클라이언트는 사회복지사가 자신의 감정을 보고 들을 수 있는 방법으로 표현한다. 사회복지사는 이것을 잘 관찰해야 한다. 민감성은 클라이언트의 삶 속에 있는 감정의 중요성에 관한 확신으로부터 시작하고 많은 경험, 훈련을 통해 점진적으로 발전한다. 사회복지사가 자신의 욕구와 감정에 대해서 잘 알고 있는 것도 중요하다.

② 이해

사회복지사는 클라이언트와 그의 문제에 관한 감정의 의미를 이해할 필요가 있다. 이러한 이해는 계속적으로 이루어진다. 이를 위해서 인간행동에 대한 지식은 필수적이다. 사회복지사는 감정의 의미를 이해하기 위한 기술을 발전시키기 위해서 도움을 받아야 한다. 슈퍼비전이나 직원회의 등이 필요하고, 클라이언트가 가지고 있는 감정의 의미를 여러 가지로 추측해 보는 것도 필요하다.

③ 응답

민감성과 이해는 응답을 위한 수단이다. 감정차원의 클라이언트에 대한 사회복지사의 응답은 관계에서 가장 중요한 심리사회적인 요소이고 사회복지실천기술에서 가장 어려운 것이다. 응답은 반드시 말로 이루어질 필요는 없다. 응답은 먼저 내적으로 이루어진다. 사회복지사는 따뜻한 마음을 가지고 세밀한 감성으로 도움을 필요로 하는 클라이언트와 느낌을 나눈다. 내적인 응답 이후에 외적인 표현을 통해 클라이언트에게 전해진다. 내적인 응답이 잘 이루어지면 외적인 표현 또한 잘될 수 있다.

4) 수용의 원리

수용의 원리는 사회복지사가 클라이언트의 타고난 존엄성과 개인적 가치에 대해 확고한 신념을 가지고 클라이언트의 장점과 단점, 호감적・비호감적 성질, 긍정적・부정적 감정, 건설적・파괴적 태도와 행동 등을 포함하여 현재 있는 그대로의 클라이언트를 지각하고 다루어야 하는 것이다. 클라이언트 자신에 대한 존엄성과 가치 있는 개인으로서 인정받으려는 욕구가 반영된 것이다.

(1) 사회복지사의 역할

① 클라이언트에게 초점

사회복지사는 클라이언트가 존재하는 그대로의 모습을 받아들인다.

② 가치관 차이 인정

사회복지사는 클라이언트와의 가치관 차이가 있음을 인정해야 한다.

③ 수용과 승인의 차이 인식

사회복지사는 수용하는 것과 승인하는 것과의 차이를 인식해야 한다. 수용은 클라이언트가 다를 수 있다는 권리를 허용하는 것이다.

사회복지사는 클라이언트에 대한 수용을 잘하기 위해 다음과 같은 장애물을 제거해야 한다. 대부분의 장애물은 사회복지사의 자기이해 부족에서 나온다. 수용의 장애물은 다음과 같다.

(2) 수용의 장애물

① 인간의 행동양식에 관한 불충분한 지식

사회복지사는 클라이언트의 문제에 대한 심리적이고 정신의학적 지식을 필요로 한다. 이 지식을 틀로 하여 문제해결을 해나가는 것이다.

② 사회복지사 자신에 관한 불충분한 이해

사회복지사가 자신의 문제가 클라이언트와 유사한 경우에 주로 클라이언트의 부정적이고 바람직하지 않은 요소를 인지할 수 있다. 이때 사회복지사는 클라이언트의 문제를 실제적으로 다루기 어렵다.

③ 사회복지사 자신의 감정을 클라이언트에게 주입시키기

사회복지사의 행동은 실제로 있는 그대로의 현실을 지적하지 못하게 하며, 이로 인해 있는 그대로의 클라이언트를 처리하지 못하게 되어 클라이언트는 이것을 거부감으로 받아들인다. 따라서 사회복지사는 자기 자신을 제대로 인식하기 위한 노력을 해야 한다.

④ 편견과 선입관을 가지는 것

사회복지사는 인종, 신념, 문화, 경제적 상태의 차이에서 오는 편견과 선입견을 없애야 한다.

⑤ 보증되지 않는 재보증(심리적 지지)

만약 사회복지사가 현실적으로 보증할 수 없는 것을 말로만 클라이언트를 안심시키려고 한다면 클라이언트는 사회복지사를 거부할 수도 있다.

⑥ 수용과 승인 간의 혼돈

수용은 클라이언트에 관한 모든 것을 그대로 보는 것이다. 클라이언트의 결점이나 잘못 등을 묵인하거나 인정하는 승인과 구별되어야 한다.

⑦ 클라이언트에 대한 존경심의 상실

수용이란 인간은 본래의 존엄성과 가치를 가진다는 철학적 확신에 기초한다.

⑧ 과잉 동일시

사회복지사의 클라이언트에 대한 과잉 동일시이다. 이는 사회복지사 자신의 자기인식의 부족과 클라이언트의 욕구보다는 사회복지사 자신의 욕구를 충족시키는 방법으로 정서적인 반응을 하는 것에서 비롯된다.

5) 비심판적 태도의 원리

비심판적 태도의 원리는 사회복지사가 클라이언트의 문제 또는 욕구의 원인에 대한 클라이언트의 책임의 정도나 죄의 유무를 따지거나 비난하는 등 그를 심판하는 태도로 다루어서는 안 된다는 것이다. 클라이언트의 심판받지 않으려는 욕구가 반영된 것이다.

비심판적 태도의 가치와 기준은 클라이언트의 잘못 여부를 심판하는 것이 아니라 클라이언트의 태도, 가치기준 및 행동을 객관적으로 평가하는 것이다. 비심판적 태도의 전달은 언어적 반응 및 비언어적 반응(어조, 태도 등)으로 전달되어 클라이언트가 느끼게 되는 것이다.

그러나 다음과 같은 요인은 사회복지사가 클라이언트에 대해 비심판적 태도를 갖는데 장애가 된다.

(1) 비심판적 태도의 장애요인

① 어떤 편견이나 선입관을 가지기
② 너무 빨리 결론에 도달하기
③ 다른 사람과 비교하거나 어떤 유형으로 분류하기
④ 사회복지사에 대한 적개심과 같은 클라이언트의 부정적 감정의 표현

사회복지사는 비심판적인 태도를 전달하기 위해 다음과 같은 역할을 수행할 수 있어야 한다.

(2) 사회복지사의 역할

① 비심판적인 태도를 전달하기 위해 충분히 수용하기

② 적절한 치료적 관계를 유지해 자신의 문제를 개방하도록 하기
③ 자신의 문제를 직시하도록 함으로써 궁극적으로 사회에 적응할 수 있도록 도와주기
④ 클라이언트에 대해 비난할 의사가 없다는 것을 언어적, 비언어적 메시지로 전달하기

6) 자기결정의 원리

자기결정의 원리는 사회복지사가 클라이언트의 생활과 문제해결 과정에서 그가 스스로 선택하고 결정하도록 도와주어야 한다는 것이다. 클라이언트 스스로 선택하고 결정하려는 욕구가 반영된 것이다. 자기결정의 원리는 사회복지사가 클라이언트를 위해 무엇을 해주는 것이 아니라 클라이언트와 함께 해결해 나가는 것을 의미하므로 전문적 관계의 동반자 의식을 강조하게 된다.

사회복지사는 클라이언트가 자기결정을 잘할 수 있도록 다음과 같은 역할을 할 수 있다.

(1) 사회복지사의 역할

① 클라이언트가 그의 문제와 욕구에 대하여 관점을 가지고 명확하게 보도록 도와주기
② 클라이언트가 자기수용을 할 수 있도록 원조하기
③ 클라이언트 자신 속에 내재한 인격적 자원을 발견하고 활용할 수 있도록 자극을 주기. 또 클라이언트에게 적당한 사회적 자원을 알게 하기
④ 클라이언트가 자기 문제를 스스로 해결하도록 하며 인격적 성장을 할 수 있는 분위기를 만들어 주기

(2) 자기결정의 장애요인

① 사회복지사가 문제해결의 중요한 책임을 맡고 클라이언트에게는 종속적인

역할만 하도록 허용하기

② 클라이언트가 요구하는 서비스에 관계없이 클라이언트의 사회적, 정서적 생활의 사소한 면을 도우려고 하기

③ 직접적으로나 간접적으로 클라이언트를 조정하려 하기

④ 통제적인(강제적인) 방식으로 설득하려 하기

또, 사회복지사는 자기결정의 원리를 적용하는 데 있어서 다음과 같은 제한점을 알고 유의해야 한다.

(3) 자기결정의 제한

① 클라이언트의 능력

② 법률

③ 기관의 기능

7) 비밀보장의 원리

비밀보장의 원리는 사회복지사가 클라이언트를 도와주는 전문적 관계에서 알게 되는 클라이언트에 관한 비밀정보를 지켜주어야 한다는 것이다. 이는 클라이언트의 자기에 관한 비밀을 간직하려는 욕구를 반영한 것이다.

비밀보장은 클라이언트의 기본 권리에 기초하는 것으로서 전문적인 관계를 통해 밝혀지는 클라이언트에 관한 정보를 누출시키지 않는 것이다. 이는 사회복지사의 윤리적인 의무이고, 사회복지실천 관계를 성공적으로 유지하기 위해 반드시 필요하다.

(1) 비밀의 종류

① 자연적 비밀

자연적 비밀은 정보가 남에게 알려짐으로써 개인의 명예를 손상시키거나

슬픔을 초래하는 정보를 말한다.

② 계약적 비밀

계약적 비밀은 막역한 친구가 폭로하지 않겠다는 보증이나 약속을 한 후에 알게 되는 비밀이다.

③ 위탁적 비밀

위탁적 비밀은 다른 사람에게 노출되지 않을 것을 사전에 명백히 이해하고 비밀로 전달되는 정보이다. 사회복지사와 클라이언트 간의 상호신뢰에 의해 전문적으로 취급하는 비밀이다.

그러나 사회복지사가 클라이언트의 비밀을 보장하는 데 있어서 갈등이 발생할 수 있는데 이것이 비밀보장의 한계이다.

(2) 비밀보장의 한계

① 클라이언트 자신의 내부에 있는 갈등

클라이언트의 비밀보장의 권리와 다른 권리 및 의무와 모순되거나 충돌될 때 발생한다.

② 타인의 권리와의 갈등

이런 경우에는 양쪽의 권리를 비교하여 중요한 권리를 택해야 한다.

③ 사회복지사의 권리와의 갈등

클라이언트의 비밀을 보호하기 위해 사회복지사 자신의 권리가 박탈될 경우가 생길 수 있다. 이 경우에도 양쪽 권리를 비교하여 중대한 편을 선택해야 한다.

④ 사회복지기관의 권리와의 갈등

클라이언트의 비밀을 지키기 위해 기관의 사회적 사명과 권한을 넘는 조치를 강요당하는 경우가 있다.

⑤ 전체로서의 사회의 권리와의 갈등

사익과 공익, 개인의 권리와 공공복지 간에 충돌이 있을 수 있다. 개인은 사회적인 존재이므로, 자기에게는 불리하더라도 사회공공의 복지를 위해 협력할 의무가 있다.

4. 사회복지실천관계의 장애

1) 변화를 방해하는 관계

(1) 사회복지사 문제

사회복지사가 클라이언트에게 부정적 감정을 낳을 수 있는 행동은 클라이언트의 변화를 방해할 수 있다.

① 클라이언트가 경험하는 중요한 감정을 인식하지 못할 때
② 태만해지거나 클라이언트를 무시할 때
③ 적절하지 않게 직면을 사용할 때
④ 피곤해하거나 침착하지 않기
⑤ 클라이언트가 행하기에 어려운 조언이나 과제 주기
⑥ 사회복지사가 병리적이거나 서투르기(인품이 나쁘고 독선적이고 지배적인 것, 판단적이고 요구하는 태도를 보이며 엄격한 것, 약속에 습관적으로 늦으며, 성적으로 난잡하고 선심을 쓰듯 돌봐주는 것 등)

(2) 불신

클라이언트의 불신은 거의 대부분 이전의 중요한 다른 관계에서 비롯된다. 즉, 지나온 삶의 과정에서 격려나 인정을 받지 못한 사람은 비난, 거부, 상처를 미리 예상하여 방어적 태도를 보이게 된다. 또한 클라이언트의 자기노출은 어려워지고 더 이상의 변화는 기대할 수 없다.

(3) 전이, 역전이

① 전이

전이는 클라이언트가 다른 사람과 과거 경험에서 비롯된 기대, 원망, 두려움 등의 감정을 사회복지사에게 나타내는 것이다. 전이반응에서도 클라이언트가 변화하는 데 방해가 될 수 있다.

② 역전이

역전이는 사회복지사가 클라이언트를 마치 자신의 과거 시점의 인물이나 그와의 관계로 느끼고 무의식적으로 그렇게 반응하는 것이다. 전이와 마찬가지로 역전이도 비현실적인 감정이기 때문에 왜곡을 낳게 되고 클라이언트와의 관계를 악화시킬 수 있다.

> 예 클라이언트에게 지나친 관심을 갖는 것, 클라이언트에 대해 끊임없이 에로틱한 환상을 가지는 것, 클라이언트와의 면접을 두려워하거나 아니면 너무 즐거워하는 것, 특정 클라이언트와의 약속에 계속 늦거나 잊어버리는 것, 클라이언트를 향해 적대감을 느끼거나 공감이 잘 안 되는 것, 끊임없이 지루함과 피곤함을 느끼거나 클라이언트를 거부하는 것, 계속 면담을 일찍 마치거나 정한 시간을 넘기는 것, 클라이언트를 감동시키거나 클라이언트에게 감동을 받으려고 지나치게 노력하는 것, 클라이언트를 잃는 것에 대해 지나치게 염려하는 것, 클라이언트와 논쟁하거나 방어적이 되거나 상처를 입는 것 등

(4) 저항

저항은 사회복지사와 클라이언트의 관계에서 변화를 방해하는 힘이다. 이러한 행동은 클라이언트가 의식하는 경우도 있지만 대부분 의식하지 못하며, 사회복지사의 눈에만 보이는 경우가 많다. 사회복지실천관계에서 주로 많이 보이는 저항의 유형은 다음과 같다.

① 침묵하기

침묵하기는 클라이언트가 갑자기 말을 하지 않거나 할 말이 생각나지 않는다고 하거나 말하고 싶지 않다는 경우이다. 경험이 없는 초보 사회복지사

일 경우 가장 다루기 어려운 저항의 형태이다.

② 핵심에서 벗어난 이야기하기

개입의 목적과 문제해결과 관련이 없는 중요하지 않은 이야기를 장황하게 하다가 정작 중요한 부분은 그냥 뛰어넘어 버린다거나, 고통스러운 이야기에 대해서는 마치 못들은 것처럼 한다거나, 딴짓을 하는 등의 행동을 보이는 것이다.

③ 비관적이고 무력한 태도

이는 비관적으로 미래를 내다보고, 자신의 무력감을 나타내는 것이다. 이런 반응은 오히려 사회복지사를 무력하게 만들기도 한다.

예 "잘 되지 않을 거예요." "전 아무것도 못해요." 등

④ 문제를 축소하거나 마술적인 해법 기대하기

이는 문제를 인식하지 못하거나, 문제를 인식하더라도 문제의 심각성을 인식하지 못하고 너무 가볍게 생각하거나, 또는 문제가 한순간에 해결될 것이라는 기대를 가지는 것이다. 따라서 문제에 직면하지 않으며, 변화에 대한 노력을 하지 않으려는 것이다.

예 "어떻게든 될 거예요.", "시간이 해결해 주겠죠." 등

⑤ 저항의 심리를 행동으로 표현하는 것

이런 행동들 역시 저항의 한 형태로 변화를 거부하는 것으로 간주된다.

예 면담 중 딴짓하기, 산만하게 행동하여 주의집중하지 않기, 하품하기, 지각하기, 결석하기 등

2) 변화를 방해하는 관계 다루기

변화를 방해하는 관계를 다룰 때는 다음과 같은 기법이 적용될 수 있다.

(1) 긍정적 재해석

긍정적 재해석은 재명명 기법과 유사한 것으로 클라이언트의 부정적인 행동에 대해 사회복지사가 긍정적인 의미를 부여하는 것이다. 클라이언트가 체면과 자존심을 보호할 수 있도록 해주는 기술이기도 하다.

> 예 "남편이 의지가 약해 담배를 못 끊는 것 같아 화가 난다"는 클라이언트의 말에 "남편의 건강을 그렇게 걱정하시다니 남편을 무척 사랑하시는 것 같아요."

긍정적 재해석의 목적은 클라이언트의 방어를 최소화하고 상처받기 쉬운 자존심을 보호하며 강점 관점으로 일관되게 행동하는 것이다. 또한 클라이언트가 자신의 부적절한 반응이 왜곡된 인지에서 기인하는 것임을 알고 이후에 자신의 감정을 직접 표현할 수 있도록 하는 것이다.

(2) 문제를 성장의 기회로 재규정

재규정하기는 클라이언트가 문제를 성장과 도전의 기회로 인식하게 하는 것이다. 이 기법은 긍정적이고 낙관적인 관점을 강조함으로써 두려움, 불편, 변화에서 얻을 수 있는 장점을 강조한다. 이것은 긍정적인 재해석과도 관련이 있다. 두려워하고 불안해하는 클라이언트에게 문제에 대한 낙관적 관점을 제공해 주고 아무리 어려운 상황도 생각하기 나름이라는 좀 더 확대된 시각을 제공해 주기 때문이다.

> 예 어떤 중년부인이 남편과 아이들이 더 이상 자신을 필요로 하지 않는 것 같아 우울하다고 할 때 그녀의 우울증을 이제까지 가족들을 돌보느라 하지 못했던 자신을 위해 투자하는 좋은 기회로 해석하는 것

재규정하기는 자신의 상황을 좀 더 긍정적으로 보게 되고 변화의 동기를 가질 수 있게 된다. 그러나 이 기술을 사용할 때 극단적인 태도를 보이지 않아야 한다. 지나친 낙관은 이해 부족을 의미하는 것일 수도 있기 때문이다. 사회복지사는 클라이언트가 자기 문제에 대해 부정적인 요소뿐만 아니라 긍정적인 요소도 있다는 관점에서 조망하도록 돕는다.

(3) 직면

직면은 직접적으로 변화를 방해하는 부정적 생각, 감정, 행동과 대면하도록 하여 클라이언트의 자기인식을 고양시키고 변화를 촉진시키는 직접적인 기법이다.

> 예 "아버지가 자상하고 무척 잘 대해주셨다고 하면서도 아드님에게는 아버지와 같은 부친상을 제시하고 싶지 않다고 하시는데 어떻게 생각하십니까?"라고 하여 클라이언트가 스스로 아버지에 대해 갖고 있는 모순된 감정을 깨닫도록 돕는 것

직면 시, 사회복지사는 클라이언트가 자신의 생각, 감정, 행동 사이의 모순을 발견하지 못할 때에는 오히려 역효과가 나타날 수 있기 때문에 클라이언트가 받아들일 준비가 되어 있을 때 사용해야 한다. 그러나 한 인간으로서 클라이언트에 대한 관심을 전달하지 않으면서 직면을 오용하고 남용하는 것은 비윤리적이며 효과도 없음을 유념해야 한다.

(4) 불신 다루기

사회복지사는 불신을 가진 클라이언트를 만나면 인내하고 참아야 한다. 불신을 가진 클라이언트 중 많은 이들이 절박하게 도움이 필요하며, 약속을 제대로 지키지 않는 것은 동기부족보다는 회피하는 경향임을 인식하는 것이 중요하다. 사회복지사가 클라이언트의 회피행동 뒤에 숨어있는 두려움에서 맞설 수 있도록 돕는다면 치료에 도움이 될 수 있다.

(5) 전이와 역전이 다루기

① 전이 다루기

사회복지사는 클라이언트의 반응이 비현실적임을 지적하고 클라이언트가 사회복지사에 대한 현실적인 관점을 갖도록 도와야 한다. 사회복지사에 대한 감정을 과거에 다른 사람에게도 느낀 적이 있는지 알아보고 그 근원에 대해 클라이언트가 깨닫도록 도와야 한다.

② 역전이 다루기

사회복지사는 자신의 감정의 기원에 관심을 갖고 클라이언트와 현실적인 관계에 관점을 갖도록 노력해야 한다. 그러나 역전이로 인해 관계를 지속할 수 없을 경우에는 클라이언트에게 사회복지사 자신의 문제로 인해 관계를 지속할 수 없음을 알리고 다른 사회복지사에게 의뢰해야 한다.

(6) 저항에 대한 대처

저항은 클라이언트의 목표달성을 심각하게 방해한다. 사회복지사는 클라이언트의 저항 저변에 있는 현재의 감정에 초점을 두면서 다룰 수 있어야 한다. 특히, 부정적 감정을 표현하게 함으로써 대인관계에서 부정적인 감정을 효과적으로 다룰 수 있는 경험을 제공할 수 있어야 한다.

> 예 지난번 면담에서 할머니 얘기를 꺼냈을 때 감정적으로 불안해졌던 클라이언트가 오늘 면담에서는 거의 말이 없다. 사회복지사는 "지난번 면담 때 몹시 불안해 보였는데 오늘은 그것에 대해 어떤 감정이 드세요?"

결국, 사회복지사는 저항에 대해 부정적인 것으로만 받아들이지 않고 변화의 자연스러운 과정으로 생각할 수 있어야 한다.

(7) 침묵에 대한 대처

침묵에는 여러 가지 의미가 있다. 생각을 좀 더 정리하는 과정에서 클라이언트는 침묵할 수도 있다. 적절한 침묵은 클라이언트에게 생각을 공유하도록 용기와 기회를 제공하고, 클라이언트에게 공유할 내용을 선택하고 생각을 정리할 여유를 준다. 따라서 사회복지사는 클라이언트의 침묵에 성급히 개입해서는 안 된다.

PART 3

사회복지실천과정

제 9 장 초기단계

제10장 사정 및 계획단계

제11장 실행단계

제12장 종결단계

09
CHAPTER

초기단계

개 요

본 장은 사회복지실천과정의 첫 번째 단계로 초기단계라 부르고, 초기단계에는 클라이언트가 처음 방문하여 사회복지사를 만나게 되는 접수단계와 클라이언트의 욕구와 문제를 수집하는 자료수집 단계가 포함된다. 이 단계에서는 접수의 개념, 주요과업을 이해하고, 자료수집의 개념과 다양한 방법 등을 학습하게 된다.

학습목표

- 접수의 개념과 주요 과업을 설명할 수 있다.
- 접수의 주요 내용을 설명할 수 있다.
- 자료수집의 영역과 자료수집 방법을 설명할 수 있다.

1. 접 수

1) 접수의 개념

접수란, 원조과정의 최초 단계이다. 클라이언트가 가지고 있는 문제나 욕구에 대해 사회복지사가 처음 직면하게 되는 순간이다. 접수단계는 서비스의 초기 과정으로써 사회복지사는 직접적으로 원조를 신청하는 사람뿐만 아니라 원조를 신청하지 않더라도 욕구가 있는 개인이나 사회체계를 사정하는 일차적 예방사업의 책임을 가진다.

접수는 사회복지에 대한 지식과 경험이 풍부한 사회복지사가 담당하는 것이 효과적이며, 서비스가 전문화된 일부 사회복지기관에서는 접수만 담당하는 인테이크 사회복지사(intake worker)를 별도로 두기도 한다.

2) 접수단계의 목적

이 단계의 구체적인 목적은 다음과 같다.

① 욕구상태에 있는 사람에 대한 서비스를 사정하고 기관에 잠재적 클라이언트로 받아들이는 것이다.
② 욕구를 결정하는 데 따르는 신청자의 문제, 성격 및 상황을 이해하고 평가하는 것이다.
③ 욕구를 충족시키는 방법과 장소를 결정한다.
④ 기관이나 사회복지사를 통하여 이용할 수 있는 서비스에 대한 본질과 조건을 해석하고 정의하는 시기이다.
⑤ 서비스를 위한 적격성을 확인하여, 만약 신청자의 부적격성이 발견된다면 다른 곳에 의뢰를 결정한다.
⑥ 협력적 · 적극적 원조관계를 수립해야 한다.
⑦ 신청자와 사회복지사가 기관 내의 서비스의 계획과 계약을 협의하고 설정한다.
⑧ 지정된 곳에서 신청자를 클라이언트의 역할로 안내한다.
⑨ 초기과정의 상황에 적절한 원조적 중재를 함으로써 클라이언트의 욕구를 충족한다.

3) 주요 과업

접수단계에서는 원조 서비스에 대한 사정, 신청자의 욕구평가, 욕구가 충족될 수 있는 방법을 결정하고, 서비스를 위한 적격성의 결정, 타 기관에 의뢰하기 위한 예비적 활동 등의 주요 활동이 이루어지는 시기이다.

접수단계에서의 사회복지사의 과업은 클라이언트와의 관계형성(라포형성)을 하는 것이다. 이 시기에 사회복지사는 클라이언트에게 편안한 분위기 조성, 클라이언트의 두려움 완화, 사회복지 개입에 대한 오해를 확인하고 양가감정 다루기, 서비스의 자격요건, 서비스 개입 결정, 의뢰결정, 기관서비스의 특성 설명, 향후 진행 과정에 대한 기본적인 사항(시간, 빈도, 기간, 비용 등) 결정 등을 한다. 접수단계의 주요 과업은 참여유도, 문제 확인, 기관 서비스에 대한 정보 제공, 서비스 수혜 여부의 결정, 서비스 수혜과정에 대한 안내 및 관련서식 작성, 의뢰를 살펴볼 수 있다(김혜영 외, 2020).

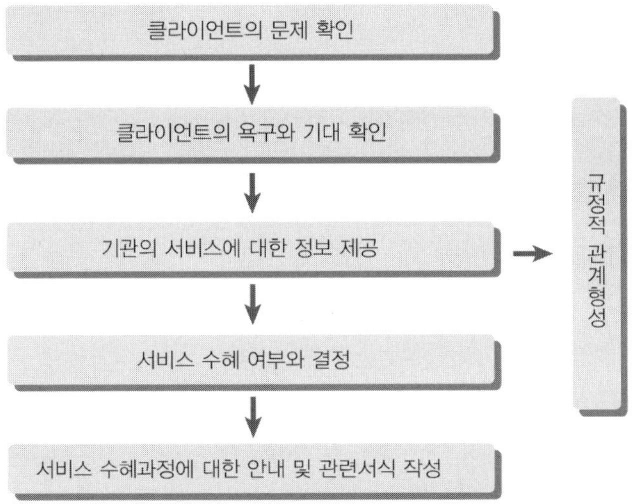

▌그림 9-1▐ 접수 및 관계형성 과정

출처 : 도광조(2019).

(1) 참여 유도

참여 유도는 기관에 찾아온 사람에게 그가 원하는 욕구가 무엇인가를 파악하기 위해 클라이언트와의 친화관계를 성립하는 것을 말한다(김혜영 외, 2020). 클라이언트가 개입과정에 적극적으로 참여하도록 유도하기 위해서는 클라이언트와의 관계형성, 동기화, 저항감 해소, 양가감정의 수용과 같은 과업이 요구된다.

① 동기화

사회복지서비스 개입에 있어 클라이언트가 변화하고자 하는 동기나 의지가 없다면 개입이 매우 어렵거나 기대한 목표 달성에 실패할 수 있다.

비자발적인 클라이언트는 본인이 희망하여 기관을 찾아온 것이 아니기 때문에 이들을 자발적인 클라이언트로 변화시키기 위한 노력이 요구된다. 사회복지사는 비자발적 클라이언트를 위해 초기에 가지는 불안감과 저항감을 해소하기 위한 목표를 수립해야 한다.

킬스트-아쉬만과 헐(Kirst-Ashman & Hull, Jr., 1993)은 비자발적 클라이언트를 동기화시키기 위한 사회복지사의 행동지침을 다음과 같이 설명하였다.

첫째, 비자발적 클라이언트들은 그들이 원해서 사회복지사를 찾아온 것이 아니라는 사실을 명심해야 한다.

둘째, 서비스에 대한 저항의 실체를 그대로 이해해야 한다.

셋째, 클라이언트의 부정적인 감정을 표출하도록 유도한다.

> 예 "여기에서 나를 만나는 것을 무척 싫어하고 있군요. 지금 당신 기분이 어떤지 알고 싶어요."

넷째, 비자발적 클라이언트가 원하는 것을 어느 정도 해결해 줄 수 있는지를 생각해 보아야 한다.

다섯째, 희망을 갖게 하고, 용기를 주는 것이 필요하다.

여섯째, 비자발적 클라이언트에게서 사회복지사에 대한 신뢰감이 즉시 형성될 것이라는 기대는 무리이다. 점진적인 관계형성을 통해 클라이언트의 신뢰감이 형성되기를 기다려야 한다(백은령 외, 2007; 김혜영 외, 2020 재인용).

사례 비자발적 클라이언트의 사례(교육복지실에서 의뢰된 청소년)

- 클라이언트 : (상담실에 들어올 때부터 계속 고개를 숙이고 클라이언트의 어떠한 질문에도 침묵을 계속 유지하고 있다)

- 사회복지사 : ○○○야! 네가 원하지도 않는데 학교에서 이곳으로 너를 보내서 화가 많이 났지? 나는 10분째 너의 머리 정수리만 보고 있는 것 같다. 근데 그 마음은 충분히 알 수 있을 것 같아. 내가 네 입장이라도 그럴 것 같아. 그럼에도 불구하고 네가 아침에 이 곳에 약속된 시간에 도착해서 정말 놀랐어. 어쩌면 안 올 수도 있겠다고 생각했거든. 이렇게 약속을 지켜준 것을 보면 너도 현재의 너의 어려움을 빨리 해결하고 싶은 간절한 마음이 있는 것이 아닐까 생각해. 그렇지? 그렇지만 강제적으로 말하도록 하지는 않을 거야. 네가 말하고 싶을 때까지 조금은 더 기다릴 수 있어. 나는 너를 돕기 위해 있는 사람이고, 너를 제대로 돕기 위해서는 너에 대해서 무엇이라도 알아야 제대로 도울 수가 있어. 그래서 네가 너의 이야기를 나에게 해주는 것은 문제해결의 첫 단추야. 자발적이든 아니든 네가 이곳에 왜 왔고 그렇다면 지금 무엇을 해야 할 것인지 천천히 한번 생각해봐. 그리고 결정은 ○○○가 하면 돼.

② 양가감정의 수용과 저항감 해소

양가감정은 동일한 대상이나 상황에 대해 정반대의 감정이나 태도, 그리고 생각이나 욕구를 동시에 갖고 있는 것인데, 변화에 앞서 누구나 양가감정을 가질 수 있다. 저항은 양가감정, 도움을 수용하는 것을 꺼리는 마음, 변화가 불가능하리라는 생각 등에서 기인한다. 사회복지사는 클라이언트의 양가감정을 수용하고 자유롭게 표현하여 저항을 해소해 주어야 한다.

③ 관계형성

관계형성이란 기관을 찾는 클라이언트들이 일반적으로 보이는 두려움과 양가감정을 해소하기 위해 사회복지사와 상호 긍정적인 친화관계, 즉 라포(rapport)를 형성하는 것을 말한다. 라포형성은 클라이언트를 개입 과정에 적극적으로 참여하게 하므로 성공적인 개입의 필수조건이다. 라포를 형성하면 클라이언트와 사회복지사는 의사소통을 효과적으로 할 수 있을 뿐 아니라 개입 목표 달성에도 유용하다.

관계형성의 주요 요소는 감정이입, 온정, 진실성이 있다.

- **감정이입** : 다른 사람의 감정과 경험을 이해하는 능력을 말한다. 동정(同情)과는 달리 다른 사람의 감정을 같이 느낄 수 있는 공감 능력이면서 그 감정으로부터 적절하게 분리되어 객관적인 지식을 활용할 수 있는 능력을 말한다.
- **온정** : 사회복지사가 클라이언트를 수용하고 이해하며, 클라이언트가 안정감을 느끼고 자신이 수용되며 이해되고 있음을 알 수 있도록 만드는 사회복지사의 태도를 말한다. 온정은 사회복지사의 미소, 목소리, 자세, 눈 맞춤, 몸동작 등을 통해 전달된다.
- **진실성** : 사회복지사가 자기 자신의 있는 모습 그대로의 거짓 없고 방어적이지 않으며 일관적이고 솔직한 태도를 말한다. 사회복지사는 자신의 전부를 드러낼 필요는 없지만 꼭 필요한 경우 진실성을 바탕으로 해서 자기노출을 할 수 있다.

(2) 클라이언트의 문제 확인

클라이언트가 가진 문제를 확인하는 것으로 그 문제에 대한 욕구와 기대, 전문가에게 바라는 점을 파악하는 것을 말한다. 사회복지사는 클라이언트가 호소하는 문제와 실제 문제가 다를 수 있다는 점을 인지하고 문제를 파악할 수 있어야 한다. 이 시기는 깊이 있는 문제 분석보다는 표면적으로 호소한 문제를 확인하는 것으로 자료수집 단계의 문제 확인과는 차이가 있다.

(3) 기관 서비스에 대한 정보 제공

사회복지사는 클라이언트가 비현실적인 기대를 하지 않도록 기관의 기능과 정보를 정확하게 알려주어야 한다. 이것은 현재 접수한 기관에서 서비스를 제공받을 것인지에 대한 클라이언트의 자기 결정에 도움을 줄 수 있다.

(4) 서비스 수혜 여부의 결정

서비스 수혜 여부를 결정할 때 사회복지사는 전문가적 고집, 전문성, 실천적 경험에 기반을 두어 일방적으로 서비스 여부와 종류를 결정해서는 안 된다(김혜영 외, 2020). 클라이언트의 자발적인 결정을 존중해야 하며 사회복지사는 이런 결정을 위해 충분하게 정보를 주는 것이 필요하다.

(5) 서비스 수혜과정에 대한 안내 및 관련서식 작성

클라이언트의 서비스 수혜에 대한 결정이 이루어진 후에는 서비스 수혜과정과 절차에 대한 안내가 있어야 하고, 서비스 수혜에 대한 관련서식을 작성한다. 모든 사회복지기관에서는 초기 면담 기록지 등을 사용하고 있다.

(6) 의뢰

의뢰는 클라이언트의 문제와 욕구를 확인해 본 결과 클라이언트 욕구가 기관의 서비스 방향과 정책에 맞지 않을 경우 클라이언트에게 적합한 다른 기관으로 찾아 연결해 주는 것을 말한다. 의뢰를 할 경우에는 클라이언트에게 충분하게 정보를 제공하고 클라이언트의 동의를 구하고 진행해야 한다.

4) 접수 양식과 접수 내용

(1) 초기 면접지(intake sheet)

초기 면접지란 사회복지사가 서비스를 신청한 클라이언트를 접수한 내용을 기록하는 양식이다.

(2) 초기 면접지의 세부 내용

① 클라이언트의 기본 정보

클라이언트의 기본 정보에는 이름, 성별, 연령, 주소, 결혼 여부, 가족관계, 경제수준, 직업 등이 포함된다. 특히 기본적인 가족관계는 현재 동거 중인 가족을 중심으로 가족원의 이름, 나이, 직업, 교육 정도, 종교, 관계 등을 면접한다.

② 주요 문제

주요 문제는 클라이언트가 사회복지사에게 도움을 청하게 된 문제가 무엇이며, 문제가 언제부터 어떤 과정 속에서 지속되었는지에 대한 내용 등이 포함된다.

③ 기관에 오게 된 동기

기관에 오게 된 경위를 파악하는 것으로 타 기관의 의뢰인지, 기관소개 광고를 보고 왔는지, 누구로부터 소개를 받았는지 등을 확인하고 설명한다.

④ 의뢰 이유

클라이언트를 의뢰해 준 가족, 타 기관 전문가 등에 대해서 확인하는 내용이 포함된다.

⑤ 이전의 사회복지서비스 경험

클라이언트가 과거에 제공받았던 서비스의 내용과 서비스 이용 기간, 방법 등에 대해서 확인하는 것을 말한다. 또한 클라이언트가 자신의 문제를 해결하기 위하여 어떠한 노력을 기울였는지를 확인해 보아야 한다.

〈서식〉 초기 면접 상담기록지

접수번호		**초 기 면 접 상담기록지**	의뢰요청기관	
상담일시			의뢰일자	
성 명		성 별	생년월일	
주 소				

연락처			비 고
	전 화		
	휴대전화	1. (□본인 □가족 □기타 :)	
		2. (□본인 □가족 □기타 :)	
		3. (□본인 □가족 □기타 :)	
	E-mail	@	
의뢰 경위			
욕구 및 기대 (주호소 문제)	내담자		
	보호자 등		

Ⅲ. 가 정 환 경

성명	관계	생년월일	직업	동거여부	장애여부	가족의 지지정도	비 고
				□유 □무	□유 □무	□상 □중 □하	
				□유 □무	□유 □무	□상 □중 □하	
				□유 □무	□유 □무	□상 □중 □하	
주거환경	자가( ), 전세( ), 월세( ), 기타(생활시설 등 거주 :)						
수입현황	수입원(본인, 부, 모, 형제, 기타 :), 월수입(만원)						

사회복지사의 소견		
상담결과	□ 서비스 계획 · 주 서비스 내용 : · 담당직원 :	□ 타 기관 의뢰 · 의뢰기관 : · 의뢰사유 :
기록자	사회복지사 : (인)	
슈퍼바이저	(인)	

○ ○ 종합사회복지관

(3) 개인정보 동의

클라이언트의 개인정보 동의는 기관의 각종 양식에 포함되어야 하며, 별도의 양식을 통해 개인 정보 활용 동의서를 작성하는 것도 필요하다. 접수단계에서 마지막 종결단계까지 조사된 클라이언트의 모든 정보를 기관에서 활용하는 것에 대해 반드시 동의를 구해야 한다.

2. 자료수집

자료수집은 클라이언트에 대한 보다 깊이 있는 문제와 욕구에 대해서 조사하는 단계이다. 클라이언트와 클라이언트가 가진 문제를 이해하기 위해 필요한 사실을 모으는 과정이다. 사회복지사는 클라이언트로부터 수집된 자료를 바탕으로 클라이언트를 사정(assessment)한다.

1) 자료수집의 개념

자료수집은 클라이언트에 대한 개입에 도움이 될 수 있는 자료를 마련하는 과정이다. 이는 클라이언트의 문제를 이해하고 분석·해결하는 데 필요한 자료를 모으는 과정이면서 매우 지속적인 과정이다.

자료수집과 사정은 거의 동시에 연속선상에서 반복적으로 진행될 수 있어 자료수집과 사정은 순환관계에 있다. 자료수집은 사정을 위해 먼저 수행하기도 하지만 사정을 진행하면서 부족한 정보에 대해서 추가적으로 자료를 수집할 수도 있다.

2) 자료수집의 목표

자료수집의 목표는 클라이언트에 대한 개입 가능성을 판단하고 개입에 도움이 되는 자료를 확보하여 개입에 대한 근거를 마련하는 것이다. 사회복지사는 자료수집을 통해 클라이언트의 문제와 욕구를 명확하게 규정할 수 있고 개입의 방향을 설정할 수 있다.

3) 자료수집의 영역

클라이언트에 대한 정보 수집은 접수단계에서도 일부 이루어지지만 접수단계의 정보 수집은 클라이언트에 대한 기본적인 자료수집이라고 볼 수 있다. 그러나 자료수집은 해당 기관에서 서비스를 제공하고 원조할 것을 결정한 후에 클라이언트의 욕구 충족과 문제해결을 위해 보다 구체적이고 심도 깊은 자료를 확보하는 것이다.

(1) 접수단계에서 파악한 클라이언트에 대한 기본적인 정보에 대한 확인

접수단계에서는 클라이언트에 대한 기초적인 정보와 클라이언트가 호소하는 문제, 즉 클라이언트가 문제라고 인식하는 것이 무엇인지를 파악한다. 자료수집단계에서는 접수단계에서 조사했던 내용을 다시 한번 확인해 볼 수 있다. 그리고 추가적으로 클라이언트의 인적사항과 가족사항 및 주거사항 등 기본적인 정보를 더 수집할 수도 있다.

(2) 클라이언트의 문제에 대한 깊이 있는 정보

자료수집단계에서는 접수단계보다 더 깊이 클라이언트의 문제에 대한 정보들을 수집하게 된다. 현재 상황과 클라이언트가 기관에 오기 이전까지의 노력을 보다 깊이 있게 조사해 볼 수 있는데 이것은 문제 해결을 위한 클라이언트의 의지를 확인해 보는 데 도움이 된다. 또한 클라이언트의 문제가 발생하게 된 직접적인 요인과 그 상황을 급격하게 악화시킨 요인을 파악한다.

그리고 클라이언트의 문제에 관련된 중요한 타자(他者)에 대한 정보를 수집하여 중요한 타자(他者)가 문제의 원인인지, 문제해결을 위한 자원인지를 파악해야 한다. 또한 클라이언트와 환경의 상호작용을 확인하여 사회적·경제적·심리적인 요인이 클라이언트에게 준 영향을 자료로 수집한다.

(3) 개인력

개인력은 클라이언트의 개인역사를 생활주기(발달주기)에 따라 영유아기, 아동기, 청소년기, 청년기, 성인기, 노년기 등으로 구분하여 인간관계, 생활사건, 클라이언트의 감정, 경험 등에 관한 정보를 수집한다.

(4) 가족력 및 가족관계

클라이언트 가족이 살아 온 역사, 가족구성, 가족관계 등에 관한 정보를 수집한다.

(5) 클라이언트의 능력 및 한계

클라이언트의 강점과 약점, 잠재능력 등에 관한 정보를 수집한다.

(6) 클라이언트의 사회적 자원

클라이언트가 이용하고 있는 서비스 및 확보 가능한 자원을 파악한다. 자원에는 공식적 자원 및 비공식적 자원이 있으며 이것에 대한 이용 및 적절성, 문제점 등을 파악한다.

- **공식적 자원** : 사회복지기관 등에서 제공되는 인적 및 물적 자원, 공공부조에 의한 각종의 급여 등
- **비공식적 자원** : 이웃, 종교기관, 친구 등을 통해 제공되는 원조

4) 자료수집 정보 출처

클라이언트에 관한 정보 출처는 클라이언트가 작성한 양식, 클라이언트와의 면담, 비언어적 행동에 대한 직접적 관찰, 상호작용에 대한 직접적 관찰, 부가적 정보, 심리검사 및 사정도구, 클라이언트와의 직접적인 상호작용에 근거한 사회복지사의 경험, 클라이언트의 자기 모니터링 등이다(양옥경 외, 2018). 이 외에도

클라이언트 가족에게서 얻은 자료, 클라이언트의 개인적 관계에서 얻는 자료 등이 있다.

(1) 클라이언트 자신에게서 얻는 자료

클라이언트로부터 직접 확보하는 자료로 클라이언트의 이야기와 초기면접 상담 기록지에 작성한 내용을 통해 확보할 수 있다. 클라이언트가 가진 감정, 문제의 역사, 원인 등을 알 수 있다. 또한 클라이언트의 제스처, 얼굴 표정, 손동작, 목소리, 억양, 말투, 태도와 같은 비언어적인 행동을 통해서도 자료를 얻을 수 있다.

(2) 클라이언트 가족에게서 얻는 자료

클라이언트의 가족들이 클라이언트에 대해서 알려주는 정보로 가족와의 직접적인 면담을 통해 정보를 확인하거나 가정 방문을 통해 관찰한 자료를 확보할 수 있다.

(3) 객관적인 자료

클라이언트에 대해 객관적인 자료를 제공할 수 있는 전문가 또는 관계자를 통해 확보하는 자료이다. 이전에 서비스를 제공했던 의사, 사회복지사, 상담사, 행정기관 관계자, 교사 등이 될 수 있다. 이들을 통해 제공된 서비스 내용, 의학적 자료, 심리검사 자료, 다양한 사정도구를 통한 자료 등을 객관적으로 수집할 수 있다.

이와 같은 객관적 자료는 클라이언트 스스로도 모르고 있는 부분에 대해서 중요한 정보원이 된다.

(4) 클라이언트의 개인적 관계에서 얻는 자료

클라이언트의 개인적 관계로 연결되어 있는 사람이나 기관을 통해 정보를 확보하는 것으로 고용주, 연고자, 친구, 직장 동료 등과 면접을 통해 얻은 자료 등이 포함된다.

(5) 클라이언트와의 직접적 상호작용의 경험

클라이언트가 사회복지사와 상호작용하는 패턴은 다른 사람과의 상호작용에 대한 실마리를 제공한다. 사회복지사의 클라이언트에 대한 다양한 경험은 클라이언트를 이해하는 데 유용한 정보가 된다.

(6) 클라이언트의 자기 모니터링

클라이언트의 자기 모니터링이란 클라이언트가 자기 문제를 명확하게 인식하지 못하는 경우, 문제행동 빈도와 문제행동 발생 시 감정 등을 스스로 체크해 보도록 하는 것을 의미한다. 이것은 클라이언트가 자신에 대한 통찰력을 얻을 수 있도록 하고 문제해결에 적극적인 참여를 유도하며 클라이언트의 무력감을 감소시키는 데 유용하다.

(7) 부가적 정보

사회복지사는 클라이언트에 대한 사례, 관련 신문자료, 여러 가지 소문 등 다양한 경로를 통해 부가적 정보를 얻을 수도 있으나 정확한 출처를 파악해야 한다. 잘못된 정보를 확보하여 클라이언트 사정에 오류를 일으킬 수 있다. 부가적 정보를 얻기 위해서 클라이언트의 동의가 반드시 필요하다.

5) 자료수집 유형

(1) 양식형

양식형은 이미 규정된 양식에 따라 문제를 조사하는 것이다. 자료수집을 위한 어떤 항목이나 양식이 정해져 있다.

(2) 실마리형

클라이언트의 욕구에 기초를 두고 문제의 실마리를 찾는 유형이다. 클라이언트가 현재 표현하고 있는 문제와 감정에 관한 사실을 면접의 진전에 따라 한 가지씩 파악함으로써 문제 전체를 이해하는 데 필요한 자료를 조사하게 되는 것을 말한다(김혜영 외, 2020).

10 CHAPTER 사정 및 계획단계

개 요

본 장은 사회복지실천과정의 두 번째 단계로 사정 및 계획에 관하여 다룬다. 사정의 범위에는 조사, 진단, 분석까지 포함된다. 클라이언트에 대해 조사하고 분석된 내용을 바탕으로 개입에 대한 목표를 설정하고, 개입에 대한 구체적인 계획을 수립하게 된다. 이번 장에서는 사정의 개념, 수준별의 사정도구, 목표설정, 계약, 수준별 개입계획 등에 관하여 학습하고자 한다.

학습목표

- 사정의 개념과 수준별 주요 과업을 설명할 수 있다.
- 목표설정을 설명할 수 있다.
- 개입을 위한 계약의 개념과 수준별 개입 계획을 설명할 수 있다.

1. 사 정

1) 사정의 개념

사정(assessment)이란 자료를 수집해서 분석·종합하는 과정, 혹은 사실적 자료를 해석하고 의미를 부여하여 실천적 개입을 위한 함의를 도출하는 과정이다. 사정은 조사, 진단, 분석을 모두 포함하는 과정이다.

과거 사회사업과정에서는 조사, 진단, 치료의 세 단계로 분류되었는데 사정은 조사와 진단을 포함하는 의미이다(김혜영 외, 2020). 사정은 과거 진단(diagnosis)이라는 단어와 차별적으로 사용되고 있다. 진단은 증상, 질병, 역기능 등과 같은 낙인을 부여하는 부정적 의미를 내포하는 경향이 있는 반면 사정은 클라이언트의 역기능 측면뿐 아니라 자원, 동기, 장점, 능력 등을 중요하게 분석하고 있어 클라이언트와 환경 간의 상호교류를 이해하는 데 더 효과적이다.

사정은 '환경 속의 인간(person in environment)'이라는 관점에서 파악하기 때문에 개인이나 가족뿐 아니라 환경에 대한 사정도 요구된다. 사회복지의 사정은 사회기능의 개념과 일치하는 것으로 변화의 표적은 클라이언트가 될 수도 있고, 환경 또는 양자의 상호작용이 될 수도 있다.

2) 사정의 특성

사정의 특성은 다음과 같다.

(1) 지속성

사정은 접수와 자료수집이 끝난 후에 수행되는 활동이 아니라 실천과정 동안 계속되는 활동이다. 실천하는 동안 새로운 정보가 드러남에 따라 자료를 수집하고 분석하며 종합적으로 판단하는 유동적이고 역동적인 과정을 말한다.

(2) 이중초점

클라이언트를 사회・환경적인 맥락에서 이해하고 계획과 행동의 토대를 준비한다. 모든 인간은 그를 둘러싼 작은 체계와 좀 더 큰 체계에 속해 있다는 개념을 반영한 것이다.

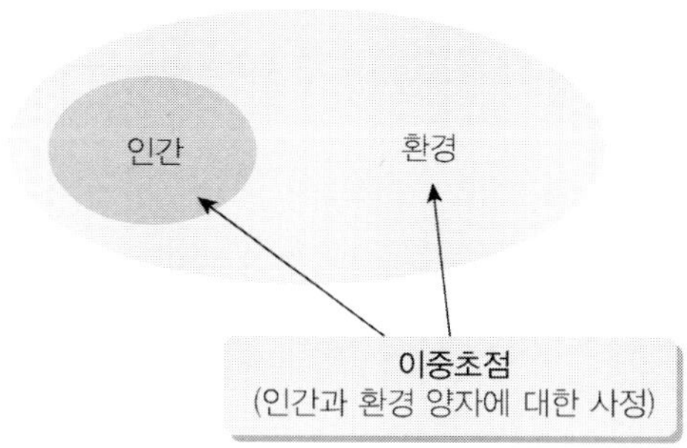

┃그림 10-1┃사정의 이중초점

(3) 상호작용

사정은 클라이언트와 사회복지사의 상호작용으로 이루어진다. 사회복지사의 일방적인 판단이 아니라 클라이언트의 반응을 이해하고 반영시킨다.

(4) 사고 전개과정

수집된 정보를 바탕으로 한 부분적인 이해를 모아 전체적인 맥락을 파악하는 사고과정이다.

(5) 수평적·수직적 탐색의 중요성

초기과정 시 수평적인 정보, 즉 현재의 관계, 능력, 기능 등을 중심으로 클라이언트의 욕구를 발견하고, 시간이 흐르면서 수직적인 탐색인 과거력, 개인력, 문제의 역사 등을 통해 정보를 수집하게 된다. 수평적-수직적 탐색이 조화를 이루면서 진행되어야 한다.

(6) 지식에 근거

클라이언트의 상황을 이해하는 수단으로 전문적 지식을 이용해야 한다. 인간행동, 가족관계, 집단과 지역사회, 정책, 행정, 특정 관련 분야에 대한 지식 등이 필요하다. 예를 들어, 특정 분야는 정신의학, 심리학, 아동, 노인 등에 대한 분야 등이 있다.

(7) 생활상황에서의 이해

사정은 병리적이거나 독특한 상황에서만이 아니라 자연스럽고 일반적인 생활 상황 가운데서 욕구를 발견하고 규명하며, 그 의미와 패턴을 설명하는 것이다.

(8) 개별적

모든 인간이 같을 수 없다는 점에서 인간의 다양한 상황을 이해하고, 각 특성별로 사정해야 한다.

(9) 판단이 중요

어느 부분을 고려할 것인지, 어떤 지식을 적용할 것인지, 어떻게 클라이언트를 관여시킬 것인지, 그리고 어떻게 문제를 규정할 것인지 등의 의사결정이 요구된다.

(10) 한계성

한 번의 사정으로 클라이언트를 완벽하게 이해할 수는 없다. 사정은 클라이언트를 이해하는 보조적인 수단 또는 방법이므로 사정을 보완할 수 있는 여러 가지 과정이 추가되어 진행되어야 한다.

3) 사정을 위한 주요 질문

사정을 성공적으로 진행하기 위해 활용할 수 있는 질문은 다음과 같다. 이러한 질문에 해답을 찾는 과정으로 생각하고 사정할 필요가 있다.

첫째, 문제가 무엇인가?
둘째, 문제가 얼마나 심각한가?
셋째, 문제의 역동성은 무엇인가?
넷째, 치료에 관한 클라이언트의 기대는 무엇인가?

다섯째, 무엇이 변화될 수 있는가?

여섯째, 무엇이 변화되어야 할 것인가?

4) 사정의 주요 내용

(1) 문제 표명

사회복지실천현장에서 자발적인 클라이언트의 경우 대부분 자신의 문제를 직접 설명한다. 그러나 비자발적인 클라이언트의 경우 종종 자신의 문제를 의뢰한 기관과는 다르게 묘사한다. 문제에 대한 정확한 사정을 하기 전에 좀 더 상세한 정보를 끌어낼 필요가 있다.

(2) 강점과 자원 · 장애물 사정

클라이언트의 잠재적 강점과 자원, 잠재적 약점과 도전, 장애물을 환경적(가족과 지역사회)인 요소에서 개인적인 요소에 이르기까지 복합적으로 사정한다.

(3) 관련된 자와 상호작용 방법

문제와 관련된 핵심적인 사람을 확인하고, 더 깊이 있게 탐색함으로써 클라이언트의 어려움에 관련된 개인, 집단, 조직 등을 알 수 있다.

(4) 클라이언트의 문제에 대한 태도

클라이언트가 문제에 관한 태도는 다양하며 부정적일 수 있다. 비과학적인 설명, 심리적 낙인, 다른 주요 당사자의 능력이나 변화의 열망이 부족하다는 믿음, 변하지 않는 외부 요소, 변화될 수 없다는 신념, 비현실적 절망감 등을 드러내기도 한다.

(5) 문제행동의 현장

문제행동의 장소를 알아봄으로써 문제행동에 관련된 요소를 좀 더 깊이 있게 탐색할 수 있다. 반면 문제행동의 장소를 통해 클라이언트가 가지는 고통스러운 상황, 두려움, 불안, 우울증, 외로움, 불안정 등과 같은 상황에 유용한 자원도 확인할 수 있다.

(6) 문제행동의 빈도

문제행동의 빈도는 역기능적 행동의 정도와 그것이 클라이언트 및 가족의 일상적 기능에 어느 정도로 영향을 미치는지 명확하게 해준다. 문제행동의 빈도는 변화를 위한 표적행동의 기초선을 제공해 준다.

(7) 문제행동의 지속기간

문제행동의 지속기간을 분석하여 개입 계획을 수립할 수 있다. 장기간 지속된 복합적인 문제라면 목표를 완만하게 잡고 간헐적인 서비스를 제공할 수 있고, 문제가 단기간에 갑작스럽게 발생했다면 위기개입 계획을 수립해 볼 수 있다.

5) 사정도구

(1) 가계도(genogram)

가계도는 3세대 이상에 걸친 가족 구성원에 관한 정보와 그들 간의 관계를 도식화한 사정도구이다. 가계도는 자료수집 단계에서 작성할 수 있으며, 가족이 가지고 있는 문제점을 추적하고 강점과 해결책을 찾는 데 주요한 정보를 제공한다.

가계도는 가족계보를 중심으로 결혼이나 별거, 이혼, 질병, 사망 등 중요한 생활사건이나 인종, 민족, 종교, 직업 등 인구사회학적 특성이 기호를 통해 표시된다. 가족구조와 구성원에 대한 정보, 구성원 간의 관계를 기술하여 가족의 상황을 짧은 시간에 파악할 수 있고 현재 제시된 문제의 근원을 찾는 데 사용된다.

가계도는 각 가족 구성원이 한 세대에서 다음 세대까지 생물학적, 법적 그리고 정서적으로 어떻게 관련되어 있는지를 묘사한 것으로 세대 간 반복된 관계유형을 찾고 그것에 대한 통찰력을 갖도록 하는 데 유용하다.

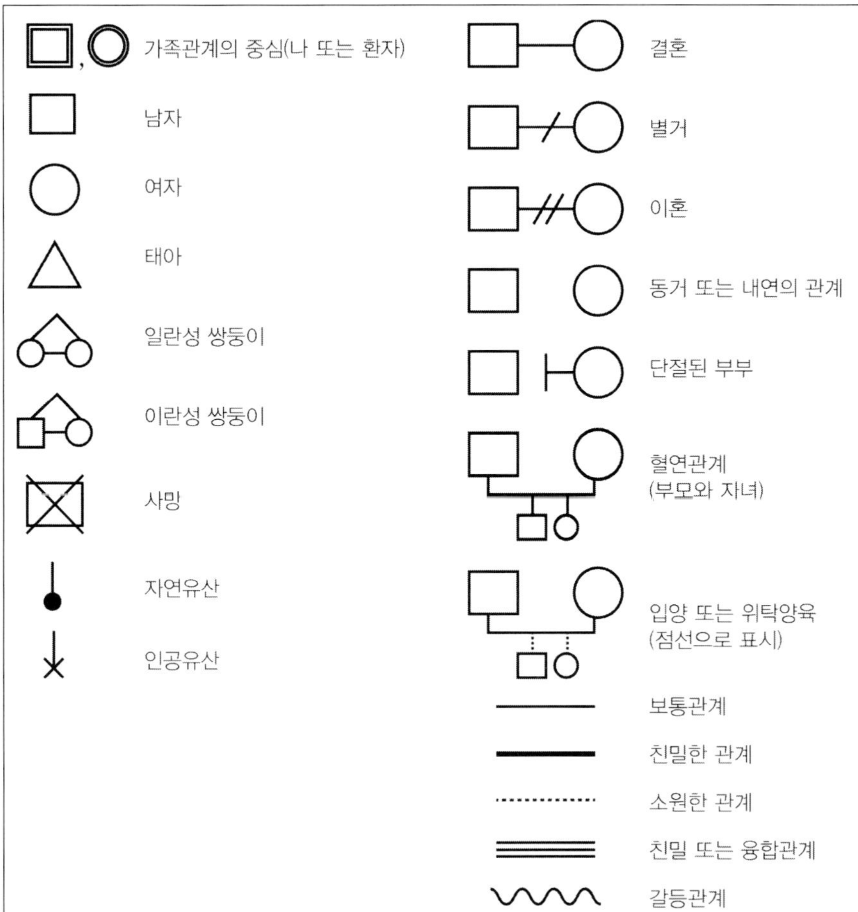

❙그림 10-2❙ 가계도 기호

사회복지사는 클라이언트와 함께 가계도를 그리고 작업하는 것이 중요하다. 가계도를 작성할 때 부부와 자녀로 구성되는 가족의 구조를 먼저 완성하고, 각 가족 구성원에 대한 정보(출생, 사망, 직업, 결혼 등)를 표기한다. 그리고 가족 간의 관계성(친밀, 소원, 갈등 등)을 표시한다. 이때 가족 경계선을 활용하여 동거가족에 대한 표시는 반드시 해야 한다.

가계도를 통해 분석할 수 있는 내용은 가족 구조에 대한 체계적 이해, 가족 내에서 클라이언트의 위치와 관계성, 가족 사건에 대한 이해, 가족의 상호작용 유형, 문제의 발견 등이다.

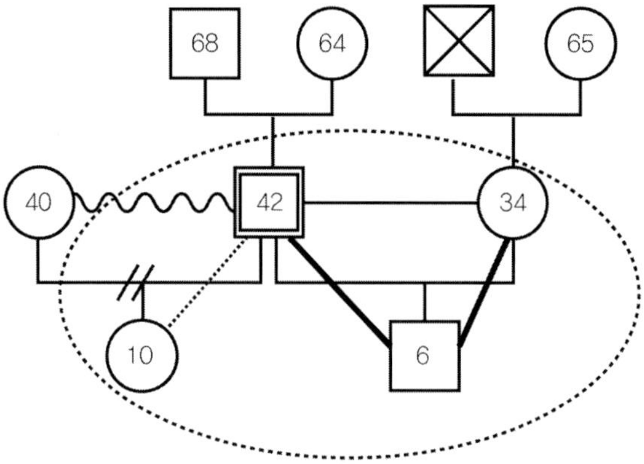

| 그림 10-3 | 가계도 예시

(2) 생태도(eco-map)

생태도는 사회적 맥락에서 개인이나 가족이 외부환경체계들과 어떻게 관련되어 있는지를 그림으로 나타내는 것이다. 클라이언트의 상황에서 의미 있는 체계들과의 관계를 그림으로 표현함으로써 특정 문제에 대한 개입계획을 세우는 데 유용한 도구이다.

생태도는 개인이나 가족이 환경 속의 인간에 초점을 둠으로써 클라이언트를 생태학적 관점에서 이해하는 데 도움을 준다. 클라이언트체계와 외부환경체계의 구조뿐 아니라 어떻게 상호작용하는지의 기능적인 면을 파악한다. 체계 간 상호작용을 인식하는 정도의 차이가 있을 수 있으므로 사회복지사와 클라이언트가 공동으로 작성하는 것이 바람직하다. 생태도의 구성요소는 가족 구성원의 가계도, 개인 또는 가족의 외부자원체계, 가족과 외부자원체계 간의 에너지 흐름이 포함된다.

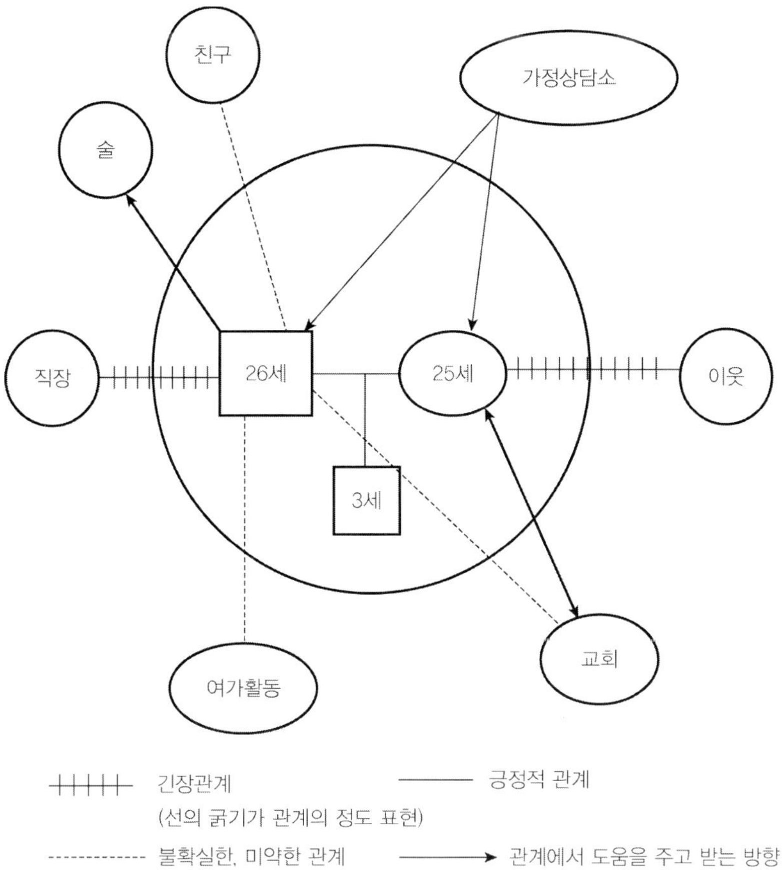

┃그림 10-4┃ 생태도 예시

생태도는 가족 구성원과 자원체계 간의 에너지 흐름 분석, 가족 구성원과 자원체계 간 관계의 양과 질의 분석, 환경체계에서 변화가 필요한 내용 확인, 가족의 적응에 기여하는 상호교류, 가족생활에 부정적인 영향을 끼치는 요소, 가족 기능을 약화시키는 상호교류의 분석이 가능하며, 문제점 개선 및 향상을 위해 필요한 자원과 행동목록을 분석할 수 있다.

(3) 사회적 관계망 그리드(social support network grid)

사회적 관계망 그리드는 클라이언트의 사회적 망을 사정하는 도구로 사회적 관계의 지지 정도와 질, 지지의 방향, 지지 기간 등을 파악할 수 있다. 보통 가족, 친척, 직장, 학교, 조직(클럽, 종교집단 등), 친구, 이웃, 전문가 등 7개 영역에서 사회망 구성원을 규명한다. 그리고 개인과 사회망 구성원들 간의 관계에 대해 질문하고, 물질적 지지, 정서적 지지, 정보 및 조언, 비판, 도움 방향, 친밀도, 접촉빈도, 알고 지낸 기간 등을 기록한다.

〈표 10-1〉 사회적 관계망 그리드 예시

사회적 관계망 영역	물질적 지지	정서적 지지	정보 및 조언	친밀도	접촉빈도	알고 지낸 기간
	• 거의 없다 • 가끔 • 자주	• 거의 없다 • 가끔 • 거의 자주	• 거의 없다 • 가끔 • 거의 자주	• 거의 친하지 않음 • 가까운 정도 • 매우 친함	• 1년에 서너 번 • 한 달에 한 번 • 매주마다	• 1년 이하 • 1년에서 3년 사이 • 3년 이상
가족						
친척						
직장						
학교						
조직(클럽, 종교집단 등)						
친구/이웃						
전문가						

6) 수준별 사정의 영역

(1) 개인수준의 사정의 영역

① 클라이언트 문제 사정하기

클라이언트가 살아왔던 환경이 억압적인 상황일수록 자신에 대한 표현은 익숙하지 않을 수 있다. 사정에서 가장 중요한 것 중 하나는 클라이언트의 문제를 명확하게 하고 문제의 본질을 규명하는 것이다. 문제의 규명은 사회복지사가 클라이언트와 함께 상호 협력으로 시도하는 것이 바람직하다. 클라이언트의 문제를 사정하기 위해서 다음과 같은 질문을 유용하게 사용할 수 있다(양옥경 외, 2018).

- 구체적으로 무엇이 문제인가?
- 클라이언트는 문제를 무엇이라고 생각하는가?
- 문제체계에 어떤 사람이 관련되어 있는가?
- 문제의 원인이 무엇인가?
- 문제행동이 어디서 일어났는가?
- 언제 문제행동이 일어나는가?
- 문제의 빈도, 강도, 지속기간은 어떠한가?

② 클라이언트의 욕구 사정하기

클라이언트의 욕구와 관심사가 실제 욕구가 아닌 경우도 있기 때문에 욕구를 규명하기 위해서는 욕구의 내용뿐 아니라 클라이언트가 자신의 이야기를 어떻게 전달하느냐에 주목하고 빠뜨린 사항에 대해서도 주목해야 한다. 또한 클라이언트의 비언어적인 부분도 세심하게 관찰하여 정보를 확보할 수 있어야 한다.

존슨과 얀카(Johnson & Yanca, 2007)는 클라이언트의 욕구 사정을 위해 다음 세 가지를 인식해야 한다고 하였다.

- 충족되지 않는 욕구 인식하기

- 욕구 충족의 장애물 인식하기
- 욕구 및 관심을 구체화하기

③ 클라이언트의 강점과 약점 사정하기

클라이언트체계 및 사회 환경의 잠재적인 능력, 자원, 가능성을 규명해야 한다. 강점의 규명은 문제 해결하기에 활용 가능한 자원을 찾아내고 클라이언트의 능력, 기술, 자원 가능성과 클라이언트의 환경의 자원을 찾아내는 것을 의미한다.

사회복지사는 클라이언트의 강점을 규명하기 위해 아래와 같은 질문을 항상 고려해야 한다(김혜영 외, 2020).

- 클라이언트가 가진 뛰어난 자질은 무엇인가?
- 클라이언트와 다른 사람을 구분시키는 고유한 특성은 무엇인가?
- 클라이언트를 지지하는 자원에는 어떤 것이 있는가?
- 클라이언트는 사회적 환경 및 물리적 환경에 어떻게 기여하는가?

사회복지사는 클라이언트가 스스로 보지 못하고 있는 강점도 찾아낼 수 있도록 돕고 그가 갖고 있는 문제해결에 필요한 기술이 무엇인지 찾아내서 강점을 구체화하도록 한다.

④ 클라이언트의 가족 사정하기

클라이언트의 사회환경은 문제의 원인이 되기도 하지만 문제해결의 자원을 내포하기도 한다. 클라이언트의 가장 중요한 환경은 가족체계이다. 개인은 가족체계의 하위체계로 살아가고 있고 가장 친밀하며, 가장 많은 영향력을 주고 받는다. 가족에 대한 사정은 가족구조, 가족의 의사소통, 가족관계, 가족기능 등을 분석해 볼 수 있다(Kirst-Ashman & Hull, Jr., 2008).

〈서식〉 개인 사정기록지

<table>
<tr><td>사례번호</td><td></td><td colspan="3" rowspan="2">개인 사정기록지</td><td>의뢰요청기관</td><td></td></tr>
<tr><td>사례접수일</td><td></td><td>의뢰일자</td><td></td></tr>
<tr><td>성　명</td><td></td><td>성별</td><td colspan="2"></td><td rowspan="2">생년월일</td><td rowspan="2"></td></tr>
<tr><td>주　소</td><td colspan="4"></td></tr>
</table>

<table>
<tr><td rowspan="3">클라이언트</td><td>성별</td><td>□남　□여</td><td>연령</td><td>세</td><td>비 고</td></tr>
<tr><td>학력</td><td colspan="3">□무학 □초등졸 □중중퇴 □중졸 □고중퇴 □기타(　　)</td><td rowspan="3"></td></tr>
<tr><td>종교</td><td colspan="3">□기독교 □천주교 □불교 □종교 없음 □기타(　　)</td></tr>
<tr><td rowspan="2">동거가족</td><td colspan="4">□부 □모 □의붓부 □의붓모 □(외)조부 □(외)조모
□형제(　　) □자매(　　) □기타(　　)</td></tr>
<tr><td colspan="4">*특기사항 :</td><td></td></tr>
<tr><td rowspan="3">주거환경</td><td colspan="5">□자가 □전세 □월세 □기타 □생활시설 등 거주</td></tr>
<tr><td colspan="5">□단독주택 □연립주택 □임대아파트 □일반아파트 □기타(　　)</td></tr>
<tr><td colspan="5">□방(　　개) □화장실(　　개) □주방 (유/ 무) □기타(　　)</td></tr>
<tr><td>수입현황</td><td colspan="5">수입원(본인, 부, 모, 형제, 기타 :　　), 월수입(　　만 원)</td></tr>
<tr><td>개인력</td><td colspan="5"></td></tr>
<tr><td>가족력</td><td colspan="5"></td></tr>
<tr><td>가족관계</td><td colspan="5"></td></tr>
<tr><td>사회적 자원</td><td colspan="5">1) 공식적 자원 :
2) 비공식적 자원 :</td></tr>
<tr><td>클라이언트가 호소한 문제</td><td colspan="5"></td></tr>
<tr><td>클라이언트의 강점 및 약점</td><td colspan="5"></td></tr>
<tr><td>클라이언트의 욕구</td><td colspan="5"></td></tr>
<tr><td>서비스 계획
(서비스 목표 등)</td><td colspan="5"></td></tr>
</table>

(2) 가족수준의 사정의 영역

가족 사정이란 가족을 하나의 단위로 보고 가족 내부의 요인과 외부의 요인, 양자 간의 상호작용을 파악하기 위해 자료를 수집하고 분석・종합하여 가족에 대한 개입 계획을 수립하는 일련의 과정이다.

가족 단위를 사정하는 도구로 가계도 및 생태도, 사회적 관계망 그리드가 대표적이다. 이러한 사정도구를 활용한 가족 사정 외에도 가족의 체계에서 사정되어야 할 부분들이 있다.

① 가족의 구조와 기능

- 체계로서의 가족

  가족은 하나의 체계로 구성되어 있다. 체계의 특성은 체계 간에 서로 영향을 주고받는다는 것이다. 가족체계에 대한 분석을 통해 가족 내 여러 가지 문제와 강점을 파악할 수 있다. 가족의 하위체계는 부부, 부모, 부모-자녀, 형제자매와 같은 하위체계가 존재하며, 각 하위체계는 경계를 가지고 다른 체계와 구별되는 기능을 수행한다.

  또한 가족의 경계를 가지는데 가족 외부적으로 가족과 환경체계를 구분하는 경계와 가족 내부적으로 가족 하위체계 간 경계로 구성된다. 가족과 환경체계를 구분하는 경계는 가족의 외부와 가족 내부를 구분하는 것으로 가족의 정체성을 보호하며 우리 가족 구성원이 누구인지를 명확하게 해준다.

- 가족의 권력구조

  가족의 권력이란, 한 가족 구성원이 다른 가족 구성원에게 미치는 영향력을 의미하는 것으로 가족은 이 권력 구조를 통해서 구성원들의 행동을 허용 가능한 범위 내에서 유지시키는 기능을 한다. 그러나 권력을 잘못 사용하게 되면 가족 갈등의 원천이 되고 가정폭력과 같은 권력의 남용이 나타날 수 있다.

  때로는 숨어있는 가족의 권력도 사정해야 한다. 표면적으로는 A라는 가족 구성원이 권력을 가지고 있는 것처럼 보이지만, 보이지 않게 가족의 분위기, 가족의 관계에 영향력을 미치는 숨어있는 힘이 있을 수 있다.

> [사례] 재혼한 가정의 경우 성인인 부모보다 자녀들이 더 권력을 가지고 있을 수 있다. 부모의 재혼이 자녀들에게 지지받지 못하는 상황이라면 재혼 부모는 일정 기간 동안 자녀의 눈치를 보기도 하고, 자녀의 비위를 맞추기도 한다. 이럴 때 자녀들이 부정적인 권력을 더 가지고 있다고 볼 수 있다.

- 가족 규칙

가족 규칙은 가족 구성원들의 행동이나 관계를 통제하는 반복적이고 예측 가능한 규범이나 기대를 의미한다. 기능적인 규칙은 가족이 해결책을 찾을 수 있는 기회를 제공해 가족 체계 내에서 적응적이고 건강한 가족성원의 발달에 기여하고, 가족이 환경의 스트레스, 가족성원의 욕구, 가족 단위의 욕구에 유연하게 반응할 수 있게 한다. 가족규칙이 역기능적이거나 가족 전체 혹은 개개 구성원의 적응과 발달을 가로막는다면 역기능적인 규칙을 변화시킬 수 있게 해야 한다.

역기능적인 규칙의 경우 가족 구성원의 불만과 스트레스를 유발할 수 있고 이것은 가족 갈등의 원인이 될 수 있다.

> [사례] '집 안에서 담배는 절대 안 돼!'라고 말씀하시면서 매우 화를 내셨던 아버지가 정작 본인은 안방에서 담배를 피울 경우 자녀들의 내면에서 불만이 누적될 수 있다.

- 가족응집력

가족응집력은 가족 구성원이 서로에게 갖고 있는 정서적인 유대를 말한다. 가족응집력이 적절한 가족은 가족의 독립성과 자율성을 유지하면서 동시에 친밀감과 상호 연결상태를 유지한다. 응집력이 낮은 가족은 서로 분리되는 경향이 있으며, 가족성원들은 아주 독립적이지만 가족에 대한 헌신의 정도는 매우 낮다. 응집력이 매우 높은 가족은 아주 밀착된 경향을 보이지만 가족에 대한 높은 의존심과 관심으로 독립성과 자율성이 약해지면서 서로에게 매우 피로감을 제공할 수 있다.

- 의사소통

의사소통에는 언어적 의사소통과 비언어적 의사소통이 있는데 이 두 가지 모두를 통해 상대의 메시지를 수신하고 정보를 확보하게 된다. 가족기능을 이해하는 데 있어 가족의 의사소통에 대한 사정은 매우 중요하다. 의사소통은 대화의 일치성, 명확성, 수용성, 표현성 등을 사정하는 것이 필요하다. 의사소통의 일치성은 의사소통 시 언어적 표현과 비언어적 표현이 일치하는지 여부를 말하며, 명확성은 상대방에게 메시지를 전달할 때 생각이나 느낌을 분명하게 전달하는지를 의미한다. 수용성은 상대방의 인식과 관점을 알고 그것을 받아들이는 것을 말하며, 표현성은 자신이 생각하고 느끼는 것을 자유롭게 표현할 수 있는가를 의미한다.

② 가족발달

가족은 가족의 생애주기에 따라 발달하며, 각 생애주기단계에서 수행해야 하는 발달과업이 있다. 가족을 발달적 관점에서 사정하는 것은 가족을 시간적 차원에서 이해하고 특정 단계에서 발생할 수 있는 발달적 위기를 이해하고 대처할 수 있게 한다는 점에서 유용하다(김혜영 외, 2020).

가족생애주기는 가족유형과 사회문화적 맥락에 따라 달라질 수 있으며, 보통 2세대 핵가족 중심의 8단계로 구분하기도 하고 3세대의 6단계로 구분하기도 한다.

〈표 10-2〉 가족생애주기

구 분	Duvall & Miller	
단 계		발달과업
1	결혼부부	• 상호 만족하는 부부관계 확립 • 임신과 부모됨에 적응 • 친족관계에 참여
2	자녀출산가족	• 유아발달 환경 조성 및 적응 • 부모와 유아에게 만족스러운 가정 조성

3	학령 전 자녀가족	• 학령 전 자녀의 욕구와 관심을 격려하고 성장을 촉진하도록 적응 • 에너지 고갈과 사생활 축소에 대처
4	아동 자녀가족	• 학령기 가족의 공동체에 참여 • 자녀의 학업성취 격려
5	청소년 자녀가족	• 자유와 책임의 균형 유지 • 부모의 관심과 경력 형성
6	청년자녀 독립가족	• 청년자녀 떠나보내며 적절한 의식과 지원 제공 • 지지적인 가정의 토대 유지
7	중년기 부모	• 결혼관계 재정립 • 노인 세대와 젊은 세대의 유대 유지
8	노년기 가족	• 사별과 홀로 되는 것에 대한 대처 • 노화에 대한 적응 • 은퇴에 대한 적응

구 분	Gater & McGoldrick	
단 계		발달과업
1	결혼전기	• 원가족으로부터의 분화 • 친밀한 이성관계 발달 • 일과 재정 독립 면에서 자아 확립
2	결혼적응기	• 부부체계 형성 • 배우자의 확대가족과 친구가 포함되도록 관계 재정비
3	자녀 아동기	• 부부체계에 자녀를 위한 공간 만들기 • 자녀양육, 재정, 가사에 공동참여 • 부모, 조부모 역할이 포함되도록 확대 가족과의 관계 재정비
4	자녀 청소년기	• 청소년 자녀가 가족체계에서 출입이 자유롭도록 부모-자녀관계 변화 • 중년기 부부의 결혼 및 진로문제에 재초점 • 노인세대를 돌보기 위한 준비 시작
5	자녀 독립기	• 부부체계를 2인군 관계로 재조정 • 부모-자녀관계를 성인 대 성인관계로 발전 • 사돈과 며느리, 사위, 손자녀가 포함되도록 관계 재정비 • 부모, 조부모의 장애와 죽음에 대처
6	노년기	• 신체적 노화에 직면하면서 자신과 부부의 기능 및 관심 유지 • 다음 세대가 중심역할을 하도록 지원 • 노년기의 지혜와 경험으로 가족체계 내 여유 만들기 • 배우자, 형제, 친구의 죽음에 대처하면서 자신의 죽음 대비, 생애 재검토 및 통합

출처 : 김혜영 외(2020). 일부 수정.

(3) 집단수준의 사정의 영역

집단수준의 사정에는 집단 성원이 스스로를 관찰하는 자기관찰방법이 있다. 이것에는 자기모니터, 도표, 일지를 활용할 수 있다. 또한 사회복지사의 관찰이 있는데 자연스럽고 일상적인 상황을 관찰하는 것이다. 외부전문가의 보고를 활용하는 방법은 집단 외부의 사람들에 의한 보고서나 정보를 활용하는 방법이다. 그 외에도 표준화된 사정도구를 활용하는 방법은 이미 개발되어 있는 표준화된 척도를 사용하여 성원의 기능을 측정하고 그 결과를 사정하는 것이다.

① 집단 구성원 개인에 대한 사정

사회복지사는 집단 구성원 개개인에 대한 사정을 진행해야 한다. 먼저 사회복지사는 각 구성원에 대해 개인수준에서 진행하는 사정과 유사한 개인 사정을 할 수 있다. 클라이언트 개인의 문제, 욕구, 강점 및 한계 등을 분석할 수 있다.

또한 사회복지사는 각 개인에게 반복적으로 나타나는 행동 유형과 그 행동과 밀접하게 관련되어 있는 원인을 파악하여 기록하고, 집단회기에서 나타난 개별 구성원의 행동과 태도를 기록하여 개인의 정보를 누적할 수 있다.

② 전체 집단의 사정

전체 집단의 사정은 성원 간 의사소통과 상호작용 유형, 결속력, 응집력 등을 분석하는 것이다.

소시오그램(sociogram, 사회도)이 대표적인 사정도구이다. 이것은 사회복지사가 집단 내 성원 간의 상호작용을 그림으로 나타낸 것으로 집단 성원 간의 유대관계를 측정하며, 다양한 시점에서 작성된 집단의 소시오그램을 비교해 보면서 집단 성원 간의 안정성과 변화 정도를 확인해 볼 수 있다.

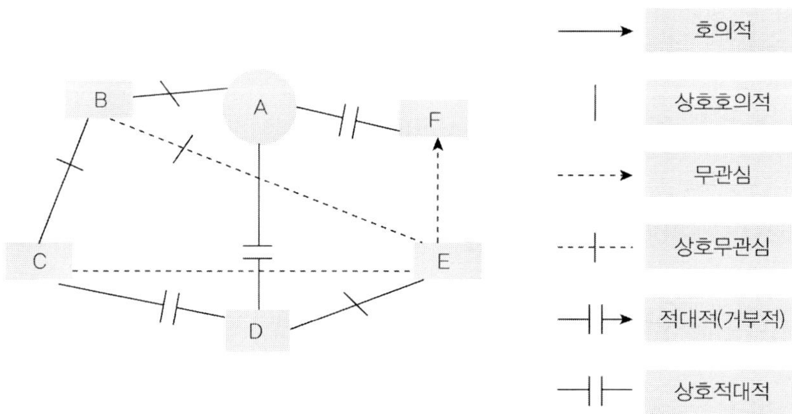

┃그림 10-5┃ 소시오그램 예시

2. 계 획

1) 계획의 개념

사회복지사와 클라이언트가 자료를 수집하고 사정하는 과정을 모두 거치면 개입을 위한 계획을 수립하는 단계로 넘어간다. 계획은 사정에 기초를 두고 있으며 사정에서 분석된 자료를 바탕으로 문제해결을 위한 합리적인 선택을 해야 하는 단계이다.

사정과정이 상황 속의 인간을 이해하고 잠재적인 자원을 규명하는 것이라면, 계획과정은 사정 내용을 바람직한 결과가 도출되도록 방향을 설정하는 단계이다. 계획 과정은 구체화된 목표를 바탕으로 그 목표를 달성하기 위한 행동단계를 수립하는 것으로 누가, 무엇을, 언제까지 수행할 것인가를 고려하고 시간계획, 투입비용, 평가수단에 대해 고려하는 것을 포함한다.

2) 목표설정

(1) 목표설정의 개념

목적이 사회복지실천과정에서 성취하기 원하는 것에 대한 폭넓고 일반적인 진술이라면, 목표는 목적을 세분화하여 특정 사항에 초점을 둔 구체적이고 행동적이며 측정 가능한 방식으로 진술한 것을 말한다.

목표설정이 중요한 이유는 실천의 방향을 분명하게 해주며, 실천 활동을 구체화할 수 있게 해준다는 것과 실천의 결과를 평가할 기준을 제공한다는 점이다.

(2) 목표설정의 우선순위

사회복지사 클라이언트의 문제해결을 위한 목표를 설정할 때 우선순위를 가지고 고려해야 할 내용은 다음과 같다.

① '클라이언트에게 가장 시급한 문제인가'를 고려해야 한다.

② '가장 단기간에 달성하여 성취감을 느낄 수 있는 것인가?'를 생각해 보아야 한다. 단기간의 목표 달성은 클라이언트가 스스로 문제를 해결해 보면서 자신감을 얻고 또 다른 목표를 향해 도전할 수 있는 힘을 줄 수 있기 때문에 유용할 수 있다.

③ '클라이언트가 목표달성에 전력을 다할 수 있도록 강한 동기를 가지고 있는 것인가?'를 고려해야 한다.
이것은 목표 달성의 성공 여부와도 직결되는 것으로써 클라이언트 입장에서 반드시 해결하고 싶어 하는 동기가 있는지를 확인하는 것은 매우 중요하다.

④ '기관의 기능에 부합하고 사회복지사의 능력에 적합하며, 달성 가능한 것인가?'를 고려해야 한다.
기관의 정책과 맞지 않는 목표를 수립하여 개입을 진행할 때 기관 내의 자원에서 해결할 수 없을 수 있다.

(3) 목표설정의 원칙

사회복지사가 사회복지실천현장에서 목표를 수립할 때 주의할 사항은 다음과 같다.

첫째, 목표는 클라이언트와 사회복지사가 공동으로 설정한다.

둘째, 목표는 충분히 구체적이어야 한다.

셋째, 목표는 달성할 적절한 기회가 있어야 한다. 즉, 달성 가능하고 실현 가능한 목표를 수립해야 한다.

넷째, 목표가 성취되기 위해서는 문제를 해결할 수 있는 방법이 결정되어야 한다.

다섯째, 성취하고자 하는 목표의 기대를 명확히 해야 한다. 사회복지사는 자신이 목표달성을 위하여 기대하고 있는 바와 마찬가지로 클라이언트가 문제해결을 위하여 기대하는 바가 무엇인가를 발견하고 차이가 있다면 협의를 통하여 해결해야 한다.

여섯째, 목표는 기관의 정책, 절차, 기능과 일치해야 한다. 사회복지사는 기관의 조직 내에 소속되어 있기 때문에 사회복지사의 변화 노력은 기관의 정책, 절차, 기능과 일치해야 하며 만약 클라이언트의 개입 목표가 기관의 방향과 부합하지 않는다면 타 기관으로 의뢰를 하는 것이 바람직하다.

일곱째, 목표는 성장을 강조하고 긍정적인 표현으로 작성하는 것이 좋다. 예를 들어, '~하지 않도록 한다'로 표현하기보다는 '~을 한다'로 진술하는 것이 바람직하다. 목표 진술이 부정적인 행동의 제거보다는 건강하게 성장하고 긍정적으로 변화될 수 있는 방향으로 작성되는 것이 더 효과적이다.

3) 계 약

(1) 계약의 개념

계약은 목표설정과 그것을 달성하기 위한 전략, 역할, 개입, 평가방법 등을 구체적인 활동 용어로 기술한 계획에 대해 사회복지사와 클라이언트가 서로 동의

하는 것이다(양옥경 외, 2018). 계약은 사회복지실천활동에서 클라이언트와 사회복지사, 그 외 관련체계가 성취할 목적 및 목표와 이를 달성하기 위한 실천활동을 누가(행동주체), 무엇(과업)을, 언제(시간적 조건), 어떤 방법(실천방법)으로 할 것인지, 그 외 전반적인 운영사항(회합시간, 장소, 비용, 평가)에 대해 구체적으로 계획하여 상호 합의하는 과정이다(김혜영 외, 2020).

(2) 계약의 중요성

사회복지실천현장에서 계약의 중요성은 다음과 같다.

첫째, 클라이언트의 할 일과 역할을 분명하게 인식할 수 있게 하여 개입활동의 성공 여부를 높여준다.

둘째, 개입 진행 시 클라이언트의 적극적인 참여를 유도할 수 있다.

셋째, 사회복지실천은 사회복지사와 클라이언트 간의 계약관계이므로 이 과정이 필요하다.

넷째, 클라이언트에게 문제의 과업을 수행하려는 동기를 촉진시킨다.

다섯째, 클라이언트의 자아존중감 향상, 상황에 영향을 줄 수 있다는 자신감을 갖게 한다.

(3) 계약의 내용과 형식

① 계약에 포함될 내용

계약에 포함되어야 할 내용은 다음과 같다.

- 서비스의 종류 및 기간
- 사회복지사의 역할, 클라이언트의 역할 및 서명
- 수행할 목표
- 클라이언트의 기대
- 계약변경 조건
- 개입기법 등

② 계약형식

- 서면계약

서면계약은 필요한 사항을 서면으로 작성하여 서비스 이용자와 서비스 제공자 간의 서면 날인을 통해 계약하는 형태이다. 사회복지사, 클라이언트, 그 외 관련자들이 합의한 바를 분명하게 문서화하는 것을 말한다.

서면계약의 특징은 다음과 같다.

첫째, 가장 공식적인 형태의 계약이다.

둘째, 사회복지사, 클라이언트, 그 외 관련 있는 사람들이 동의한 사실을 서면으로 작성하고 서명이다.

셋째, 개입목표와 누가, 무엇을, 언제 할 것인지 명시한다.

서면계약의 장점은 클라이언트의 의지를 강화하고, 필요한 경우 언제라도 계약 내용을 검토할 수 있다는 것이다. 그리고 서비스 진행에 있어 오해의 가능성을 최소화할 수 있다. 단점은 서면계약의 준비를 위한 많은 시간이 소요된다는 것이다.

- 구두계약

구두계약은 목표와 실천 활동, 역할, 시간을 분명하게 한다는 점에서는 서면계약과 다를 바 없지만 서면화하는 대신 구두로 계약한다는 것이다.

구두계약의 특징은 다음과 같다.

첫째, 서면계약과 근본적으로 같지만, 구두로 계약한다는 차이가 있다.

둘째, 목표의 우선순위는 사회복지사가 개인적으로 기록하는 것이 좋다.

구두계약의 장점은 서면계약과 비교할 때 신속하고 쉬운 측면이 있다. 서명을 거부하거나 저항감 및 불신감을 가진 클라이언트에게 유용하다. 단점은 서면계약과 같은 결정적인 힘은 없다. 또한 합의한 내용의 자세한 부분을 잊을 수 있어 책임 문제가 발생한다.

- 암묵적 계약

암묵적 계약의 특징은 실제로 서면화하거나 언어화하지 않았어도 암묵적으로 합의한 계약이다. 암묵적 계약의 단점은 내용이 명시되지 않았기 때문에 서로 오해의 가능성이 있으므로 주의를 요한다.

(4) 계약단계에서 사회복지사와 클라이언트의 역할

① 사회복지사

첫째, 클라이언트가 문제를 충분히 이해하도록 도와주어야 한다.

둘째, 전문가로서 새로운 관점에서 문제를 볼 수 있도록 원조한다.

셋째, 클라이언트가 미처 생각해 보지 못한 해결책을 제시하고 이를 고려해 볼 수 있는 기회를 갖게 한다. 그러나 최종 결정은 클라이언트에게 있음을 명심해야 한다.

넷째, 목표성취에 장애가 되는 요인들을 예측하고 장애요인들을 극복하거나 최소화할 수 있는 전략을 수립할 수 있도록 원조한다.

② 클라이언트

첫째, 클라이언트는 계약단계에 적극적으로 참여하여 자신의 감정이나 욕구, 원하는 바 등을 분명히 표현하고 계약에 반영될 수 있게 한다.

둘째, 문제를 해결하는 주체는 사회복지사가 아니라 클라이언트 자신임을 인식하고 사회복지사는 문제해결을 위한 협력적 동반자로 인식하고, 참여해야 한다.

(5) 계약서 양식(사례)

계약서

클라이언트 이름 :
클라이언트 이름 :

클라이언트 이름 :
클라이언트 이름 :

Ⅰ. 나(우리)는 ______________와(과) 나(우리)의 상황을 충분히 토의하였기에 이 계약서를 통해 나(우리)의 상황을 호전시킬 수 있는 확고한 목표를 달성하는 데 협조할 것을 서약하는 바입니다. 이러한 목표를 달성하기 위해 나(우리)는 나(우리)의 경험과 생활 사건들 그리고 이들에 대한 의견을 공유할 것을 동의합니다. 나(우리)는 이러한 목표들을 이루기 위해 필요로 되는 과제들을 상호 간에 계획하고 수행하는 데 열심히 참여할 것을 동의합니다.

우리의 초기 목표는

1. ______________________________
2. ______________________________
3. ______________________________

나(우리)는 과제를 함께 수행하는 동안 이러한 목표들은 더 첨가될 수도 있고 바뀔 수도 있음을 이해합니다.

Ⅱ. 나(우리)는 회합의 형식과 프로그램 내용은 아래와 같음을 동의합니다.
회합의 형식 : 개인, 부부 또는 가족 연합, 집단
프로그램 내용이나 계획 :

____

____

____

나(우리)는 각 회합은 _____년 ___월 ___일로 시작하여 _____년 ___월 __일까지 총 __________회합으로 각 회합은 _______시간 동안 지속된다는 것을 이해합니다.

Ⅲ. 나(우리)는 ______________________________ 을 통하여(측정방법을 기술) 각 ____________ 회기마다(번호) 나(우리)의 발전에 대해 평가하는 데 참여할 것을 동의합니다. 나(우리)는 모든 치료가 끝난 후에 있게 될 추후평가에 참여할 것을 또한 동의합니다.

Ⅳ. 나(우리)는 전문적 서비스에 대한 비용에 대해 토의한 바, 각 회합의 비용은 ______ 원에 찬성합니다. 그리고 나(우리)는 이 비용을 ____________ 으로 지불할 것입니다.

Ⅴ. 나(우리)는 동의한 내용을 검토하였으며, 오늘 ______ 년 ___ 월 ___ 일 이것을 지킬 것을 동의하는 바입니다.

클라이언트 서명	서명
서명	서명

Ⅵ. 나(우리)는 언제든지 동의한 내용을 다시 협상할 수 있음을 이해합니다.

Ⅶ. 나는 동의한 위의 내용을 읽었고, 위에서 기재된 목표들을 클라이언트들이 달성할 수 있도록 최선을 다해서 원조할 것을 서약합니다.

사회복지사 서명 : ____________________ ______ 년 ____ 월 ____ 일

11 CHAPTER

실행단계

개 요

개입단계는 초기단계와 사정 및 계획단계 다음에 위치하기는 하지만 실제로 클라이언트를 처음 만났을 때부터 시작된다고 볼 수 있다. 이 단계는 클라이언트에 대해서 사정한 내용을 바탕으로 수립된 개입 계획에 맞추어서 실제적으로 클라이언트의 문제해결을 시작하는 단계이다. 본 장에서는 수준별 개입 내용을 살펴볼 것이다.

학습목표

- 개인수준의 개입의 개념과 방법 및 특징을 설명할 수 있다.
- 가족수준의 개입의 개념과 방법 및 특징을 설명할 수 있다.
- 집단수준의 개입의 개념과 방법 및 특징을 설명할 수 있다.
- 지역사회수준의 개입의 개념과 방법 및 특징을 설명할 수 있다.

1. 개인수준의 개입

1) 직접적 개입

직접적 개입의 목적은 다음과 같다(김혜영 외, 2020).

첫째, 클라이언트체계가 문제해결을 위해 무엇인가를 실행할 때 지지를 제공한다.

둘째, 계획된 변화가 일어나도록 클라이언트체계를 원조한다.

셋째, 클라이언트체계가 상호 간 도움을 얻을 기회를 조성한다.

넷째, 클라이언트체계에 자원, 문제해결, 행동실행에 관한 교육을 함으로써 클라이언트 역량을 강화시키는 것이다.

직접적 개입의 유형에는 정서에 개입하는 기술, 인지에 개입하는 기술, 행동을 변화시키기 위한 기술 등이 있다.

(1) 정서 · 인지에 개입하는 기술

① 격려

격려란, 클라이언트의 행동과 태도, 감정을 칭찬하거나 인정해 주는 기법이다. 격려는 문제를 해결할 능력과 자질, 지식 등을 보유하고 있는 클라이언트에게 문제해결 능력과 동기를 최대화시켜 주는 데 매우 효과적이다. 격려는 클라이언트의 가능성에 대한 확신을 표현하는 기법이며, 클라이언트의 강점을 인정하고 지지하는 수단으로 활용될 수 있다. 그리고 클라이언트가 자신감이 없거나 자존감이 낮을 경우, 경험이 별로 없어서 두려워할 경우 유용하게 사용된다.

② 재보증(reassurance)

합리적이고 현실적인 생각과 결정에 대해서 클라이언트가 의구심을 가지고 있을 때 클라이언트의 능력에 대해 사회복지사가 신뢰를 표현하여 자신감을 주는 기술이다. 이 기술은 클라이언트가 건강한 판단력과 사고, 느낌을 가지고 있음에도 자신을 믿지 못하거나 합리적인 결정에 대해 의구심을 갖는 클라이언트에게 효과적으로 적용된다. 사회복지사는 재보증을 통해 클라이언트가 직면하고 있는 문제는 부정하되, 그 문제에 따른 감정을 부정해서는 안 된다(김혜영 외, 2020).

③ 재구조화

이 기법은 문제를 다른 시각으로 볼 수 있도록 하는 것으로, 클라이언트가 문제를 왜곡시키거나 부정적인 사고구조를 가지고 있을 때 새로운 방식으로 이해할 수 있도록 돕는 기법이다. 다른 표현으로는 재명명 혹은 재규정이라고도 한다.

④ 초점화

클라이언트가 자기문제를 언어로 표현할 때 산만한 것을 점검해 주고 말 속에 숨겨진 선입견, 가정(假定), 혼란을 드러내어 자신의 사고 과정을 명확히 볼 수 있도록 해주는 기법이다.

⑤ 직면

이 기법은 대결, 도전으로 불리기도 한다. 이것은 클라이언트의 감정과 경험 및 왜곡된 면을 인지시키기 위한 것으로 클라이언트의 말과 행동 사이에 불일치가 나타나거나 모순점이 발견되면 이를 클라이언트에게 직접적으로 이야기해 주는 것을 말한다. 직면 기법은 클라이언트 입장에서 지적을 받는 느낌을 줄 수 있으므로 사회복지사는 비난하거나 야단치는 느낌을 전달해서는 안 된다.

⑥ 정보 제공

이 기법은 클라이언트에게 의사결정이나 과업 수행에 필요한 정보를 제공하는 것이다. 클라이언트가 여러 정보 중에서 자신에게 가장 적합한 것을 선택할 수 있는 자유가 있다는 것을 인지시킬 필요가 있다. 또한 전달된 정보는 현재의 클라이언트의 교육수준과 어휘수준에 맞게 제공해 주어야 한다.

(2) 행동을 변화시키는 기술

① 모델링

모델링은 다른 사람이 행동하는 것을 보고 그대로 모방하는 것으로, 클라이언트에게 복잡하거나 새로운 행동을 가르치는 데 사용하는 기술이다. 클라이언트에게 이 기술을 적용하여 의도하는 행동을 학습시키기 위해 영상 등을 제작하여 반복적으로 활용할 수도 있다.

② 타임아웃(timeout)

타임아웃 기법은 클라이언트가 부정적인 행동을 했거나 또는 행동 수정을 해야 할 때 강화물이 많은 상태에서 강화물이 적거나 없는 상태로 옮겨 놓음으로써 바람직하지 못한 행동을 하지 않게 하는 방법이다.

> 예 아동의 나쁜 행동을 변화시키거나 수정해야 할 때, 아동으로 하여금 그 행동을 계속 하도록 강화해 주는 모든 자극을 차단시키는 것을 말한다.

③ 토큰(token)강화

토큰강화 기법은 다른 표현으로 토큰경제라고도 한다. 토큰강화는 표적행동이 정해지며, 그 행동발생에 대한 대가로 토큰을 지급한다. 토큰강화는 내담자의 바람직한 행동을 강화하는 것을 목적으로 한다. 이 기법은 클라이언트가 자신의 행동이 개선되고 있다는 사실을 알게 됨으로써 동기유발에 큰 효과가 있다.

> 예 어린이집 아동에게 잘한 행동에 대한 토큰으로 스티커를 주고, 모은 스티커로 좋아하는 선물과 교환하거나 상을 주는 것으로 행동을 강화해 볼 수 있다.

④ 행동조성

행동조성이란, 특정 행동수준까지 끌어올리기 위해 작은 단위의 행동으로 나누어 과제를 주는 것으로 행동수정의 가장 대표적인 방법이다. 처음에는 아주 간단한 반응을 요구하지만 점점 강화물을 주는 기준을 까다롭게 하여 좀 더 복잡하고 정교한 반응을 습득하게 하는 것이다. 행동조성은 목표하는 것을 한 번에 달성하기 어려우므로 점진적으로 보상기준을 높이면서 보상을 주는 방법으로 특정 행동수준까지 끌어올리기 위해 작은 단위의 행동으로 나누어 과제를 준다.

⑤ 행동계약

행동계약은 두 사람 이상이 서로 정해진 기간 동안 무엇을 할 것인가를 구체화해서 진술하여 계획하고 약속하는 것을 말한다.

⑥ 역할교환

역할교환은 클라이언트가 다른 사람의 입장에서 바라보고 의견을 말하게 하는 기법으로 역할반전이라고 부르기도 한다. 이것은 클라이언트가 다른 사람들의 행동이나 감정에 대해 이해를 높이는 데 매우 효과적인 방법이다.

⑦ 행동시연

행동시연은 주어진 문제 상황을 어떻게 다룰 것인지 반복적으로 미리 연습하는 것을 말한다. 클라이언트가 특정한 상황에 있을 때 본인이 처한 상황에 맞추어서 다른 사람과 적합한 상호작용을 할 수 있도록 미리 준비하여 연습시키는 것이다(김혜영 외, 2020).

(3) 문제해결 기술

문제해결 기술은 일상생활의 문제에 대처하는 능력이 적절하지 못하여 어려움을 겪고 있는 클라이언트에게 좀 더 나은 방법과 수준으로 문제에 직면할 수 있도록 도와주는 것이다.

성공적인 문제해결을 위한 지침은 다음과 같다(김혜영 외, 2020 일부 수정).

- 관련된 문제를 구체화시키고 문제를 자세하게 언급한다.
  - 애매모호한 용어로 표현하면서 생기는 혼동과 오해를 피할 수 있다.
- 과거의 어려움보다 현재의 문제에 초점을 둔다.
  - 클라이언트가 과거 사건을 들춘다면, 현재에 다시 초점을 되돌리도록 개입해야 한다.
- 한 번에 한 가지 문제에만 초점을 맞춘다.
  - 클라이언트가 여러 가지 문제로 초점을 일탈하였을 때 초점을 맞추는 과제를 함께 만든다.
- 개인의 문제를 나눌 때에는 경청한다.
  - 자기 문제를 털어놓는 사람에게 걱정이나 감정의 타당성에 대한 판단을 중단한다.

- 문제를 긍정적으로 건설적인 방법으로 재구조화한다.
- 클라이언트가 부정적인 태도를 보일 때 즉각 개입하여 파괴적인 상호작용을 막는다.

2) 간접적 개입

개인수준에서의 간접적 개입은 사회적 지지체계 개발, 서비스 조정에 관련된 활동, 프로그램 계획 및 개발, 클라이언트 옹호, 지역사회 내 기관 간의 협력, 환경 조정 등이 있다.

(1) 사회적 지지체계 개발

사회적 지지는 어떠한 사람의 사회적 체계, 즉 그 사람이 살고 있는 사회적 환경 또는 생태적 환경 내에서의 적극적인 상호작용을 말한다. 사회적 환경은 가족, 친구, 직장동료, 이웃을 포함하는 비공식적 체계와 사회복지사, 의사, 변호사 및 다른 분야 전문가들을 포함하는 공식적 체계로 구성되어 있다.

① 자연적 지지체계의 활성화

자연적 지지체계는 사회복지사가 기존의 체계들이 클라이언트의 욕구에 맞게 적절히 기능하도록 원조하는 것을 말한다. 이것은 산업화, 도시화, 핵가족화로 인해 감소하고 있는 클라이언트의 자연적 지지체계에 계획적으로 개입하여 이러한 지지체계의 지원을 활성화시키는 것이다. 자연적 지지체계의 대표적인 것은 친척, 이웃, 교회조직, 동호회 등이 있다.

② 공식적 지지체계의 활용

이 방법은 클라이언트의 욕구에 환경이 반응할 수 있도록 기존의 공식적 지지체계를 활용하는 것이다. 공식적 지지체계는 사회복지관, 병원, 요양시설, 아동보호전문기관, 가정폭력상담소, 성폭력상담소, 청소년쉼터, 다양한 사회단체, 공공기관의 서비스와 프로그램 등이 포함된다.

③ 자원봉사자 활용

민간기관이나 정부기관에서 자원봉사자를 개발하여 활용하는 것을 말한다. 사회복지사는 클라이언트의 욕구 충족을 위한 서비스 활동의 하나로서 자원봉사자를 지지체계로 활용할 수 있다.

(2) 서비스 조정에 관련된 활동

다양한 문제를 가진 클라이언트에게 복합적인 서비스가 주어질 때 서비스의 중복과 누락을 방지하면서 서비스의 목적을 달성하기 위하여 적절한 시기와 방법으로 클라이언트를 원조할 수 있도록 조정하는 것을 말한다. 이런 경우 사회복지사는 클라이언트의 욕구와 기대, 목적에 따라 서비스를 조정할 필요가 있다(도광조, 2019).

조정에는 서비스 연결, 의뢰, 사례관리 등이 있다.

(3) 프로그램 개발

클라이언트의 욕구와 문제를 해결할 수 있는 프로그램이나 서비스를 개발하는 것도 간접적 개입의 한 형태이다. 새로운 프로그램은 기관 내에서 계획할 수도 있고 지역사회수준에서 계획해 볼 수도 있다.

새로운 자원을 개발하고 활성화하는 계획을 수립하는 데 필요한 세 가지 지침은 다음과 같다.

첫째, 좋은 관계를 개발하고 유지할 것,

둘째, 프로그램을 개발하는 목표와 계획을 명확히 할 것,

셋째, 프로그램에 활용할 수 있는 자원은 현실적으로 가능한 것일 것 등이다(Johnson, 1998; 김혜영 외, 2020 재인용).

(4) 클라이언트 옹호

옹호(advocacy)란, 클라이언트에게 제공되지 않은 자원과 서비스를 얻을 수 있도록 하고, 클라이언트에게 불리하게 영향을 미친 정책을 수정하도록 요구하며,

필요한 서비스나 자원을 제공받을 수 있도록 정책이나 법 등을 만들기 위해 클라이언트와 함께 또는 클라이언트를 대표해서 일하는 것을 말한다.

클라이언트들은 상대적으로 자신의 주장을 논리적으로 설명하고, 주장하는 데 미흡할 뿐 아니라 사회적 자원동원력 등이 약할 수 있기 때문에 사회복지사가 함께 노력할 필요가 있다(도광조, 2008).

옹호활동이 필요한 상황은 다음과 같다(Hepworth & Larsen, 1990).

① 사회복지기관이나 직원이 급여자격이 있는 클라이언트에게 서비스나 혜택을 제공하지 않을 때
② 비인간적인 방법으로 서비스가 전달될 때
③ 클라이언트가 인종, 종교, 신념 때문에 차별을 받을 때
④ 서비스와 급여에 격차가 있어서 클라이언트에게 어려움이나 역기능이 발생할 때
⑤ 정부나 기관의 정책이 자원과 급여를 필요로 하는 사람들에게 부정적인 영향을 미칠 때
⑥ 클라이언트가 자신에게 유리하게 행동할 수 없을 때
⑦ 이용 가능한 자원이 없어 공통의 욕구를 가진 사람들이 많을 때
⑧ 위기상황에 처한 클라이언트들의 서비스와 급여에 대한 절박한 욕구가 있을 때
⑨ 클라이언트가 시민으로서 또는 법적인 권리를 거부당했을 때
⑩ 기관의 절차나 시설이 클라이언트에게 부정적 영향을 미칠 때

옹호활동을 하는 데 있어서 사회복지사는 자신감을 가지고, 확고한 신념을 가질 필요가 있다. 클라이언트가 처해 있는 상황과 각종 정보를 제공하는 노력을 하고, 클라이언트 스스로 자신의 권리를 주장하는 데 동의할 수 있도록 해야 할 것이다(김혜영 외, 2020).

2. 가족수준의 개입

가족은 하나의 체계로서 당면하는 공동의 과제 및 내부에서 발생하는 다양한 역동으로 인해 그 자체가 사회복지실천의 주요 대상이 되어왔다.

가족수준의 실천에서 가족은 '전체로서의 가족(family as a whole)', '한 단위(unit)로서의 가족'으로 이해하고 접근한다. 가족 전체를 대상으로 하며 필요에 따라 부부체계, 부모-자녀체계, 형제자매체계와 같은 하위체계를 대상으로 접근한다.

가족 수준의 실천에서 전반적으로 고려해야 할 사항은 다음과 같다.

첫째, 사회복지사는 개별 구성원으로부터 가족 전체로 관심의 초점을 넓히고 가족이 체계로 연결되어 있다는 것을 알아야 한다.

둘째, 가족의 문제와 욕구가 가족체계 내 상호작용, 환경과의 상호작용에서 발생할 수 있으며, 가족이 역기능적 상호작용에서 새로운 균형을 잡을 수 있도록 도와주어야 한다.

셋째, 가족은 일반 집단과는 달리 강한 결속력을 가진 집단이며, 서로 간에 영향력이 매우 강하므로 가족의 발달과정 및 역사, 가족의 가치, 신념, 문화 등 가족의 맥락에 대한 이해를 하고 접근하는 것이 필요하다.

1) 초기 시기의 과업

가족 수준의 실천에서 초기단계에서 고려해야 할 점은 다음과 같다(Collins, Jordan & Coleman, 1999; 김혜영 외, 2020 재인용).

첫째, 가족 구성원 모두와 관계를 맺어야 한다. 사회복지사는 가족 구성원 중 특정 성원과만 관계를 맺거나 특정 구성원에게만 관심을 쏟지 않고 가족 모두와 관계를 맺어야 한다.

둘째, 문제 및 욕구를 정의할 때 가족 구성원 모두가 이를 어떻게 인식하고 있는지 고려해야 한다. 가족성원 개개인이 그 문제를 어떻게 인식하는지 확인하며 다른 가족의 간섭 없이 문제를 자유롭게 표현할 수 있도록 필요하다면 가족성원 각자와 면담을 할 수 있다. 가족의 문제를 개인 책임으로 돌리지 않고 가족 전체의 문제로 인식시키며 가족 모두가 책임의식을 가지고 문제를 해결해 나갈 수 있도록 해야 한다.

셋째, 가족 공동의 목표를 설정하고 개입과정을 명확히 해야 한다. 가족의 문제인식 및 변화 동기를 사정하고, 그것을 기반으로 가족이 공유할 수 있는 공동의 목표를 수립해야 하고, 목표 달성을 위해 가족 모두가 참여하여 행동할 수 있어야 한다.

넷째, 가족 모두와 계약을 해야 한다. 가족의 문제와 욕구를 결정하는 것, 개입 목표와 방법을 결정하는 것 등 가족 모두가 합의하는 과정이 필요하다. 만남의 시간, 장소뿐만 아니라 가족성원 개개인의 행동과업에 대해서도 가족성원의 합의를 얻어야 한다.

2) 가족수준의 실천

(1) 가족 관계에 대한 개입

가족 관계에 대한 개입은 주로 가족치료모델이나 가족치료기법을 활용하여 이루어진다. 과거의 가족치료는 주로 정신역동모델을 많이 활용하였으나 최근에는 해결중심적이며, 단기개입을 선호한다.

가족치료모델은 정신역동모델, 보웬모델, 경험적 모델, 구조적 모델, 전략적 모델, 해결중심모델, 인지행동모델, 심리교육적 모델 등이 있고 가족치료 기법은 탈삼각화, 합류하기, 실연, 긴장 고조시키기, 과제 부여, 가족조각, 역할극, 경계 만들기, 역설적 기법, 질문기법 등이 있다.

① 탈삼각화

보웬(Bowen)의 세대 간 접근기법으로, 제3자를 두 사람의 관계에서 분리시켜 가족 내에 형성되어 있는 삼각관계를 벗어나게 함으로써 가족원들이 자아를 분화하도록 돕는 기법이다.

② 실연

가족갈등을 치료 상황으로 가져와 가족원들이 어떻게 대응하는지 보고 그 상호작용을 수정하고 재구조화하는 기법이다.

③ 합류하기

치료자가 가족과 인간적인 관여를 하는 것 혹은 가족의 현실상황에 들어가 함께 경험하는 것으로서 치료를 하고 있는 가족에게로 들어가는 것을 말한다. 효과적인 합류를 위해 가족의 스타일에 맞추고, 가족구조를 변화시킬 수 있는 행동을 할 수 있게 하는 것이다.

④ 긴장 고조시키기

가족 내의 긴장을 고조시킴으로써 대안적인 갈등해결방법을 사용하도록 돕는 기법이다.

⑤ 과제부여

가족상호교류에서 자연스럽게 개발될 수 없는 행동 등을 실연해 보도록 하며, 가족이 변화되어야 할 분야를 수정・개발시키기 위해 과제를 주는 것이다.

⑥ 가족조각

가족성원들로 하여금 가족관계를 표현하는 조각을 만들어 보게 하여 가족관계에 대한 성원들의 인식을 파악하는 기법이다.

예 가족성원 한 명에게 다른 성원들을 배치하게 하여 표현된 가족성원의 위치, 몸짓, 자세를 통해 가족에 대한 인식을 알아보고, 참여한 성원들이 각자의 느낌을 이야기하거나 질문하도록 하여 가족관계에 대한 성원들의 생각이나 느낌을 서로 공유하고 수용하도록 한다.

⑦ 역할극

가족상황을 역할극으로 표현하는 것으로, 역할 재현을 통해 가족 간에 서로의 상황을 이해할 수 있도록 돕는 기법이다. 역할반전은 가족의 두 성원들이 서로의 역할을 바꾸는 경우를 말하는 것이다.

예 아들이 아버지가 되고 아버지가 아들이 되어 역할극을 해보는 것이다.

⑧ 경계 만들기

구조적 가족치료의 접근 기법으로 하위체계 간 경계를 만드는 것이다. 가족의 재구조화를 위해서 부부체계 간의 명확한 경계와 부모와 자녀의 하위체계 간의 분명한 경계를 설정하는 것이 매우 중요하다. 명확한 경계를 가진 가족은 가족 관계를 건강하게 유지해 갈 수 있다.

⑨ 역설적 기법

문제해결을 위해 시도되었던 기존의 방법과 전혀 상반된 방법을 사용하는 것이다.

> 예 상담을 할 때마다 습관적으로 우는 내담자에게 울지 않도록 하기보다는 "오늘은 당신이 원하는 만큼 울어도 좋아요"라는 역설적 표현을 사용하여 부정적인 행동을 멈추도록 해보는 기법이다.

⑩ 예외질문

클라이언트가 반복적인 실패 경험 속에서 성공했던 경험을 찾아내어 의도적으로 그 성공적인 경험을 계속 실시하도록 격려하는 질문 기법이다.

> 예 사회복지사 : 매일 아침 남편과 다투었는데 수요일은 예외적으로 그러지 않았군요. 그때 평소와 다른 일이나 태도가 있었나요? 그날은 어떻게 다투지 않게 되었지요?

⑪ 기적질문

문제가 해결된 미래에 대해 상상하면서 클라이언트가 안도감, 희망, 용기를 갖도록 하는 질문 기법이다.

> 예 사회복지사 : 만약 기적이 일어난다면, 내일 아침 눈을 떴는데 엄마가 너에게 어떻게 하면 너는 엄마를 미워하지 않겠니?

⑫ 척도질문

구체적인 숫자를 이용하여 가족성원에게 자신의 문제의 정도, 변화 정도, 변화에 대한 의지 등을 표현하도록 해보는 질문 기법이다.

> 예 사회복지사 : 너는 아빠가 미워 죽겠다고 했는데 1 ~ 10점 중 미움의 정도가 몇 점이니?

⑬ 대처질문

클라이언트가 절망적인 상황에서도 잘 견디어 내어 더 나빠지지 않은 것을 강조하고, 위기에서 살아남기 위해 대처해 온 방법을 파악하고 그것을 인식, 강화, 확대하기 위해 활용하는 질문이다.

> 예 사회복지사 : 친구가 너무 미워서 물건을 던지고 싶었는데 정말 잘 참았구나! 친구가 다쳤다면 더 심각한 문제가 발생했겠지? 그런데 그 던지고 싶은 마음을 어떻게 참았니?

(2) 환경에 대한 개입

가족의 욕구 충족 또는 문제 해결을 위하여 환경으로부터 자원을 개발 및 연결할 수 있고, 서비스 중복과 누락의 문제가 있거나 서비스 조정이 부적절할 경우 가족옹호의 방법을 적용할 수 있다. 그 외 가족관계망에 대한 개입과 필요에 따라 환경을 변화시키는 개입이 이루어질 수 있다.

① 환경의 자원 개발 및 연결

사회복지실천에서 문제 및 욕구의 많은 부분은 종종 자원의 부족과 관련이 있다. 이럴 경우 사회복지사는 클라이언트를 둘러싼 환경으로부터 자원과 지지를 개발하고 연결해야 한다. 그 방법으로는 존재하지 않는 자원과 지지를 발굴하고, 존재하지만 작용하지 않는 자원들과 지지를 활성화하며, 경미하게 작용하는 자원들과 지지를 강화하는 것이다.

② 서비스 조정

가족에 대한 개입은 가족욕구의 복합성 때문에 여러 기관과 전문가가 개입할 가능성이 높다. 가족에게 영향을 미칠 수 있는 지역사회 내 다른 전문가들과 서비스 체계를 인식하고, 가족에게 필요하지만 누락된 서비스가 있다면 서비스를 연결 및 의뢰하고, 동일한 서비스를 여러 기관에 걸쳐 중복적으로 받고 있다면 효율적으로 서비스가 전달되도록 서비스 조정이 필요하다.

③ 옹호

가족을 위한 옹호는 특정 가족에게 편의를 제공하는 차원이 아니라 가족의 정당한 권리를 요구함으로써 지역사회 조직의 변화를 가져오도록 하는 것이다. 옹호과정에서 사회복지사는 가족과 지역사회의 자원을 중재하거나 지역사회자원들과 협의·분쟁하는 경우도 있어 사회복지사 자신뿐 아니라 사회복지기관이 난처한 상황에 직면할 때가 있다. 그러나 옹호는 가족의 사회환경을 향상시키고 사회정의를 증진하는 데 필수적인 사회복지실천과정이다(김혜란·홍선미·공계순, 2006).

④ 가족관계망 개입

가족관계망 개입이란 가족, 친구, 이웃, 동료의 관계망 속에 있는 에너지와 자원을 활용하여 가족이 겪고 있는 곤경을 완화시키는 데 필요한 지지로 제공하고 지역사회 전문가들과 관계망 개입을 위한 팀접근을 시도해 볼 수 있다.

가족관계망에 개입하는 방법은 첫째, 부족화단계를 통해 집단이 모여 응집력을 갖게 하고, 둘째, 양극화단계에는 불일치와 문제에 대한 대안을 표현하게 하며, 셋째, 동원단계에서는 관계망의 리더가 자원을 동원하고 가족이 구체적인 행동을 지향하도록 개입한다. 만약 문제가 해결되지 않으면 다시 돌파(break through)하는 단계를 거쳐 소모-고양(exhaustion-elation)단계에서 세션을 종결하게 된다(Hartman & Laird, 1984; Maquire, 1991, 성정현 외, 2004 재인용).

3. 집단수준의 개입

집단 활동은 19세기 중반에 YMCA, YWCA의 레크리에이션과 사회화 집단을 활용하여 청년들에게 기독교 정신을 심어주고자 한 것에서 출발하였다. 초기 집단 활동이 본격화된 것은 인보관운동이 시작되면서이다. 인보관에서는 도시빈민과 이민자들을 교육, 계몽하고 지역사회에 참여하는 데 필요한 기술을 가르치고자 하였다. 집단사회사업(group work)이 사회복지실천방법론의 하나로 자리 잡게 된 것은 1923년 웨스턴 리저브 대학교(Western Reserve University) 사회사업대학원에서 교과목으로 채택되면서부터이다(NASW, 1996).

1) 집단체계

사회복지사들은 목적에 적합한 집단개입을 하게 되는데 집단이 추구하는 목적에 따라 집단의 종류를 구분해 볼 수 있다. 집단은 치료집단과 과업집단으로 크게 구분하고, 치료집단을 다시 세분화하여 지지, 교육, 성장, 치료, 사회화 집단으로 구분하고 있다.

(1) 치료집단

치료집단(treatment group)은 성원들의 공통된 욕구나 관심사에 초점을 두고 개방적인 의사소통과 정서적 교류를 통해 변화를 추구한다. 이 집단은 지지집단, 교육집단, 성장집단, 치료집단, 사회화 집단으로 분류된다.

① 지지집단

지지집단(support group)은 성원들 서로 간에 도움이 될 만한 정보를 공유하고, 조언과 정서적인 지지를 제공하는 것이 목적이다. 이 집단에서 사회복지사는 성원들이 미래에 대한 희망을 갖고 자조와 상호협력을 통하여 대처기술을 향상시킬 수 있도록 촉진하는 역할을 한다.

예를 들면, 만성정신분열증 환자나 그 가족들의 집단, 자녀양육에 관한 어려움을 나누는 한부모집단 등을 들 수 있다. 지지집단은 일종의 자조집단(self-help group)으로 간주될 수 있지만 전문가의 역할 정도에 따라 구분될 수 있다. 지지집단에서는 사회복지사가 적극적으로 참여하여 촉진자로서의 역할을 수행하지만, 자조집단에서는 자문 및 의뢰, 물적 지원 등의 간접적 지원만 하고, 대부분 성원들에 의해 운영된다.

② 교육집단

교육집단(educational group)은 집단성원들에게 필요한 지식 및 정보 제공이나 기술을 가르치는 것이 목적이므로 집단지도자는 교사의 역할을 한다. 즉, 성원들의 공통적인 관심 분야에 대한 강의와 교육을 위주로 하고 있고, 교육효과를 강화하기 위해 집단토론의 기회를 제공할 수 있다. 교육집단의 예로는 부모교육집단, 성교육집단, 알코올 및 약물 남용 예방교육집단 등을 들 수 있다.

③ 성장집단

성장집단(growth group)은 집단성원들의 자기인식(self awareness)을 증진시켜 행동과 태도의 변화를 가져오고 개인의 잠재력을 개발하는 것이 목적이다. 성장집단의 발달단계는 해빙단계(unfreezing), 변화단계, 성장단계의 세 단계로 구분할 수 있다(Zastrow, 1987).

1단계는 자신이 일상적으로 익숙하게 반응해 오던 방식에 도전하는 단계이다. 2단계는 타인에게서 느끼는 감정에 대한 피드백을 통해 자신의 행동이 타인에게 어떻게 영향을 주는지 인식하며 행동과 태도에 변화를 가져온다. 3단계에서는 새로운 행동패턴을 경험하며 효과적인 방식으로 타인과 상호작용하게 된다. 성장집단의 예로는 참만남 집단, 청소년들의 가치명료화(value-clarification) 집단 등이 있다.

④ 치료집단

치료집단(therapy group)은 성원들의 행동을 변화시키거나 정신적 충격 후에 재활시키는 것이 목적이다. 주로 정서적 또는 대인관계적 문제를 다룬다. 정신질환, 약물복용, 외상 후 스트레스 장애, 성폭행으로 인한 사회적·

정서적 어려움을 해결하기 위한 집단으로 실천모델에 따라 정신역동치료집단, 인지치료집단, 행동치료집단 등으로 구분된다.

⑤ 사회화 집단

사회화 집단(socialization group)은 성원들이 사회에서 수용할 수 있는 행동과 태도를 집단활동을 통해 습득하도록 돕는 것이 목적이다. 정신병원, 교도소 등에서 장기간 살다가 퇴소한 사람들, 비행청소년, 장애인 등 사회적응기술을 배워야 할 필요가 있는 사람들이 대상이다. 사회복지사는 사회적 기술을 가르치고 스스로 역할모델이 되어주고, 참여를 유도하여 학습할 수 있도록 도와야 한다. 사회화 집단은 토론, 게임이나, 레크리에이션, 다양한 활동 프로그램 등을 활용하여 집단 목적을 달성하게 된다.

(2) 과업집단

과업집단(task group)은 특정한 과제를 완성하거나 명령을 수행하는 것이 주요 목적이다. 위원회, 협의회, 행정집단이나 특정 프로젝트에 일정 기간 투입되는 TFT(Task Force Team) 등이 해당된다.

2) 집단수준의 개입 기술

집단수준의 개입에서 가장 중요한 부분은 집단 내 역동이 활발하게 일어나도록 하는 것이다. 집단역동(group dynamics)은 집단과정, 즉 집단 내에서 함께 활동하는 개인들 간의 상호작용에 의해 발생되는 힘으로 집단과 성원들에게 강력한 영향을 미친다.

집단 개입 시기에서 가장 중요한 사회복지사의 과업은 '집단 유지'이다. 개입단계에서는 사회복지사가 준비단계나 초기단계만큼 많은 개입을 하지는 않지만 집단 성원 간의 의사소통이 활발하게 일어나도록 지지해야 한다. 집단의 분위기가 유지되는 것은 자연스럽게 이루어지는 것이 아니라 집단 내 역동이 활발하게 일어날 때 가능하다. 그러나 집단 내 역동은 긍정적인 역동도 있지만 부정적인 역동도 있기 때문에 사회복지사는 적절한 개입을 통해 집단의 역동을 다룰 수 있어야 한다.

(1) 집단역동의 요소

집단역동에 영향을 미치는 요소들은 다음과 같다(김혜영 외, 2020).

① 성원 간 의사소통

집단성원들 간의 상호작용은 주로 언어적 의사소통과 비언어적 의사소통으로 이루어진다. 집단에 개입하는 사회복지사는 상호작용 유형을 이해하기 위해서 성원들 간의 의사소통이 어떻게 이루어지고 있는지를 알아야 한다. 의사소통이 일부 성원들에 국한하거나, 혹은 리더를 중심으로 이루어진다면 의사소통장애로 인한 집단 내 갈등이 높아질 수 있다.

의사소통이 효과적일 때 집단이 기대하였던 목표달성이 수월해진다. 의사소통이 솔직하고 개방적일수록 집단성원이 개인적 문제나 집단의 문제에 직면해서 해결할 기회가 생겨난다. 반면 의사소통이 폐쇄적일 경우 집단성원 간의 상호작용에 어떤 문제를 야기할 수도 있다.

② 하위집단

하위집단(subgroup)은 일부의 집단성원들이 서로 강한 정서적 유대를 가진 경우에 형성된다. 하위집단은 2인군 혹은 3인군, 또는 파벌의 형태로 분류되고, 특수한 형태로 소외자, 희생양 등이 나타나기도 한다. 소외자는 집단성원들과의 상호작용이 거의 없지만, 희생양은 상호작용을 하면서도 비난과 비판의 대상이 된다는 점에서 차이가 있다.

하위집단의 형성은 집단과정의 자연스러운 현상이므로 수용되어야 한다. 그러나 하위집단의 지나친 결속은 전체 집단에 부정적인 영향을 주어 전체 집단의 존속을 위협할 수 있다. 따라서 사회복지사는 하위집단의 지나친 결속이 전체 집단을 방해하지 않도록 적절한 개입을 해야 한다.

③ 규범과 역할

규범(norm)이란 성원들이 집단에서 적절한 행동방식이라고 믿고 있는 공통의 신념과 기대를 말한다. 다시 말해, 집단에서 가치를 두거나, 선호하거나 수용되는 구체적인 행동지침이라고 할 수 있다. 집단규범은 집단이 발달함에 따라 명확해지고, 집단 내에서의 행동을 통제하고 안정시키는 기능을 한다.

따라서 명확한 규범의 설정은 집단목표를 성취하는 데 도움을 준다. 규범은 성원들의 역할(roles)과 밀접하게 관련된다. 규범이 집단 내 모든 성원이 공유하고 있는 기대라면, 역할은 집단 내의 개별 성원의 기능에 대한 공통적인 기대이다(김종옥 외, 1993). 역할에 의해 성원들은 자신이 수행해야 하는 구체적인 과제나 기능과 관련된 행동을 하게 된다.

(2) 집단 개입방법

① 집단 형성 방법

집단 형성 방법에는 치료집단을 형성하는 것과 과업 집단을 형성하는 방법이 있다.

치료집단의 형성은 다음과 같다.

- **치료집단의 목적 설정** : 집단의 기본 목적을 분명하게 세움으로써 세부목표를 세우는 기초를 제공한다.
- **세부적인 집단목표 설정** : 전반적인 집단목적을 세우고 집단을 결성한 후 사회복지사는 집단 성원들이 세부적인 목표를 세우는 작업에 관여하여 원조한다.
- **사전면접** : 사회복지사는 첫 회기 이전에 집단 활동을 위해 필요한 계약을 공식적으로 맺고 친밀한 관계를 형성하는 데 노력해야 한다. 비자발적인 클라이언트의 경우 개인적인 만남을 자주 가짐으로써 강제적인 선택이 아닌 스스로 선택할 수 있도록 지지해 주어야 한다.

- **집단구성** : 집단성원 선별의 최우선적 요소는 성원이 변화를 일으키기 위한 동기가 있는지, 집단 내 다른 성원과의 친화성이 있는지를 확인하는 것이다. 또한 성, 연령, 혼인 여부, 지적 능력, 교육수준, 사회경제적 지위, 자아의 힘, 문제유형 등 집단 성원이 가지고 있는 특성을 파악하여 동질성, 이질성을 고려해서 집단을 구성해야 한다.
- **개방집단 대 폐쇄집단** : 집단을 구성할 때 개방적으로 운영할 것인지, 폐쇄적으로 운영할 것인지를 결정해야 한다. 개방집단은 새로운 성원의 가입을 지속적으로 개방하는 것이며, 폐쇄집단은 집단이 진행되고 시작된 이후에는 어떠한 성원도 받아들이지 않는다. 집단 진행 중 성원의 탈락이 발생하여도 추가적으로 성원을 더 받지는 않는다.
- **집단크기** : 집단의 목적, 클라이언트의 연령, 탐구할 문제 유형, 성원들의 욕구에 따라 좌우된다. 대략 성원의 수는 5~12명이 친밀한 관계를 강조하는 집단에서는 적절한 인원으로 본다.
- **모임빈도와 지속기간** : 시간 제한적인 치료집단에 대략 20회기 정도를 권고한다. 최근에는 1박 2일 정도의 마라톤 집단을 운영하기도 한다. 집단 모임은 일반적으로 일주일에 한 번씩 진행하며, 1회 모임 시 평균시간은 1시간 30분~2시간 정도가 적절하다.
- **집단규칙 정하기** : 집단과정과 행동을 따르기 위해 성원들이 자발적으로 지켜나가야 하는 서로 간의 약속이며, 성원들이 자발적으로 집단 규칙을 정하는 것이 효과적이다.

과업집단의 형성은 다음과 같다. 과업집단은 조직적인 문제에 대한 해결책을 찾고 새로운 아이디어를 만들어 내며 무언가를 결정하기 위해 구성된다.

- **과업집단을 위한 계획 수립** : 과업집단의 목적은 본래 사회복지사, 기관 직원 또는 성원들이 만든다. 성원들은 집단의 목적 달성을 위해 요구되는 관심사와 정보, 기술, 힘을 갖추어야 한다.
- **과업집단 시작하기**(초기단계의 과업) : 서로 소개하기, 집단목적의 명확화, 기본 규칙 논의, 세부목표 설정, 장애물 예상 등의 과업이 있다.

② 집단 촉진을 위한 개입 기술

집단 과정을 용이하게 하는 촉진 기술은 성원 간 이해를 돕고 원활한 의사소통을 향상시키는 기술이다. 그 기술은 다음과 같다.

첫째, 주의를 집중하며 반응하는 기술이다. 사회복지사가 성원들의 언어적·비언어적인 의사소통을 확인하며 적절하게 반응해 주는 것이다.

둘째, 적절하게 피드백하는 표현적 기술이다. 집단 성원의 표현에 대해 필요한 피드백을 해주는 것으로, 사회복지사가 너무 자주 개입하는 것은 바람직하지 않다.

셋째, 초점유지 기술이다. 집단 활동을 진행하다 보면 대화의 흐름이 주제를 벗어나는 경우가 있다. 또한 집단 성원 중에서 매우 산만한 성원들도 포함될 수가 있다. 이럴 경우 이번 회기의 주제나 목표를 다시 언급함으로써 집단 과정을 명료화할 수 있다. 또한 성원들이 이야기한 것은 좀 더 명확하게 정리해서 전달해 볼 수도 있다. 이런 과정을 통해 집단 내 의사소통의 초점이 계속 유지되도록 한다.

넷째, 집단 구성원의 참여를 촉진시키는 기술이다. 집단 참여자가 모두 다 적극적이고 자발적으로 참여하는 것은 아니다. 집단 내 여러 가지 저항이 나타나고 방어가 나타나게 된다. 예를 들어, 침묵하는 성원이 있을 수 있는데 이런 경우에는 그 성원을 집단 내로 끌어들이기 위해 질문하거나, 대답할 수 있는 기회를 자연스럽게 부여할 수 있다.

③ 집단 성원을 위한 행동기술

집단의 목적을 이루기 위한 원조기술로 그 내용을 정리하면 다음과 같다.

〈표 11-1〉 집단 성원을 위한 행동 기술

행동기술	내 용
지지하기	집단 성원의 장점을 지지하고 그들의 요구에 반응함으로써 지지
지시하기	집단 성원에게 어떤 활동을 하도록 직접적 또는 간접적으로 지시하는 것으로 비자발적 성원에게 적절하게 사용
교육하기	새로운 기술을 습득할 수 있도록 정보 제공. 사회복지사가 성원에게, 또 성원 간 조언과 제안이 원활히 일어나도록 원조

자원제공	집단 내·외부의 자원을 필요로 하는 구성원에게 정보 제공 또는 자원연계
재구조화	집단 성원이 인식하는 문제를 다른 시각으로 볼 수 있도록 관점의 전환을 유도하는 것
모델링	사회복지사 또는 구성원은 어떤 행동의 시범을 보이고 다른 집단 성원들이 그것을 모방하도록 해보는 것
직면하기	집단과정에서 저항하는 성원을 대상으로 집단에 능동적으로 참여할 수 있도록 동기를 부여하는 기술

4. 지역사회수준의 개입

지역사회수준의 실천은 과거에는 지역사회사업이라는 용어로 주로 사용하였다. 지역사회사업은 지역사회의 문제를 해결하는 데 있어 전문기술을 가지고 계획입안이나 운영관리의 기법을 함께 가지는 포괄적인 지역원조 기술이다. 지역사회수준의 실천은 지역사회체계를 대상으로 하는 실천으로, 지역사회의 욕구나 문제를 예방하고 해결하기 위해 사회복지사가 지역사회의 인적·물적 자원을 동원하고 지역사회실천기술을 활용하여 개입하는 방법이라고 정의할 수 있다.

1) 지역사회복지실천모델

로스만(Rothman)은 지역사회실천모델을 지역사회개발, 사회계획, 사회행동의 세 가지 모델로 분류하였다. 이것은 지역사회복지실천의 가장 전통적인 접근모델로 평가되고 있다. 그러나 실제 현장에서는 세 가지 모델의 특성이 혼합적으로 나타나기도 한다(Rothman & Tropman, 1995).

(1) 지역사회개발모델

지역사회개발모델은 지역사회 변화를 위해 민주적 절차, 여론 조성, 자발적 협동, 지역의 지도력, 자조(self-help) 등을 강조한다. 지역사회 변화는 그 지역사회의 각양각색의 주민들이 광범위하게 참여해야 가능하다.

지역사회복지실천가는 문제해결 기술과 윤리적 가치를 갖추어야 한다. 그리고 이들은 가능하게 하는 자, 교사, 촉진자 등의 기능을 한다. 이들은 개인의 이익보다 지역사회의 이익을 위해 개방적인 의사소통과 토론방식을 활용하고, 서로 다른 의견이 합의점에 도달할 수 있도록 노력해야 한다. 이 모델의 실천사례를 들어보면, 대학생 자원봉사자 조직이 지역사회 초등학생 위험군에게 멘토링을 하거나, 기금을 모금하여 무주택자 쉼터에 기부하는 것 등이다.

(2) 사회계획모델

사회계획모델은 지역사회의 문제해결에 초점을 두고 필요한 새로운 프로그램과 서비스를 개발하는 활동을 수행한다. 복잡한 산업사회에서 지역사회변화를 위해 변화과정을 안내할 수 있을 정도의 고도로 훈련된 기술을 가진 계획가가 요구된다.

전문가 혹은 계획가는 사회문제를 발견하고 해결하기 위해 중요하다. 계획가는 지역의 여러 조직에 소속되어 있는데, 예를 들면 지역복지협의체, 시·도의 계획부서, 정신건강센터 등이다.

계획가는 사실을 수집하여 자료를 분석하고, 프로그램 제작가, 실행가, 촉진자로 일하게 된다. 사회계획의 초점은 주민들의 욕구를 발견하고 현물이나 서비스를 조정하여 필요로 하는 사람들에게 배분하는 것이다.

(3) 사회행동모델

사회행동은 차별받거나 불이익을 당하는 인구집단이 다른 집단과 연합하여 조직화하고 자원을 증가시키거나, 사회정의를 위해 권력구조에 압력을 행사하는 것을 말한다. 사회행동모델의 목표는 권력과 자원의 재분배이다. 이를 위해 사회의 주요 기구나 공식적인 조직의 기본 정책들의 변화를 모색한다.

사회행동가는 권력구조를 변화의 표적으로 간주하고, 옹호자, 행동가, 선동가, 중개자, 협상가로 기능한다. 사회행동에서 사용되는 전략은 항의, 대결, 보이콧,

협상 등이다. 클라이언트 집단은 억압적인 권력구조에 의해 희생된 것으로 본다. 이 모델은 현재 사회복지사들에게 널리 활용되고 있는 것은 아니다. 서비스 전달체계가 온건하고, 미시적 차원의 변화를 모색하고 있는 많은 기관들은 사회행동모델이 옹호하는 급진적인 변화를 부담스러워하기 때문이다.

2) 지역사회수준의 실천 개입

(1) 옹호

지역사회복지실천과정에서 옹호는 지역주민, 특히 억압된 집단 입장의 정당성을 주장하고 대변하는 것을 의미한다. 사회복지사가 지역주민의 권리를 지지하는 것을 말한다. 옹호의 전략에는 설득, 공청회 개최, 정치적 압력, 미디어 활용, 탄원서 제출 등이 포함된다.

클라이언트가 사회적·법률적·제도적인 면에서 불평등한 대우를 받게 될 때, 이들의 권리와 이익을 보장해 주기 위해 옹호기술을 활용한다.

옹호의 종류는 미시적 차원의 개별사례옹호와 거시적 차원의 계층옹호, 사회정책옹호로 구분된다.

① 개별사례옹호(case advocacy)
클라이언트의 욕구와 권익을 대변하는 역할로 특정 기관으로부터 서비스 수혜자격이 있는 클라이언트가 서비스를 받지 못하는 경우, 이러한 갈등을 해결해 주는 일련의 원조활동을 하게 된다.

② 계층옹호(class advocacy)
특정 클라이언트 집단에 불리한 영향을 미치는 이슈들을 다루는 옹호활동을 의미한다.

③ 정책옹호(social policy advocacy)
빈민, 소수인종, 장애인 등 사회에서 권한이 비교적 약한 집단들을 위해 자원과 기회를 향상시키도록 돕는 정책실천을 말한다.

(2) 연계

지역사회 내 다양한 문제를 공동으로 대응하고 해결하기 위해 지역사회 자원을 동원하고 의사소통을 원활히 하기 위해 연계기술을 사용한다. 연계(network)는 클라이언트에게 초점을 두고 서비스를 어떻게 전달할 것인지 모색되어야 한다. 즉, 클라이언트가 필요로 하는 서비스들이 효과적으로 연계될 수 있도록 하는 것과 같은 서비스의 연계성과 통합성을 제고하는 노력이 필요하다. 지역사회의 자원을 연결하고 클라이언트의 욕구를 해결하고자 하는 사례관리가 강조되면서 연계기술이 더욱 중요해지고 있다.

(3) 자원개발

자원개발 기술은 지역사회문제의 성격에 상관없이 모든 지역사회복지실천 활동에서 필수적으로 요구되는 기술이다. 자원(resources)은 사회복지실천에서 클라이언트의 변화나 그들의 생활을 향상시키는 데 유용하게 사용할 수 있는 인력, 조직, 물질, 정보 등으로 이루어진다(최옥채, 2005).

① 인적자원

지역토착지도자, 사회복지조직을 이용하는 소집단지도자, 주변 공공지도자, 잠재적 참여인물 등을 들 수 있다(서울복지재단, 2005). 인적자원을 동원하기 위해서는 그 특성을 먼저 파악하여 접근하는 것이 중요하다.

② 물적자원

물적자원으로서 현금 및 물품을 효과적으로 확보하기 위해서는 마케팅 전략이 필요하다. 즉, 클라이언트 욕구분석을 통한 목표설정 등의 철저한 계획, 매스미디어를 통한 홍보 등을 포함한다.

③ 모금방법

모금방법은 미디어 모금, DM(Direct Mail), 이벤트 등이 있다. 사회복지사의 사업제안서(proposal) 제출, 모금 또는 후원 등을 통해 동원할 수 있다.

(4) 정책 및 프로그램 개발

지역사회 주민의 욕구와 지역사회문제를 분석하여 문제해결에 필요한 정책을 수립하고, 이를 실천하기 위한 프로그램을 개발하는 것이다.

프로그램 개발은 정책을 실천하기 위한 구체적인 조치들을 명시하는 것이다. 프로그램 개발에 있어 최소한 다음의 세 가지 요건을 고려할 필요가 있다.

첫째, 해야 할 일을 설정하는 것, 즉 어떤 종류의 활동, 프로그램, 서비스를 어떤 순서로 얼마만큼의 양을 어떠한 전달체계를 통해서 수행할 것인가 하는 점이다.

둘째, 필요한 인력과 재원들을 어떻게 동원하여 이용할 것인가를 고려하는 점이다.

셋째, 자원의 활용 가능성은 어느 정도이며, 정책목표를 달성하기 위해 필요한 변화와 자원의 분배, 새로운 자원의 개발은 어떻게 할 것인가, 프로그램 수행에 어느 정도의 동의와 저항이 존재하는가, 필요한 변화를 시도하기 위해 어떤 전략(갈등, 협상, 타협)을 사용할 것인가 등을 고려해야 한다(김범수 외, 2006).

(5) 임파워먼트

임파워먼트(empowerment)는 클라이언트의 잠재력과 자원을 인정하고 어려운 역경 속에서도 회복할 수 있는 힘이 있다는 전제하에 클라이언트가 자신들의 삶을 스스로 결정할 수 있는 능력 향상과 자원 획득을 돕는 것을 의미한다. 임파워먼트는 개인, 집단, 가족, 지역사회 등 모든 체계수준에서 실천이 가능하다.

지역사회수준의 실천에서 임파워먼트 개념은 과정으로서의 임파워먼트와 결과로서의 임파워먼트로 구분된다(Zimmerman, 2000).

첫째, 과정으로서의 임파워먼트는 클라이언트의 개인적·환경적 문제를 변화시키며, 권익을 강화하는 과정이다.

둘째, 결과로서의 임파워먼트는 지역사회실천가들의 개입효과로 생겨난 클라이언트의 통제력과 자원 접근성을 의미한다.

CHAPTER 12 종결단계

개 요

종결단계는 사회복지실천의 마지막 단계이다. 이 단계에는 평가단계와 종결단계가 포함된다. 지금까지 클라이언트체계와 함께 실천했던 모든 활동에 대해서 객관적인 방법을 활용하여 평가하게 된다. 특히 클라이언트의 긍정적인 변화를 위하여 수립하였던 목표가 얼마나 달성되었는지를 확인하는 것이 중요한 과업이다. 모든 평가과정이 마치게 되면 종결단계에 이른다. 종결은 모든 의도된 목적이 달성되어 종결을 할 수도 있고 다른 요인에 의하여 계획되지 않게 종결될 수도 있다. 이 시기에는 클라이언트의 이별의 감정을 다루고 사후 관리 등에 대한 계획을 수립해 볼 수 있다.

학습목표

- 평가의 개념을 설명할 수 있다.
- 평가유형과 다양한 평가방법을 설명할 수 있다.
- 종결의 개념을 설명할 수 있다.
- 종결의 유형과 종결단계의 과업을 설명할 수 있다.

1. 평 가

평가란 실천과정이 클라이언트체계에 어떻게 도움이 되었으며, 목표를 얼마나 성공적으로 달성하였는지를 검토하는 것이다. 클라이언트와의 활동을 종결하기 전 계획단계에서 수립하였던 목표달성 정도를 확인하고 서비스의 효율성 등을 확인해 보는 단계이다. 특히 다양한 개입을 통해 클라이언트에게 얼마나 긍정적인 변화가 일어났는지를 확인하는 아주 중요한 과정이다.

1) 평가의 중요성

사회복지실천에 있어 평가의 중요성은 다음과 같다.

첫째, 사회복지실천의 효과성 측정을 위해 필요하다. 평가의 일차적인 목적은 목표를 달성했는지를 측정하는 것이다. 개입한 프로그램이나 정책이 클라이언트에게 얼마나 효과가 있는지를 확인할 필요가 있다.

둘째, 사회복지실천의 효율성 측정을 위해 필요하다. 사회복지실천은 공공재원의 의존율이 높기 때문에 개입의 효과성을 달성하기 위하여 얼마나 많은 투입을 하였는지 분석하는 것은 매우 중요하다. 즉, 동일한 비용으로 높은 효과를 내었을 때 효율성은 증가하게 된다. 효과성은 높았지만 시간, 비용, 노력의 투입이 너무 높았다고 한다면 평가를 통해 향후는 다른 개입 방법을 선택하는 데 참고할 수 있다.

셋째, 자원의 사용에 대한 책임성 입증을 위해 필요하다. 재정적인 지원이나 지역사회의 승인이 필요할 때 이에 대한 근거를 제시하는 계획안이 될 수 있다.

넷째, 클라이언트에 대한 책임성 이행을 위해 필요하다. 사례의 진행 정도에 대해 사회복지사 자신뿐만 아니라 지역사회와 클라이언트에게 알려줄 책임을 이행할 수 있어야 한다. 평가 결과를 통해 이행한 것에 대한 정도와 결과를 객관적으로 알려줄 수 있다.

다섯째, 실천과정에 대한 모니터의 역할을 한다. 지속적인 평가를 통해 사회복지실천에 대해 클라이언트는 어떻게 반응하고 있는지, 계획했던 변화가 일어나고 있는지 등 변화과정에 대한 모니터를 할 수 있다.

여섯째, 사회복지사의 능력향상에 도움을 준다. 사회복지사가 실천내용에 대해 점검하고 평가함으로써 반성할 기회를 갖고 새로운 활동에 반영할 수 있는 근거가 된다. 또한 특정 문제나 클라이언트에게 효과가 있는 개입방법을 적용하게 되어 효과적인 개입을 가능하게 하며 사회복지사의 능력을 향상하는 데 도움이 된다.

2) 평가 유형

(1) 총괄평가(결과평가)

총괄평가는 클라이언트의 욕구 충족이나 문제해결을 돕기 위해 서비스 계획 수립 시에 사회복지사와 클라이언트가 함께 설정하였던 목표가 원하는 바대로 달성되었는지에 초점을 둔다. 총괄평가(summative evaluation)라고도 불리는 이 방법은 개입의 결과가 효과적인지를 측정하게 된다. 따라서 현재의 결과가 사회복지사의 개입으로 인한 것이라는 점을 입증해야 한다.

예를 들면, 문제의 빈도(정시에 일하러 가기, 처방된 약물을 복용하지 못한 횟수, 부정적 인지경험 등), 문제의 심각성(불안, 우울 점수 등), 혹은 과업달성(직업 구하기, 숙제 완성 등)과 같은 변화를 측정하게 된다. 이와 같이 측정 가능한 항목들은 클라이언트가 서비스를 제공받기 이전인 원래 상태와 비교할 때, 변화 정도를 파악하기 쉽도록 도움을 준다(Epstein & Brown, 2002, Hepworth et al., 2006).

(2) 과정평가

과정평가는 실천의 과정을 살펴보는 것으로 서비스 제공의 여러 단계에서 진행한 활동들이 목표달성에 어떻게 기여했는지에 초점이 맞추어진다. 실천과정에서 진전(progress)에 도움이 되거나 방해가 되었던 방법과 기술에 대한 피드백은 사회복지사로 하여금 특정한 기술을 연마하고, 미래에 보다 차별화된 기법을 활용하도록 돕는다. 형성평가(formative evaluation)라고도 불리는 이 방법은 프로그램의 요소들이 원하는 변화를 가져오는 데 효과적이었는지, 사용했던 기법이 기관의 일반적인 규준에 맞는 것인지를 평가한다.

개입과정의 효과성을 정확하게 측정하기 위한 과정평가 방법은 면담기록, 클라이언트의 자기모니터링, 관찰 등 여러 가지 방법을 병행할 수 있다.

(3) 프로그램 평가

프로그램 평가의 목적은 첫째, 새로운 서비스가 필요하다는 점을 기금제공자와 일반 대중에게 증명하고, 둘째, 지역사회의 승인과 재가를 위해, 셋째, 클라이언트 입장에서 볼 때 프로그램이 얼마나 좋은 것이었는지, 또는 개선되어야 할 점은 무엇인지를 알기 위해, 넷째, 사회복지사의 능력 향상에 필요한 정보 제공을 위한 것이다.

프로그램 평가의 내용은 임상적 치료기법에 대한 것이 아니라, 정책이나 프로그램에 대한 것이다. 프로그램 평가는 다음의 네 가지 차원을 포함한다. 즉, 투입(input), 과정(process), 산출(outputs), 결과(outcomes)이다.

① 투입

투입은 인력, 클라이언트, 물리적 자원 등으로 구성되고, 물리적 자원은 물적 자원과 시설, 장비 등으로 이루어진다. 클라이언트를 제외한 나머지 요소들은 모두 예산과 결산의 지출 항목이다.

② 과정

클라이언트가 서비스를 받기 시작한 이후 이들에게 일어난 모든 것을 의미한다. 즉, 제공받고 있는 서비스 유형과 지속기간에 대한 검토, 사회복지사의 특성과 능력 등을 포함할 수 있다.

③ 산출

클라이언트와 기관의 공식적 관계가 끝나는 시점 또는 사례가 종결될 때 클라이언트 특성과 상황을 말하는 것이다. 예를 들어, 위탁가정 지원센터의 경우 '18세가 되어 프로그램이 종결된 아동', '원가족과 결합', '다른 특별서비스를 받도록 하기 위해 타 기관 의뢰' 등이 산출이라고 할 수 있다.

④ 결과

사례종결 시점에서 클라이언트의 사회적 기능수행 수준을 말한다. 즉, 클라이언트가 프로그램에 참여하여 서비스를 받을 때 경험한 긍정적이고 유익한 변화의 정도에 초점을 둔다. 앞서 언급된 직접적 실천 평가에서 수집된 자료가 프로그램 평가의 결과에서 사용될 수 있다.

(4) 기관 평가

사회복지기관은 지속적으로 기관의 목적, 사업 등에 대하여 평가해야 할 의무가 있다. 기관의 기능에 대한 효과성을 평가해야 한다. 기관이사회, 입법부, 그 밖에도 재원 공급자들은 기관이 그들의 기능수행을 검토하고 정기적으로 그 평가결과를 보고하도록 요구한다. 기관평가는 프로그램이 지역사회에 반응하는 정도, 제공되는 서비스의 질, 클라이언트의 만족도, 자원이용의 효율성 등을 평가해야 한다.

기관 평가에서 핵심적 영역을 측정하는 지표의 예는 다음과 같다(김혜영 외, 2020).

① **인사 관련 요인** : 직원의 이직율, 결근율, 공석률, 자원봉사자의 봉사시간, 직원 연수의 빈도, 기타

② **접수과정** : 의뢰경로 및 접수 빈도, 전화접촉 빈도, 대기명부 클라이언트 수, 첫 접촉과 서비스 시작 사이의 시간 간격, 기타

③ **서비스 관련 요인** : 매달 신규 사례 수, 사례당 서비스의 평균시간, 서비스를 제공받는 클라이언트의 수, 다른 기관으로 의뢰하는 사례의 수와 유형, 서비스를 다시 받는 클라이언트의 수, 클라이언트당 평균비용, 서비스에 대한 클라이언트의 만족도, 기타

④ **직원 생산성** : 사회복지사당 할당된 사례의 유형과 수, 하루 상담 횟수, 사례당 할당 시간, 한 달 동안 기관 내부 혹은 다른 기관과의 접촉 빈도, 일주일 동안 출장 간 거리 및 시간, 기타

⑤ **서비스제공의 비용** : 사회복지사가 사례당 투입한 시간, 서비스 요금을 내는 클라이언트 수, 사례당 평균 출장비용, 사례기록에 사용된 평균 시간, 주당 자원봉사활동 시간의 가치 환산, 기타

(5) 클라이언트 만족도(CSQ : Client Satisfaction Questionnaire)

클라이언트 만족도 설문조사는 사회복지기관으로부터 받은 서비스에 대한 의견을 구하는 방법이다. 이는 기관의 분위기, 개입의 성공 정도, 직원의 유능함 등과 원조과정의 주요한 측면에 대해 클라이언트가 응답하도록 하는 것이다.

만족도 설문은 클라이언트가 완성하기 쉬워야 하므로 너무 세부적인 사항을 요구해서는 안 된다. 만일 세부적인 정보를 많이 필요로 한다면 클라이언트의 만족 혹은 불만족에 관련된 특정 변수에 대해 심층면접(전화나 대면) 등 질적 평가 방법을 활용해야 한다.

3) 평가방법

평가는 서비스의 성과를 수치로 측정하는 양적 평가와 성과를 언어적 의미로 서술하는 질적 평가로 구분할 수 있다.

(1) 양적 평가방법

직접적 서비스에서 가장 많이 사용되는 양적 평가기법은 단일사례평가이다. 이 기법은 개입 전에 기준선을 설정할 수 있어야 하고, 빈도, 강도, 지속기간 등으로 손쉽게 측정 가능한 구체적 행동이 있거나 개입의 초점이 명확할 때 적용할 수 있다. 예를 들어, 폭력행동, 과식, 아동의 야뇨증, 산만함 등 행동문제나 우울, 불안과 같은 정서문제 등의 변화를 측정할 때 광범위하게 활용할 수 있다.

사회복지실천의 개입은 단일사례설계에서 요구되는 기준선 설정이나 측정유형에 맞지 않을 때가 종종 있다. 어떤 경우는 기준선 설정을 하지 못한 채 실천과정이 진행될 때도 있다. 이런 경우, 직접 실천의 효과를 평가하기 위해 목표달성척도, 과제성취척도 등의 기법을 사용할 수 있다.

① 단일사례설계

단일사례설계(SSD : Single-Subject Design)는 문제해결이나 변화결과를 평가하는 데 적합한 조사방법이다. 평가는 사회복지실천과 마찬가지로 문제해결과정에 기초를 둔다. 그러나 실천과 평가의 차이점은 강조점을 어디에 두느냐에 달려 있다. 즉, 사회복지실천의 목적이 원하는 결과를 이끌어 내는 것이라면, 평가의 목적은 실제로 결과가 달성되었는지를 검토하는 것이다.

- 절차

〈표 12-1〉 단일사례 설계의 절차

단 계		내 용
1단계	문제의 확인-규정	조사대상이 가지고 있는 문제를 조사대상자 자신 및 관련 인물들에 의해 확인한다. 즉, 표적문제를 명확히 규정하는 단계이다.
2단계	변수의 선정	문제를 경험적으로 인식할 수 있는 적절한 변수를 선정하는 것으로 실험에 사용할 변수는 문제를 합리적으로 대표할 수 있는 타당한 지표여야 한다.
3단계	측정대상 선정	선정된 변수의 속성상 어느 측면을 측정할 것인지를 결정한다.
4단계	개입목표의 설정	문제의 원인을 제거할 것인지, 문제 자체를 완전히 해결할 것인지 등으로 목표를 설정하고 가능한 한 구체적이고 명확한 개입목표를 설정한다.
5단계	조사설계	구체적인 설계형태와 관찰시기 및 횟수, 자료의 출처, 자료수집 방법, 기록방법 등에 대해 계획한다.
6단계	조사실시	설계에 따라 개입전과 중간 등에 대한 자료를 수집하고, 수집한 자료는 그래프로 표시하여 그래프에 나타난 변화를 분석한다.
7단계	개입평가	완성된 그래프에 나타난 변화의 파동, 수준, 경향 등을 검토하여 개입의 효과성을 평가한다.

- 유형

단일사례설계는 주로 A와 B라고 하는 기호를 사용한다. A는 기준선을 말하고 B는 개입을 의미한다.

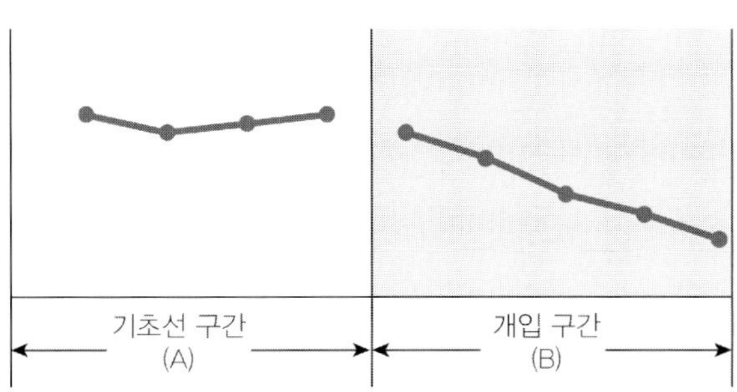

❙그림 12-1❙ 단일사례설계의 기초선과 개입

- **AB설계** : 기준선을 설정하고 개입을 한 뒤에 결과를 살펴본다. 만일 개입결과가 기준선과 다른 변화를 보였다면 개입의 영향이라고 해석하게 된다.
- **ABA설계** : 개입이 효과적인가를 검증하기 위해 기준선 측정 후 일정기간 개입을 실시한 다음 일시 중단한다. 일시적으로 개입을 중단한 시기에 표적행동이 기준선 상태로 돌아간다면 그동안의 변화가 개입의 효과라는 것이 증명되는 것이다. 그러나 만일 변화가 없다면 그동안의 변화는 개입으로 인한 것뿐 아니라 클라이언트에게 영향을 준 다른 요인들이 있음을 추정하게 된다.
- **ABAB설계** : 개입의 일시 중단 후에 다시 개입을 시작하는 설계방법이다. 두 번째 개입을 실시한 뒤에 또다시 변화가 나타난다면 개입의 효과라는 것이 명백하게 입증되는 것이다.
- **다중요소설계** : 기초선 단계를 거친 후 서로 다른 개입방법 사용하는 방법이다. ABCD, ABAC, ABACA설계 등 사례에 따라 다양하게 적용하는 설계할 수 있다.
- **단일사례 다중요소(ABCD)설계** : 단일사례설계에 여러 종류의 개입－다중요소－을 적용한 것이다. 하나의 기초선 단계를 운영하면서 다양한 개입의 효과를 검증하도록 고안하였다.

② 목적달성척도

목적달성척도(GAS : Goal Attainment Scaling)는 사회복지사와 클라이언트가 함께 설정하였던 '개별화된 목표'의 달성 정도를 평가하기 위한 것이다. 개입의 목표가 특정 클라이언트에게만 해당되는 고유한 것이라 할지라도 개입의 평가를 가능하게 하는 절차이다. 이 평가방법은 정신건강, 약물남용 프로그램, 보호관찰 등 많은 실천현장에서 사용되어 왔다. 목적달성척도는 목표설정 및 계약단계부터 적용되기 시작한다.

이 척도는 클라이언트의 기능수행 영역을 세분화하여 개입 후에 각 영역의 기능이 어느 정도 향상되었는가를 평가한다. 예를 들면, 대인관계, 직무수행, 양육행동 등 클라이언트의 주요한 기능수행 영역에 관한 것으로 개입에 의해 변화될 수 있는 것들을 측정하게 된다.

목적달성의 결과에 대해 주로 5점 척도를 사용하여 ㉠ 가장 바람직하지 않은 결과, ㉡ 기대한 성공수준보다 낮은 결과, ㉢ 기대한 성공수준, ㉣ 기대한 성공수준보다 높은 결과, ㉤ 가장 바람직한 결과로 나누어 평가한다.

③ 과업성취척도

과업성취척도(TAS : Task Achievement Scaling)는 사회복지실천에서 과제중심 모델을 활용한 경우에 적합한 방법으로 사회복지사와 클라이언트가 계획하였던 과제를 어느 정도 완수하였는가를 평가하는 것이다.

이 척도는 개입의 효과성을 평가하기 위해 단일사례설계를 이용하기 어려울 때 흔히 사용된다. 이것은 개입 전에 기준선을 설정할 수 없는 사례를 평가하기 유용하다. 예를 들어, 클라이언트를 기관에 의뢰, 클라이언트를 위한 정보 획득, 교통이나 주간보호의 제공, 클라이언트를 위한 주택제공 등의 경우이다. 또한 사회복지사와 클라이언트가 1~2회 정도 만나게 되는 단기서비스 개입에서 유용하게 사용될 수 있다.

과업성취척도는 각 과제의 달성 정도를 평가하기 위해 다음과 같이 4점척도로 평가한다. ㉠ 완전성취, ㉡ 상당히 성취, ㉢ 부분적 성취, ㉣ 달성되지 않음으로 평가한다.

(2) 질적 평가 방법

질적 평가는 사물의 양을 숫자로 단순화하지 않고, 그것이 가지고 있는 속성, 가치, 유용성 등을 파악하는 것이다. '양보다 질' 또는 '서비스 품질평가'라고 말할 때 거기에 언급된 '질'을 의미한다.

질적 평가의 측정 자료는 프로그램 종결시점까지 면접과 관찰을 통해 수집한 자료와 그것에 대한 범주화, 사전사후 비교분석 결과를 기준으로 클라이언트의 자아인식에서 의미 있는 변화를 살펴보는 것이다. 이 과정에서 목표로 정했던 성과 이외의 다른 변화들이 발견될 수 있다. 학교폭력 피해학생의 자아존중감을 향상시키기 위해 개입했는데 자아정체감, 문제해결능력, 사회성, 자기주장능력이 향상될 수 있다. 이는 목표와 간접적으로 관련되어 나타날 수 있는 긍정적 변화이고, 이를 확인하기 위한 평가수단으로 관찰, 인터뷰 등을 활용할 수 있다.

2. 종 결

종결은 사회복지실천활동을 계획에 따라 마무리하는 단계이다. 종결은 클라이언트와 사회복지사 모두에게 이별과 관련된 복잡한 감정을 갖게 한다. 이러한 감정은 성취한 성공의 정도, 사회복지사와 애착의 정도, 클라이언트의 과거경험상 중요한 타인과의 분리경험에 따라 다양하게 나타날 수 있다.

종결단계에서 사회복지사가 원조관계와 과정을 어떻게 마무리 짓느냐 하는 것은 클라이언트가 공식적 종결을 거친 후 원조과정에서 획득한 진전 상태를 유지하고 계속해서 성장해 가는 데 크게 영향을 미친다.

1) 종결의 유형

(1) 시간제한에 따른 종결

시간제한에 따른 계획된 종결은 클라이언트가 더 이상 원조를 필요로 하지 않는 때를 기다린다는 의미가 아니라, 사회복지사와 클라이언트가 종결의 시기를 정해진 시간에 맞추도록 계획하는 것이다. 이러한 종결에는 정해진 시간 동안 목표를 달성한 경우도 있고, 목표는 달성되지 않았지만 정해진 시간이 경과하여 종결하는 경우가 있다.

① 목표달성에 따른 종결

이와 같은 종결은 가장 바람직한 형태의 종결이다. 개입의 목표가 정해진 기간 내에 달성되었기 때문에 종결하는 경우로 가장 이상적이라고 할 수 있다. 그러나 이러한 경우일지라도 종결에 대한 클라이언트의 정서적 반응은 나타날 수 있다. 사회복지사와 클라이언트 관계의 친밀감이 높거나, 개입 기간이 길어질수록 종결에 대한 두려움과 관계를 지속시키고 싶은 욕구를 나타낼 수 있다. 따라서 목적달성에 의한 종결을 하는 경우에도 정서적 반응을 다루는 것은 중요하다.

종결한 이후에도 만일 클라이언트에게 어려움이 새롭게 발생한다면, 언제든지 다시 사회복지사를 찾아올 수 있다는 것을 알려주는 것도 클라이언트의 정서적 반응을 다루는 데 도움이 된다.

② 목표달성에 실패한 종결

목표달성을 하지 않았지만 종결을 해야 하는 경우 사회복지사와 클라이언트가 원조관계에 만족하지 못하여 종결을 하게 되는 것이다. 예를 들어, 열성적인 노력을 했음에도 불구하고 클라이언트가 절망스러울 정도로 진척이 없거나, 사회복지사가 클라이언트 욕구를 충족시킬 능력이 없을 때, 혹은 클라이언트가 적절한 치료 요구에 응하지 않을 경우 등이다.

이런 형태의 종결은 다음에서 설명할 '계획되지 않은 종결'처럼 클라이언트가 서비스에 나타나지 않는 것을 말하는 것은 아니다. 사회복지사와 클라이언트가 목표 달성을 위한 역할을 수행할 기회가 있었음에도 성공적이지 못한 결과로 인해 종결을 하게 되는 것이다.

이럴 경우 개입을 완전히 종결해 버리는 경우도 있으나, 새롭게 계획을 세워서 다시 개입하는 방법이 있다. 그 방법은 만약 클라이언트가 원한다면 타 기관으로 의뢰해 볼 수도 있고, 동일기관의 경우 사회복지사를 변경하여 다시 개입해 볼 수도 있다.

(2) 계획되지 않은 종결

개입 중단에 따른 종결은 클라이언트에 의한 것과 사회복지사로 인한 것이 있다. 전자는 클라이언트가 사회복지사 앞에 더 이상 나타나지 않거나, 일방적으로 종결을 선언하는 경우이다. 클라이언트가 서비스 자체에 대해 회의적이거나,

사회복지사의 원조능력을 의심하는 경우라든가, 또는 기관이나 사회복지사에 대한 저항감이 해소되지 않았을 때 주로 일어난다.

후자는 사회복지사의 신변에 중대한 변화가 있다든가, 직장을 옮기거나 그만둘 경우처럼 사회복지사가 떠나게 되어 중단하게 된다. 이런 경우 클라이언트의 감정에 각별히 주의를 기울여야 한다. 클라이언트는 배신감, 거부당한 느낌 등으로 감정에 상처를 입을 수 있으므로 부정적 감정들을 표출할 기회를 제공하고, 이를 극복할 수 있도록 지지해야 한다.

2) 종결의 과업

(1) 종결시기의 결정

실천과정에서 계획했던 목표를 달성하고, 클라이언트가 스스로 욕구 충족과 문제해결을 할 수 있을 만큼 충분한 도움을 받았다고 느꼈을 때, 혹은 더 이상의 진전이 없을 때 종결하는 것이 바람직하다.

사회복지사는 서비스의 종결시기를 결정하기 위해 다음과 같은 몇 가지 요소를 고려해야 한다(Sheafor, 1994).

① 개입목표가 달성되었는가?
② 서비스 제공을 위해 합의되었던 제한시간이 종료되었는가?
③ 클라이언트가 기관에 오게 된 문제가 충분히 해결되었는가?
④ 사회복지사나 기관이 적절한 양의 시간, 에너지, 기술을 투여하였는가?
⑤ 클라이언트나 사회복지사가 더 이상 기대할 만한 이득이 없다고 생각되는 시점에 왔는가?
⑥ 클라이언트가 사회복지사나 기관에 부적절하게 의존하고 있는가?
⑦ 클라이언트가 다른 기관 및 전문가에게 의뢰하여 더 적절한 서비스를 받아야 하는가?

(2) 클라이언트의 부정적 감정 다루기

종결 시기에 일부 클라이언트는 긍정적 감정을 나타내는 경우가 있는가 하면 어떤 클라이언트는 부정적인 반응을 보이기도 한다. 클라이언트는 사회복지실천 과정 동안에 사회복지사를 많이 의존하게 되며, 친밀감이 형성되어 있어 종결에 따른 이별을 수용하지 못하는 경우가 있다.

종결에 따른 클라이언트의 부정적인 정서적 반응은 이별에 대한 상실감, 분노, 슬픔 등이다. 많은 클라이언트는 살아오는 동안 의미 있는 사람과의 관계에서 거절당하거나, 상실과 고통, 유기를 경험하였다. 따라서 상실의 두려움이나 고통을 회피하고자 사회복지사와의 관계를 지속시키고 싶어 할 수도 있다. 사회복지사는 종결에 대한 클라이언트의 부정적 감정을 직접적으로 표현할 수 있도록 돕고, 이에 대해 함께 토론해야 한다.

종결에 대해 강한 거부감을 느끼는 클라이언트의 경우, 다음과 같은 전형적인 종결반응을 나타낸다(Levinson, 1977, 석말숙 외, 2020). ① 사회복지사에게 계속 만나달라고 매달린다. ② 과거의 문제가 재발했다고 말한다. ③ 종결단계에 들어와 새로운 문제가 발생했다고 보고한다. ④ 현재의 사회복지사를 대체할 새로운 대상을 찾는다.

(3) 의뢰

종결이 서비스를 완전히 종료하는 것이 아닐 때도 있다. 의뢰의 방법을 통해 서비스를 지속시킬 수 있다. 의뢰는 클라이언트의 문제해결과 욕구 충족을 위한 자원이나 서비스가 현재 기관에서 불충분할 경우 적절한 다른 기관이나 외부자원들과 연결시켜 주는 것을 의미한다.

의뢰과정에서 몇 가지 주의해야 할 점이 있다.

첫째, 의뢰로 인해 클라이언트가 거부당했다는 느낌을 느끼거나 새로운 서비스에 대한 불신감, 걱정 등을 하지 않도록 배려하고 의뢰의 필요성에 대해 잘 설명해 주어야 한다.

둘째, 사회복지사는 지역사회 내의 다양한 자원과 서비스에 대한 지식을 충분히 갖고 유용한 정보를 제공하여 클라이언트가 잘 알고 판단할 수 있도록 해야 한다.

셋째, 사회복지사는 클라이언트에게 도움이 될 최선의 서비스가 무엇인가에 대해 함께 의논하되 최종적으로 클라이언트가 결정할 수 있도록 의견을 존중해 주어야 한다.

마지막으로 의뢰한 다른 기관의 기능을 알려주는 것이 필요하다. 그러나 세부적인 방법까지 구체적으로 밝히는 것은 바람직하지 않다. 왜냐하면 새로운 서비스에 대해 클라이언트가 선입관을 가질 수 있고, 만일 기대한 바와 다를 경우 오히려 실망하기 쉽기 때문이다.

3) 사후관리 계획

사회복지실천이 목표가 달성되어 정상적으로 종결되었다면 클라이언트가 개입 동안 획득한 변화를 잘 유지하고 있는지 정기적인 점검이 필요하다. 사후관리는 클라이언트와 사회복지사의 공식적 관계가 종료된 다음 일정 기간이 지나서 클라이언트가 원조과정에서 획득한 변화를 유지하고 있는지를 확인하는 과정을 말한다. 사회복지사는 클라이언트에게 사회복지사의 지속적 관심을 받고 있다는 지지를 부여함으로써 종결 시의 개입효과를 지속적으로 유지하는 데 도움을 줄 수 있다. 또한 클라이언트가 이별에 대한 감정을 제대로 정리하지 못했거나 종결에 대한 불안이 높을 경우 사후관리는 클라이언트를 안심시키고 지지하는 데 매우 효과적으로 사용할 수 있다.

사후관리는 종결 이후 짧은 간격으로 계획하여 만날 수 있고, 점차 만남의 간격을 넓게 가질 수 있으며 적절한 시점에 사후관리도 마무리하게 된다.

참고문헌

강병철 외(2013). 사회복지실천의 이해. 동문사.

권진숙 외(2006). 가족복지론. 공동체.

김기태 외(2019). 사회복지실천론. 공동체.

김범수 · 신원우(2006). 지역사회복지론. 학지사.

김종옥 · 권중돈(1993). 사회복지실천기술론. 나남.

김혜영 · 석말순 · 최정숙 · 김성경(2020). 사회복지실천론. 공동체.

다문화교육방법연구회(2013). 교실 속 다문화 교육. 학이시습.

도광조(2019). 사회복지실천론. 양서원.

류종훈(2004). 쉽게 쓴 사회복지실천. 동인.

박세정 외(2008). 사회복지실천론. 창지사.

박승우(2019). 다문화 교육과 정책의 이해. 영남대학교출판부

사회복지교육연구센터(2020). 1급 사회복지사 기본이론서 사회복지실천론. 나눔의집.

생각의마을(2020). 2021 에쎕 사회복지사 1급 수험서 사회복지실천론. 공동체.

성정현 · 여지영 · 우국희 · 최승희(2004). 가족복지론. 양서원.

양옥경 외(2006). 사회복지실전론. 나남.

양옥경 · 김정진 · 서미경 · 김미옥 · 김소희(2018). 사회복지실천론. 나남.

양정남 · 최선령(2018). 사회복지실천론. 양서원.

우수명 외(2018). 다문화사회복지개론. 양서원.

이상호 외(2010). 사회복지실천론. 신정.

이성순 · 이종복 · 김재열 · 김민경 · 김현희 · 정명희 · 정옥희 · 안채리(2017). 다문화사회복지론. 양서원.

이순배 · 공명숙 · 김정훈 · 조윤희 · 남윤정(2018). 한국사회의 다문화현상 이해. 공동체.

이원숙(2008). 사회복지실천론. 학지사.

장은동(2012). Lum의 '사회복지 문화적 역량 자기평가'척도 한국판 타당화 및 하위 요인의 구조적 관계 검증. 호남대학교 대학원 박사학위논문.

전재일 · 이준상 · 이성희 · 이선자(2017). 사회복지실천론. 공동체.

전재일 · 이성희 · 김연희(2015). 사회복지실천기술론. 형설출판사.

조휘일 외(2008). 사회복지실천론. 서현사.

최금해 외(2010). 사회복지실천론. 파란마음.

최옥채(2002). 사회복지실천론. 양서원.

______(2005). 사회복지사를 위한 조직화 기술. 학현사.

천정웅 외(2015). 이민다문화가족복지론. 양서원.

최명민 · 이기영 · 김정진 · 최현미(2010). 문화적 다양성과 사회복지. 학지사.

____________(2017). 다문화사회복지론. 학지사.

한국방송광고진흥공사(kobaco) · 공익광고협의회(2009). 사회공동체-다문화 사회편.

한국사회복지교육협의회(2020). 사회복지교과목 지침서.

한국사회복지사협회. www.kasw.or.rk

허정철 외(2019). 사회복지실천론. 지식공동체.

Brach & Fraser(2000). Can Cultural Competency Reduce Racial And Ethnic Health Disparities? A Review And Conceptual Model. *Medical Care Research and Review, 57,* Supplement 1(November 2000).

Brill, N. I.(1998). *Working with People : The helping process*(5th ed.). New York : Longman.

Hamilton, G.(1951). Theory and Practice of social casework. *The Family, 18,* July.

Hollis, F.(1970). The psychosocial approach to the practice of casework. In Roberts, R. W. & Nee, R. H.(Eds.), *Theories of Social Casework.* Chicago : The University of Chicago press.

Lum, D.(2003). *Culturally Competent Practice : A framework for understanding diverse groups and justice issues.* Pacific Grove, CA : Brooks-Cole Publishers.

______(2004). *Social Work Practice and People of Color : A Process-stage Approach.* Belmont, CA : Brooks/Cole.

______(2005). *Culturally Competent Practice : A framework for growth and action.* Belmont, CA : Wads worth.

NASW(1981). *Encyclopedia of Social Work.* Silver Spring, MD : NASW.

Perlman, H. H.(1957). *Social Casework : A problem-solving process.* Chicago : The University of Chicago press.

Piedra, L. M.(2006). Revisiting the Language question(pp. 67-87). In W. D. Engstrom, & M. L. Piedra (Eds.), *Our Diverse Society : Race and Ethnicity-Implication's for 21st Century American Society.* Washington, DC : NASW.

Pincus, A. & Minahan, A.(1973). *Social Work Practice : Model and Method.* Itasca, IL : Peacock.

Proctor, E. K. & Davis, L. E.(1996). The challenge of racial difference : Skills for clinical practice(pp. 97-114). In P. L. Ewalt, E. M. Freeman, S. Kirk, & D. L. Poole(Eds.), *Multicultural Issues in Social Work.* Washington, DC : NASW.

Richmond, M.(1922). *What is Social Casework?* Newtork : Russell Sage Foundation.

Shulman, L.(1984). *The Skill of Helping : Individuals, Families, anf Group*(3rd ed.). Itasca, IL : F. E. Peacock publishers.

찾아보기

가계도_192
가정위탁지원센터_50
가족_147
가족관계망 개입_226
가족력_126
가족복지_43
가족수준의 개입_221
가족수준의 실천_222
가족조각_223
가치 상충_61
가치와 윤리의 관계_59
가치의 개념_57
가치의 특성_57
간접 실천_21
간접적 개입_218
간접적 서비스 기능_114
간접질문_135
감정이입_138, 152
감춰진 의미_132
강점 찾기_94
강점관점_91
개방된 관계_148
개방체계_83
개방형 질문_135
개별사례옹호_236
개별사회사업_33
개별화_154
개별화의 원리_153
개인_147
개인력_126
개인수준의 개입_213
개인적 가치_159
개인정보 동의_181
개인주의_17
개입 방식에 따른 사회복지실천 분류_21
객관적 정보_142
건강가정지원센터_50
격려_214
결과_242
결과 우선 가치_58
결과의 모호성_63
결과평가_241
경계_83
경제적 이득에 대한 태도_70
경청_128
경청기술_133
계약_207
계약서 양식_211
계약적 비밀_164
계층옹호_236
계획_142, 205
계획적_125
고유한 특수성_153
공공기관_48
공동생활가정_50
공생_86
공식적_125
과업성취척도_247
과업수행_124
과업집단_229

과잉 동일시 _ 160
과정 _ 107, 242
과정기록 _ 141
과정평가 _ 122, 241
과제 주기 _ 165
과제 중심 모델 _ 143
과제수행능력 _ 154
관계 다루기 _ 167
관심 _ 151
관심 보여주기 _ 137
관찰 _ 128
관찰기술 _ 131
교사 _ 53
교육 훈련의 자료 _ 139
교육자 _ 53
교육적 자료 _ 140
교육집단 _ 228
구두계약 _ 209
구체성 _ 150
권위성 _ 148
규범과 역할 _ 231
극단적인 태도 _ 168
긍정적 재해석 _ 168
기관 설립 주체 _ 48
기관 운영의 목적 _ 47
기관 평가 _ 243
기관에 대한 윤리기준 _ 72
기관의 기능 _ 163
기관의 정책 _ 140
기능주의 _ 35
기록 _ 139
기록 공유 _ 140
기본 요소 _ 149
기본적 윤리기준 _ 69
기술훈련 _ 127
기적질문 _ 224
긴장 고조시키기 _ 223

낙관적인 관점 _ 168
내밀성 _ 154
노던 _ 146
노인보호전문기관 _ 51

다원주의 _ 17
다중요소설계 _ 246
단일사례 다중요소(ABCD)설계 _ 246
단일사례설계 _ 244
단일성 _ 125
대상자 _ 117
대응 혹은 직면 _ 151
대처 _ 87
대처질문 _ 225
대화 _ 125
대화의 법칙 _ 129
도우려는 열망 _ 149
동기부족 _ 169
동기화 _ 175
동료 _ 71
동료 검토의 원활화 _ 140
동료에 대한 윤리기준 _ 71, 72
동료의 클라이언트와의 관계 _ 71
동반자 의식 _ 162
따뜻함 _ 151

라포 _ 126
레비(Levy)의 사회복지전문직의 가치 _ 57

로웬버그와 돌고프의 윤리적 준거틀 _ 65

마술적인 해법 기대하기 _ 167
면접 _ 123, 124, 125, 127, 128
면접 기술 _ 131
면접의 목표 _ 129
면접자 _ 125
명료화 _ 137
모금방법 _ 237
모니터링 _ 121
모델링 _ 215
모자보호시설 _ 50
모호한 질문 _ 136
목적 지향적인 대화 _ 124
목적달성척도 _ 246
목표 달성을 위한 개입방법의 결정 _ 126
목표달성을 위한 활동 _ 124
목표성취 척도 _ 143
문제 _ 106
문제 중심기록 _ 142
문제를 축소 _ 167
문제인식체계 _ 103
문제해결 능력 _ 127
문제해결모델 _ 105
문제해결모델의 구성요소 _ 106
문제해결을 돕는 치료 효과 _ 127
문제해결을 위한 목표 _ 126
물적자원 _ 237
민간기관 _ 48
민감성 _ 153, 158
민주주의 _ 16

바람직한 의사소통 _ 128
바람직한 장소 _ 128
박애사상 _ 15
반복되는 언급 _ 132
방어적 태도 _ 165
배려 _ 154
법률 _ 163
변화를 방해하는 관계 _ 165
변화매개체계 _ 102
보살핌 _ 150, 151
보증되지 않는 재보증 _ 160
분명한 목표 _ 129
분야별 사회복지실천현장 _ 49
불신 _ 165
불신 다루기 _ 169
불충분한 이해 _ 160
불충분한 지식 _ 160
비계획적 _ 125
비공식적 _ 125
비관적이고 무력한 태도 _ 167
비밀보장의 원리 _ 163
비밀보장의 한계 _ 164
비밀정보 _ 163
비상호적 _ 125
비심판적 태도의 원리 _ 161
비어스텍 _ 146
비언어적 표현 _ 131
비일관성 _ 132
비현실적인 감정 _ 166

사람 _ 106
사람 우선 가치 _ 58
사례 _ 139
사례관리 기관 _ 119

사례관리실천 _ 110
사례관리자 _ 118
사례기록 _ 155
사례의 지속성 _ 140
사례의 지속성 유지 _ 139
사적 질문에 관한 응답 _ 128
사정 _ 124, 127, 142, 187
사정단계 _ 120
사정도구 _ 192
사정을 위한 면접 _ 126, 127
사회계획모델 _ 235
사회복지 인력 자격제도 _ 43
사회복지 전문 인력 _ 43
사회복지공동모금회 _ 51
사회복지기관의 제도 _ 148
사회복지사 _ 43
사회복지사 국가자격 _ 44
사회복지사 문제 _ 165
사회복지사 윤리강령 _ 67
사회복지사의 역할 _ 51, 156, 158, 159, 161
사회복지사의 윤리적인 의무 _ 163
사회복지사의 자세 _ 154
사회복지실천기술 _ 158
사회복지실천 윤리의 개념 _ 59
사회복지실천 윤리의 기능 및 필요성 _ 60
사회복지실천과 윤리적 갈등 _ 61
사회복지실천관계 _ 146, 147, 166
사회복지실천방법 _ 140
사회복지실천에서 윤리적 갈등이 발생하는 이유 _ 61
사회복지실천의 가치 _ 57
사회복지실천의 개념 _ 10
사회복지실천의 과학적 속성 _ 22
사회복지실천의 기능 _ 13
사회복지실천의 목적 _ 12
사회복지실천의 분류와 속성 _ 18
사회복지실천의 예술적 속성 _ 23
사회복지실천의 윤리 _ 59
사회복지실천의 이념과 철학 _ 15
사회복지실천의 지식기반 _ 76
사회복지실천지식 _ 76
사회복지실천현장 _ 45
사회복지실천현장의 분류 _ 46
사회복지윤리위원회의 구성과 운영 _ 73
사회복지의 전문성 _ 23
사회복지의 핵심 가치 _ 57
사회복지전담공무원 _ 41
사회복지전문요원 _ 41
사회의 권리와의 갈등 _ 164
사회자원 체계 _ 118
사회적 관계망 그리드 _ 195
사회적 기능 _ 125
사회적 지지체계 개발 _ 218
사회적 · 직업적 기능 _ 126
사회적인 허가 _ 148
사회조사 _ 124, 126
사회진화론 _ 15
사회행동모델 _ 235
사회화 집단 _ 229
사후관리 계획 _ 252
산출 _ 84, 242
상호성 _ 125
상호의존적인 관계 교류 _ 148
상호책임성 _ 148
생산적인 의사소통 _ 128
생태도 _ 194

생태체계관점 _ 82
생태체계관점의 주요 개념 _ 87
생태체계적 관점과 사회복지실천 _ 88
생태학이론 _ 85
생활모델 _ 104
생활시설 _ 49
서구 사회복지실천의 역사 _ 26
서면계약 _ 209
서비스 계획 _ 126
서비스 기관 _ 49
서비스 실행단계 _ 121
서비스 제공 방식 _ 48
서비스 조정 _ 225
서비스 조정에 관련된 활동 _ 219
서비스 평가 _ 124
서비스의 정당성 입증 _ 139
선택된 것 _ 125
성공적인 면접 기술 _ 131
성과평가 _ 122
성숙함 _ 152
성원 간 의사소통 _ 230
성장집단 _ 228
소비자 _ 108
수단 우선 가치 _ 58
수용 _ 152, 160
수용의 원리 _ 159
수용의 장애물 _ 160
수준별 사정의 영역 _ 197
슈퍼바이저 _ 71
스트레스 _ 86
승인 _ 160
시간 제한적 _ 147
시간 제한적인 의사소통 _ 124
시계열적(단일사례) 기록 _ 143
시작하는 말 _ 132
신상 정보 _ 141
실마리형 _ 186
실연 _ 223
실천 준거틀 _ 80
실천관점 _ 80
실천모델 _ 81
실행단계 _ 213
심리사회적인 요소 _ 158
심리적 지지 _ 160
심사숙고된 것 _ 125

아동보호전문기관 _ 50
아동양육시설 _ 50
암묵적 계약 _ 209
양적 평가방법 _ 244
역동적 상호작용 _ 147
역량 _ 109
역설적 기법 _ 224
역전이 _ 166, 169, 170
역전이 다루기 _ 170
역할 구조 _ 125
역할교환 _ 217
역할극 _ 223
연계 _ 237
예외질문 _ 224
옹호 _ 226, 236
옹호자 _ 52
'왜'라는 질문 _ 137
외원단체 _ 38
요약기록 _ 141
요약하기 _ 137

욕구 확인 _ 139
용기 _ 152
우리나라 사회복지사 윤리강령 _ 67
우리나라 사회복지실천의 역사 _ 38
원조과정을 촉진 _ 124
위계 _ 83
위탁적 비밀 _ 164
유도하는 질문 _ 136
윤리강령 _ 24
윤리강령의 개념 _ 66
윤리강령의 기능 _ 66
윤리강령의 등장배경 _ 67
윤리의 개념과 특성 _ 59
윤리이론 _ 60
윤리적 갈등의 개념 _ 61
윤리적 갈등의 조정 _ 65
윤리적 상대주의 _ 60
윤리적 쟁점 _ 63
윤리적 절대주의 _ 60
융통성 _ 155
응답 _ 158
의도적 감정표현 _ 157
의도적인 감정표현의 원리 _ 155
의도적인 목적성 _ 147
의무 상충 _ 62
의사소통 역할 _ 142
의사소통의 원활화 _ 139
의식적 _ 125
이야기 _ 128
이용시설 _ 49
이해 _ 149, 158
인간관계의 기술 _ 124
인간의 행동양식 _ 160
인간적 자질 _ 153
인도주의 _ 15
인보관운동 _ 29
인적자원 _ 237
일관성 _ 143
일반적인 대화 _ 125
일반적인 사항 _ 126
일치성 _ 150
임파워먼트 _ 238
임파워먼트모델 _ 107, 108

자금 조달 방식 _ 48
자기 효율성 강화 _ 127
자기결정 _ 162
자기결정의 원리 _ 162
자기노출 _ 165
자기인식 _ 161
자료수집 _ 181
자료수집 유형 _ 185
자료수집 정보 출처 _ 183
자료의 수집 _ 124
자료제공 _ 139
자문 _ 140
자발적 _ 125
자선조직협회 _ 27
자세한 배려 _ 154
자아실현 _ 151
자연적 비밀 _ 163
자원개발 _ 237
잠재된 감정 _ 134
장소 _ 106
재구조화 _ 214
재규정 _ 168

재보증 _ 214
저항 _ 166, 170
저항의 심리 _ 167
적격성 여부 _ 124
적응 _ 86
적응능력 _ 154
적절한 침묵 _ 170
전문가 간의 의사소통 _ 140
전문가 협회 _ 44
전문가로서의 자세 _ 69
전문가체계 _ 103
전문적 관계 _ 147, 163, 162
전문적 권위 _ 24
전문적 대인관계 _ 146
전문적 동료관계 _ 65
전문적 지식 _ 124
전문직 문화 _ 24
전문직 윤리강령 _ 148
전이 _ 166, 169
전이 다루기 _ 169
전환 _ 84
점검단계 _ 121
접근단계 _ 119
접수 내용 _ 178
접수 양식 _ 178
접수단계 _ 172
정보 공유 _ 139
정보 수집을 위한 면접 _ 126
정보 제공 _ 124, 215
정보를 수집하기 위한 면접 _ 127
정보수집 _ 124
정보의 상호작용 _ 124
정보주기 _ 138
정신건강증진센터 _ 50
정신보건법 _ 42
정신보건사회복지사 _ 42
정직한 개방성 _ 150
정책 및 프로그램 개발 _ 238
정책옹호 _ 236
제안하기 _ 138
제한된 자원의 공정한 분배 _ 64
조력자 _ 51
조사 _ 157
조성자 _ 51
조언 _ 165
조정자 _ 54
존경심 _ 150
존엄성 _ 159
종결 _ 122
종결의 과업 _ 250
종결하는 말 _ 132
주거서비스 제공 여부 _ 49
주관적 정보 _ 142
주제의 계속성 _ 125
준거틀 이해 _ 133
중개자 _ 52
중재자 _ 53
증명자료 _ 140
지도 감독 _ 139, 140
지속적 _ 125
지역사회개발모델 _ 234
지역사회복지실천모델 _ 234
지역사회복지의 발전 _ 40
지역사회수준의 개입 _ 234
지역사회의 자원 _ 147
지역사회조직 _ 34

지역아동센터 _ 49
지지집단 _ 227
직면하기 _ 137
직접 서비스 제공 기능 _ 55
직접 실천 _ 21
직접성 _ 151
직접적 서비스 기능 _ 113
직접질문 _ 135
진단주의 _ 34
진보성 _ 125
진실성 _ 150
진실을 말할 의무 _ 64
질문 _ 128, 134
질문기술 _ 134
질적 평가 방법 _ 247
집단 _ 147
집단사회사업 _ 33
집단수준의 개입 _ 227
집단수준의 개입 기술 _ 229
집단역동의 요소 _ 230
집단체계 _ 227

참여 유도 _ 174
창조성 _ 152
척도질문 _ 224
체계의 구조적 특성 _ 83
체계의 진화적 특성 _ 83
체계의 행동적 특성 _ 84
체계이론 _ 82
체계적 이론 _ 23
초기 면접지 _ 178
초기단계 _ 119
초점화 _ 138, 215
촉진자 _ 54
총괄평가 _ 241
최소 기본 기록 _ 141
치료 _ 125, 157
치료관계의 확립과 유지 _ 124
치료를 위한 면접 _ 127
치료집단 _ 227, 228
치유 _ 133
침묵 _ 132, 170
침묵하기 _ 166

클라이언트 _ 117
클라이언트 만족도 _ 244
클라이언트 옹호 _ 219
클라이언트에 대한 윤리기준 _ 70
클라이언트에 대한 헌신과 의무 _ 147
클라이언트와의 관계 _ 70
클라이언트의 능력 _ 163
클라이언트의 비밀보장 _ 64
클라이언트의 사회적 기능 증진 _ 13
클라이언트의 자기결정권 _ 63
클라이언트의 자발성 _ 148
클라이언트의 자신감 _ 127
클라이언트체계 _ 101
클라이언트체계의 다중성 _ 62

타인에 대한 관심 _ 149
타임아웃 _ 216
탈삼각화 _ 222
토큰강화 _ 216
통솔과 지도 _ 128
통제된 관계 _ 148
통제된 정서적 관여의 원리 _ 158

통제적 관계 _ 148
통제적인(강제적인) 방식 _ 163
통합적 접근의 등장배경 _ 97
통합적 접근의 실천모델 _ 100
통합적 접근의 특징 _ 99
투입 _ 84, 242
특화된 지식 및 기술 _ 148

파트너십 _ 108
펄만 _ 146
편견과 선입관 _ 160
평가 _ 143
평가 및 종결단계 _ 122
평가 유형 _ 241
평가과정 _ 143
평가단계 _ 239
평가도구 _ 143
평가방법 _ 244
평가의 중요성 _ 240
폐쇄체계 _ 83
폐쇄형 질문 _ 134
폭탄형 질문 _ 136
표적체계 _ 102
프로그램 개발 _ 219
프로그램 평가 _ 242
피면접자 _ 125
피해야 할 질문 _ 136
핀커스와 미나한 _ 146

하위집단 _ 230
학교사회복지 _ 42
한국사회복지협의회 _ 51
합당한 과정 _ 129
합류하기 _ 223
항상성 _ 84
해석 _ 128
핵심에서 벗어난 이야기하기 _ 167
행동체계 _ 101
행정기관 _ 48
행정적 과업 _ 140
헌신적인 자세 _ 149
현재 문제 상황 _ 126
협력 _ 108, 147
협상 _ 147
협상가 _ 53
협조체계 _ 142
화제 바꾸기 _ 132
환경 _ 87
환경 속의 인간 _ 88
환류 _ 84
활동공간 _ 86
회피행동 _ 169
훈련가 _ 53
힘(권력)의 불균형 _ 63

ABAB설계 _ 246
ABA설계 _ 246
AB설계 _ 246

SOAP 방식 _ 142

1차 현장 _ 47
2차 현장 _ 47
4체계 모델 _ 101
6체계 모델 _ 102

저/자/약/력

■ **송유미**
대구대학교 대학원 사회복지학과 박사
한국가족치료연구소 상담연구원
행복한가족만들기연구소 소장
대구사이버대학교 사회복지학부 사회복지상담학과 교수

■ **송인욱**
대구대학교 대학원 사회복지학과 박사
경상북도사회복지협의회 복지과장
영진사이버대학 교수 / 대구미래대학 교수
대구사이버대학교 사회복지학부 사회복지상담학과 교수

■ **이선자**
대구대학교 대학원 사회복지학과 박사
선린종합사회복지관, 사회복지개발연구원
한국복지사이버대학 청소년복지상담학과 교수

■ **최형임**
대구대학교 대학원 사회복지학과 박사
영남대학교 영천병원
영진사이버대학교 사회복지계열 교수

사회복지실천론

|공저자| 송유미 · 송인욱 · 이선자 · 최형임

|1판 1쇄| 발행 2021년 3월 10일
|1판 2쇄| 발행 2023년 1월 30일

|발행인| 김동훈
|발행처| **공동체**

|주소| 경기도 고양시 일산동구 호수로 358-39, 동문타워Ⅰ 905호(백석동)
|전화| 031) 814-3000(대표)
|팩스| 031) 814-3100
|홈페이지| http://www.compub.co.kr
|전자우편| compub@naver.com
|출판등록| 2005년 10월 6일
|등록번호| 제396-2005-36호

|ISBN| 979-11-6105-983-9
정가 14,000원

저자와 협의하여 인지를 생략합니다.
무단전재와 복제를 금합니다.